U0348927

The Innovative Parent

Raising Connected, Happy, Successful Kids through Art

打开孩子
世界的
100个心理游戏

温暖的艺术互动魔法

[美] 艾丽卡·柯蒂斯（Erica Curtis）

[美] 何平（Ping Ho）　　著

颜玮 译

机械工业出版社

CHINA MACHINE PRESS

有了子女之后，人生就进入了问题层出不穷的洪流中，即使你拥有好的亲子沟通模式，也会有束手无策的时刻，为了让家长和孩子轻松地面对那些棘手时刻，艺术治疗专家艾丽卡·柯蒂斯（Erica Curtis）和加州大学洛杉矶分校艺术治疗中心的创始人何平（Ping Ho）撰写了一本极具实操价值的艺术游戏养育书籍。

本书将作者多年来对儿童、青少年和家长进行的临床艺术治疗案例与心理学、人类学和神经科学领域的研究成果相结合，总结出了缓解孩子情绪和心理问题的100个艺术游戏。这些游戏可以直接用在日常的亲子活动中，辅助家长缓解孩子因社会关系、学业等引发的恐惧、焦虑、愤怒、抑郁等问题。通过这些有趣且多元的游戏，帮助孩子与自己和他人建立良好的关系，并在游戏中练习自己观察世界、思考问题、判断对错和表达自我的能力。

北京市版权局著作权合同登记　图字：01-2023-0512号。

图书在版编目（CIP）数据

打开孩子世界的100个心理游戏：温暖的艺术互动魔法 /（美）艾丽卡·柯蒂斯（Erica Curtis），（美）何平（Ping Ho）著；颜玮译.—北京：机械工业出版社，2024.6（2025.1重印）
书名原文：The Innovative Parent: Raising Connected, Happy, Successful Kids through Art
ISBN 978-7-111-75526-5

Ⅰ.①打… Ⅱ.①艾… ②何… ③颜… Ⅲ.①游戏-儿童教育-家庭教育 Ⅳ.①G781

中国国家版本馆CIP数据核字（2024）第068022号

机械工业出版社（北京市百万庄大街22号　邮政编码100037）
策划编辑：丁　悦　　　　　责任编辑：丁　悦
责任校对：郑　雪　张　薇　责任印制：张　博
北京联兴盛业印刷股份有限公司印刷
2025年1月第1版第3次印刷
145mm×210mm·17.625印张·2插页·291千字
标准书号：ISBN 978-7-111-75526-5
定价：118.00元

电话服务　　　　　　　　　网络服务
客服电话：010-88361066　　机　工　官　网：www.cmpbook.com
　　　　　010-88379833　　机　工　官　博：weibo.com/cmp1952
　　　　　010-68326294　　金　书　网：www.golden-book.com
封底无防伪标均为盗版　　　机工教育服务网：www.cmpedu.com

谨以此书献给科尔宾、艾丝拉和达里安，
你们是我创新、灵感和快乐的源泉。

———艾丽卡·柯蒂斯

谨以此书献给伊芙和哈勒，
我和你们一起唱歌，跳舞，打鼓，大笑。

———何平

谨以此书献给这个世界，
愿到处都有与人互联的、快乐的、成功的孩子。

前　言

　　养育子女的过程就像把"接力棒"从这一代传给下一代。

　　我们都从自己的父母那里继承了一根"接力棒"。这根"接力棒"是我们的父母从他们的父母那里继承来的。以此类推下去，我们的父母无论继承了什么样的"接力棒"都会竭尽所能地去使用它。也许他们已经为"接力棒"添上了一些装饰性的"丝带"，或者，弄上了一些属于他们自己的"裂缝"。然后，他们把那根（"刷着清漆的、包裹着带刺铁丝网的、黏着某种碎片的、画着彩色图案的……诸如此类的"）"接力棒"递到了我们的手上。我们的人生便从接过这根"接力棒"时开始了。

　　当我们自己成为父母时，我们也会把"接力棒"再传给我们的孩子。从某种意义上来说，我们交给孩子的这根"接力棒"是我们从父母那里继承来的。不过，我们可以对它加以改进之后再传给我们的孩子。我们可以撕掉那些破旧的"丝带"，摘掉那些凌乱的"碎片"，给它抛个光，再附上我们自己的"装饰"。它也许是不完美的，但它可以比以前的样子更好一些。我们的孩子也将有同样的机会为他们的孩子做一根更好的"接力棒"。

这一传承过程需要创新，即创造性的思考、实验以及为了改进而从错误中总结经验。用艺术游戏养育是一种理念，它需要你打开自我、尽力伸展。这意味着你要去尝试一些不同的东西，以便你的孩子也会这样去做。

绘制、描摹、黏贴、撕裂、建造、破坏、混合、刮削、捆绑、涂抹、敲打、划开、冲压、刺入、弯曲、缝纫、滴水……制作艺术作品不仅能反映创作者的内心世界，还能改变创作者的内心世界。因此，它蕴藏着巨大的潜力，既可以丰富孩子的生活，也可以丰富父母的生活。我经常在我的艺术治疗实践和研讨会上（以及在家里和我的孩子们在一起时）感受到这一点。创作、观察和谈论艺术作品的经历可以培养成长型思维，丰富情感，理解人与人之间的关系。

此外，科学研究也证实了这一点。

这本书整合了我们多年来对儿童、青少年和家长进行的临床艺术治疗实践中的轶事，以及心理学、人类学和神经科学领域的最新研究成果。它提供了对儿童艺术作品的深刻理解（而不仅仅是将它们当作冰箱上的装饰品）。我们将探讨"创作和谈论艺术作品"是怎样帮助儿童理解情感、建立与他人的联系、培养同理心、发展批判性思维、提高解决问题的技能、处理和保留信息的，等等。这些期盼得以实现，其实与制作这些简单的艺术品有关，并且隐藏在艺术之美表象下的能量可以实现家长们的养育目标。除此之外，制作那些简单的艺术品还很有趣。对"不那么艺术"的人来说这是一个好消息：这本书对你而言也是非常有益的。

这绝不仅是一本关于艺术创作和手工制作的书籍。它想要打破传统的养育模式，将创造性思维和练习应用在养育孩子这件事情上。从本质上说，它是一本关于如何成为一个创新型家长的书。它不仅能为你培养出能与他人沟通的、快乐的、成功的孩子，还可以帮你找到自己的创造力，缓解你在养育过程中的压力、疲劳，助你重新振作，施展你的养育能量。

这本书虽然是为家长们写的，但它也同样适合所有照顾儿童、青少年或与他们一起生活和工作的人们，包括祖父母、家庭护理员、老师以及从事教育、心理健康、社区艺术、医疗保健、社会服务、精神护理等方面的专业人士。这本书希望所有的人都能用艺术活动来培养孩子，用艺术活动与孩子开放地交流，帮助孩子建立对挫折的抵抗力，教授孩子规则和承担责任。孩子们在创作和谈论艺术作品时所掌握的能力将远远超出艺术活动本身的价值，这些能力还将被孩子们应用到生活的其他领域中去。同样，我们成年人在参与艺术活动和评论艺术作品时所掌握的能力也将被我们应用到与孩子的其他互动中去，让我们在养育孩子的过程中变得多才多艺、举一反三和足智多谋。

虽然本书的主要内容是使用艺术活动来帮助你实现养育目标，但是你在阅读过程中会发现，书中还涉及运动、音乐、讲故事、戏剧和写作等不同的艺术形式。所有这些艺术形式也都具有各自独特的优势。当你可以轻松地运用它们时，你的育儿之旅就会获得额外的工具和灵感。你甚至会发现自己的这项被称为"养育子女"的"创造性事业"已经能从"追求温饱"走向"精神富足"了。愿孩子们健康成功，幸福快乐，祝愿你能成为一名有创造力的家长。

如何使用本书

    本书虽然对基于艺术活动的育儿工具和技巧及其背后的理论和研究进行了梳理，但从根本上来说，它是一本实用指南。书中所有的章节都是独立编写的。因此，你可以选择阅读此刻你最感兴趣或与你最相关的章节。这些章节也分隔成了若干小片段，以便你能方便地阅读到精简的信息。毕竟，为人父母后很少能有时间奢侈地坐下来专注地阅读。

    书中的每一章都包含很多养育技巧和活动建议以及在家庭或社区中对单一或成组的儿童和青少年应该使用的不同的方法。

    最适合儿童的活动用"儿童"来标注；儿童和青少年都适用的活动用"儿童和青少年"来标注；为家长和教育工作者设计的活动用"家长"来标注。标注了"家长"的活动中有许多也是可以由儿童和青少年参与完成的。

    究竟怎样去做取决于你。你不必担心是否必须严格遵循活动说明。当你能在养育的过程中更加自如地使用视觉艺术、音乐和身体运动时，你也许会发现属于自己的创新和创造性育儿的方法。每个孩子都是不同的，每位父母也都是不同的，请根据你和你的孩子的需要去调整这些实用的技巧。

生活中到处都有丰富而有趣的事。当我们借用咨询工作中遇到的例子时，我们会替换当事人的姓名和其他可识别的信息。

当你阅读本书时，请记住，本书中所包含的信息并不可以替代专业的治疗。如果被你照顾的孩子表现出了令人担忧的行为，例如：发育迟缓或对某个事件产生了创伤反应，我们建议你寻求专业人士的支持。

心理游戏清单

给儿童和青少年

给家长

目 录

1

少说、多画、
多舞、多唱

2

那些把家弄得一团糟
的艺术活动

1

少说、多画、多舞、多唱

2

那些把家弄得一团糟的艺术活动

3

不要与孩子"熬过一天"

4

艺术活动，建立更牢固的亲子关系

5

养育出快乐的孩子

6

用艺术培养出学业成功的孩子

7

认识你身体里的艺术家

为什么要选择艺术活动?

　　每天早晨我[1]需要做上班前的准备工作,同时,我女儿也需要我的关注。我需要给自己洗个澡;女儿需要吃点心、抱抱、看书、再玩一轮"逃离鲨鱼的美人鱼"游戏。我需要在 30 分钟内出门,我还需要做一个工作计划。让女儿自己看一本书或自己玩玩具是行不通的。她想让我花时间和她在一起,独自玩耍是无法让她满足的。允许她自己看电视应该会有用,这是毫无疑问的。这个办法很诱人,但我放弃了。"我知道了! 你画一张我们是逃离鲨鱼的美人鱼怎么样? 等我洗完澡,你就可以给我看了! " 她兴高采烈地跑去画画了。

　　父母对孩子提出的需求可以做出很多不同的回应。专家们普遍认为,有些方法确实会比其他方法更好一些。其实,有很多"更棒的实践方案"可供我们选择。通常情况下,养育子女是一项需要反复试错的练习。因此,多才多艺是很重要的。带着艺术养育的想法去育儿可以让你们成为多才多艺的父母。

在上面的例子中，有很多方法可以同样解决我当时的需求：疏远孩子、找理由搪塞孩子、拒绝孩子、贿赂孩子……但是这个场景（和大多数涉及孩子的场景一样）不仅满足了我自己的需求，也满足了我女儿的需求。像这样的养育时刻不仅关系到我们两个人是否都能按时走出家门，也关系到能否培养孩子与父母的情感联结助力情感健康和发展认知能力。我的需求是按时上班，而我女儿的需求是亲子联结（可能正是因为我要去上班的缘故）。疏远她、贿赂她、拒绝她或者让她分心都无法满足她的需求。不过，艺术活动却可以做到这一点。

艺术活动可以表达和满足内心需求

邀请女儿把我们俩画成美人鱼，不仅仅是为了让她忙个不停（就像看电视一样）。绘画可以让她通过把我们俩画在一个页面上来表达我们的关系。这让她在纸上象征性地与我"玩耍"了，就像画中的两条美人鱼那样。那张画把我和女

1 精细运动是指手、手腕、手指、脚、脚趾、嘴唇、舌头的小的动作。粗大运动是指为了控制身体的大肌肉动作，如：步行、跑步、坐、爬等活动。——译者注

儿联系在一起，帮助我们逃离了"鲨鱼"。这个绘画活动也给了我女儿一个机会，让她可以创造一些东西，并期待在我有空的时候可以和我分享。在诸多层面上，绘画解决了我女儿此刻需要亲子联结的问题。

艺术活动具有很高的"营养价值"

艺术创作是一项拥有丰富"营养"的活动，它对与社交、情绪和认知健康相关的技能都有影响。艺术活动的开展会涉及想象力、创造力、解决问题的能力、自我表现、冒险精神、自我认可和意义的产生。艺术活动可以培养精细运动技能和粗大运动技能[1]。艺术活动还可以提高专注力和批判性思维能力，以及对差异的容忍度。艺术活动甚至可以帮助我们学习和记忆信息，让我们在各个学科中表现得更好。和他人一起创造艺术作品的活动则能提升人与人之间合作和沟通所需的技能。

艺术活动是孩子的主场

我走进女儿的世界，邀请她把我们俩的故事画出来，而

不是多次试图解释为什么我不能和她一起玩。艺术活动是一种对儿童、青少年来说很有意义的语言。事实上，有人说艺术是我们的第一语言。婴儿在会说话之前就会乱涂乱画、拍手或随着音乐跳动。与那些只是与发音搭配在一起的单词相比，他们更容易学会与旋律搭配在一起的单词。孩子们常常会因为看见了一些引发他们兴趣的物品（无论是马克笔、纸、鼓，还是自然物体和绳子）而自发地创造艺术作品。对孩子来说，最好的学习方式是去体验世界，而这正是艺术活动能提供给他们的。孩子会自然地通过玩耍和创造艺术作品（而不是交谈）去探索、表达、吸收和处理更多的事物。艺术治疗师和游戏治疗师研究这个课题已经很长时间了。

《游戏力养育》一书将"玩耍"描述为一项神奇的、孩子们可以真正成为自己的活动。艺术活动基本上也是一样的。我曾听到过很多孩子把他们的艺术创作体验描述为一个他们可以自由表达自己想法并感觉更好的经历。人类学家埃伦·迪萨纳亚克断言，艺术活动保护了人类作为一个物种的生存，因为它帮助我们在困难时期创造意义、表达自我并作为一个集体彼此连接在一起。事实上，艺术活动不仅仅是创

作一幅漂亮的图画或谱写一首优美的歌曲，它从根本上定义
了我们是谁。

　　就我们写本书的目的而言，我们将把艺术活动定义为使
用某种工具或媒介（视觉艺术中的绘画、音乐中的乐器或舞
蹈中的身体）来实现创造力或想象力的过程。这些过程让人
们可以表达内心的世界，探索外部的世界，同时探究这两个
世界之间的关系。在进行艺术创作时，人们可能会想和他人
交流，也可能想进行一种完全独立的自我探索。艺术作品可
以是功能性的，也可以不是。艺术创作总是会包含一个过程
并且通常会创造出一种作品。但是，我们不会把艺术想象成
"颜料 + 画布 = 一幅画"或"长笛 + 呼吸 = 音乐"的等式，
而是会去探索艺术是如何融入我们的生活并与我们的身心相
关的。

工具 + 创造性表达 = 探索、创造意义、沟通

　　这是一个与养育子女息息相关的等式。这就是为什么我
们都应该少说话、多画画、多跳舞、多唱歌的原因。

当言语不足以表达时

"我们能谈谈吗，亲爱的？"

"可以啊。"儿子嘟囔着说。

"当你不喜欢某人做的某事时，你自己就不要对他们做同样的事。【停顿】那样做解决不了任何问题……【他点头】如果一个孩子打扰了你，你可以说'停'或'我不喜欢那样'，但骂人只会让情况更糟。【停顿】你明白我在说什么吗？【他点头】或者，你也可以走开。【停顿】如果有什么问题，就告诉爸爸妈妈吧。"

"好的。"儿子说。

"你真的明白了吗？"我再次与儿子确认。

"是的，"他肯定地说，"下次我就直接报复他们。"

自我提示：深呼吸。显然，我的话没有效果。或者，也许，我说的太多了。我拿起一张纸，画了一个停车的标志。"当有人骂你的时候，告诉他们'停'。然后什么也别再说了，直接走开。【停顿】下次有人骂你的时候你会怎么做呢？"现在，我屏住了呼吸。

"说'停'，然后自己不再说什么，直接走开。"

好极了！

　　与孩子交谈对他们的成长是非常重要的。哈特和里斯利的开创性研究将孩子较高的智商和学习成绩与孩子从出生到三岁的看护人所说的单词的数量联系起来。随着孩子的成长，交谈对于发展词汇、交流兴趣、设置限制、教授解决问题的方法、亲子联结等都非常重要。但正如上面的例子所示，并不是我们对孩子说的话越多效果就越好。成年人往往会对孩子说太多的话，尤其是在解决问题、处理不适感、设定边界的时候。不管我们愿不愿意承认，我们那些"充满智慧的语言"可能不令人恼火，但也可能是毫无效果的。

心理游戏

读个句子，留意想法，感受情绪

下面你要读一个短句。当你读的时候，假装有人在对你说这句话。花 1 分钟的时间去留意自己产生的任何想法、情绪或感觉。你可以闭上眼睛（如果你想这样做的话），在脑海中重复这个句子。准备好了吗？这个句子是：

"我能和你谈谈吗？"

你注意到了什么吗？

现在，让我们再次做这个练习。这次你会读一个不同的句子。再一次，想象有人在对你说这句话，并且，留意自己产生的任何想法、情绪或感觉。这个句子是：

"我能给你看点东西吗？"

这次你注意到了什么吗？

许多人对第一句话的反应呈现出焦虑或防御的心态，而对第二句话却会产生好奇和开放的心态。我在我自己的实践中也看到了这一点。尽管"我们能谈谈吗？"是一个想要与对方联结的邀请，但是这样说经常会遇到阻力或防御。许多人从童年开始就知道，"谈谈"意味着出了问题（换句话说就是："哦，我有麻烦了。"）。甚至在孩子们为了自我保护而"学会不与家长交谈"之前，他们也可能会不愿意与家长"交谈"，因为他们很难同时吸收太多的口头信息。孩子们还会感到情绪负担过重。心与心的交流有时候会让孩子感到紧张，让他们感到脆弱。当我们和孩子谈话时，我们是站在我们大人的主场上，而不是站在孩子的主场上。

　　有时，我们会一遍又一遍地提醒孩子去做某事。当多次提醒时，孩子并不一定是因为事情太多而不去执行。坦白地说，他们"不听话"的原因是因为我们对他们的提醒是毫无意义的。孩子会认定：更多的提醒即将到来，所以，现在何必费心呢？

　　当然，有一些方法可以有效地与孩子们交谈，打破那些没有丝毫效果的沟通死循环。在许多有价值的书中都提供了如何倾听孩子、如何与孩子交谈的实用技巧。然而，即使有了这些以谈话为基础的方法，谈话作为一种在社交、情绪和认知方面培养孩子的手段，仍然存在其固有的局限性。即使是在那些我成为"最佳治疗师妈妈"的时刻（即当我全神贯注、充满同情心的时候），如果我的某个孩子不高兴，那么我说的话也常常会得到打呼噜的声音或不停地奔跑和躲藏的回应。

言语不足以建立亲子联结

交谈并不能保证实现亲子联结。正如人们适合不同的学习方式一样，孩子也有更喜欢、更适合的联结方式。有些人通过聊天进行交流，而另一些人则更喜欢物理意义上的亲近、共享式的活动或象征性的姿态，比如提供食物或赠送礼物。对大多数孩子来说，游戏和艺术活动是发展与他人联结的主要方式。制作艺术品可以缓冲那些伴随着艰难对话而来的不适感。这为孩子们提供了一种隐喻和幻想的语言。它通过赠送礼物提供了一种象征性的联结行为。艺术品的制作也可以是一项共享式的活动。与谈话不同，创造性的艺术提供了与孩子建立联结和交流的无限种方法。

言语不足以培养健康的情绪

对于培养健康的情绪来说，谈话有着非常大的局限性。

我们都有过这样的经历：我们无法只用语言清楚地表达自己的情绪。即使我们能找到合适的词汇表达，我们也可能并不愿意说出它们。更多时候，我们可能根本就不知道自己的情绪是怎样的。情绪会躲避我们。这使得我们很难与自己的情绪沟通，更不用说理解自己的情绪并处理自己的情绪了。

语言的作用是有限的，因为它们很容易导致对他人想表达的感受的误解。虽然我们都对"沮丧"这个词的含义有一个大致的理解，但实际上，我感受到的"沮丧"和你感受到的"沮丧"可能有着巨大的差异。如果我的"沮丧"看起来像阴天，而你的"沮丧"看起来像飓风，那该怎么办呢？俗话说，一幅画胜过千言万语。比起只使用语言来倾诉，创造性的艺术活动可以让孩子们表达更多的情绪上的感受。

言语不足以搭建成功的基础

无论我们正在为孩子教授专业的学科知识还是讨论关于人生意义的重要课程，谈话都是很有限的方式。大脑更倾向于主动参与活动，而不是被动吸收信息。当我们用语言与孩子沟通并期待他们倾听和学习时，我们大多时候忽略了孩子是如何吸收信息的。当我们思考教育孩子的最佳方式（看、听或做）时，我们需要考虑每个孩子不同的学习风格。虽然有些孩子会有特定的偏好，但大多数孩子会更容易接受"看、听、做"组合的学习方式，而创造性的艺术活动则可以提供这种组合式的学习。无论是来源于艺术材料的触觉体验，还是来源于创作或聆听音乐的听觉体验，再或是来源于运动的整合体验，创造性艺术活动都有助于利用感官来集中注意力、建立学习和记忆的联系并以谈话和倾听都难以实现的方式发展观察和解决问题的能力。

在我们更具体地研究创造性艺术活动如何实现亲子联结、情感健康和学业成功的目标之前，让我们先考虑一下你个人的短期和长期养育目标吧。

时刻牢记养育目标

"谁想玩一个特别的游戏？"我的丈夫马修问孩子们。他下午负责照看孩子们，并且正在观察、评估、安排以实现自己的短期养育目标：

（1）防止两个大孩子互相"残杀"；

（2）照顾最小的孩子；

（3）做晚饭；

（4）也许，只是也许，有可能完成一些自己的工作。

马修不太喜欢艺术。他不懂艺术，而且觉得自己不擅长。对他来说，艺术＋孩子＝一团糟。不过，他还是拿出了马克笔和纸。他工工整整地将每个孩子的名字垂直地写在一页纸的左侧。他在另一页纸上写了一系列的特点和优点。这些特点和优点都是以孩子各自名字的字母开始的单词。他们将用孩子的名字创作一首藏头诗。

"孩子们，你们需要这样做。用词语装饰你名字中的每个字母。然后，从这个列表中为你名字的每一个字母选择一个单词。要选择那些能描述你这个人特点的单词。我们将把这个单词写在字母的旁边。"孩子们冲到桌子前开始写起来。

　　养育的短期目标包括塑造行为、避免问题或缓解已经失控的局面。早晨，让你的孩子们顺利走出家门、解决兄弟姐妹之间的冲突以及避免在睡觉时间问题上的权利之争，以上这些都是常见的短期目标。与之相对应的是养育的长期目标，包括培养你认为对孩子性格发展来说很重要的品质，例如自我激励（去上学）、对他人体贴（兄弟姐妹间的争吵）、问题的解决和协商（睡觉时间的冲突）。这些长期目标保证了孩子在社交方面、情绪方面和认知方面健康发展。

　　我们实现短期目标的方法可以与我们实现长期养育目标的方法不同。而且，通常它们就是不同的。虽然很少有家长会说，我们的长期养育目标是培养出"顺从、听话"的成年人，但事实是，此时此刻，"顺从、听话"才是我们想要的。因此，我们以各种方式对孩子的成长进行干预，以便快速实现有序、一致的结果。这样做会导致管理行为习惯的短期目标与发展健康性格的长期目标不一致。

　　幸运的是，艺术活动可以同时辅助实现短期和长期的养育目标。

现在，让我们再回到上面的故事中去：

那天晚上，我问我丈夫："是什么激励了你和孩子们一起玩那个艺术游戏呢？"

"因为我想给你留下深刻的印象，"他开玩笑说，"事实上，我认为学习不同的形容词有助于扩大他们的词汇量。但更重要的是，我希望这个活动能帮助他们认识和思考自己的优势。我认为这对培养他们的自尊心有好处。"

我丈夫的短期养育目标（娱乐孩子）和长期养育目标（让孩子受到教育并培养积极的自我意识）可以通过这种创造性的活动同时得到满足。这里还有一些其他的例子：（1）一起玩跳着舞去汽车旁的游戏（而不是哄骗你的孩子离开公园、假装离开他或者不管他怎么踢腿和尖叫都坚决抱着他走出公园），让你的孩子顺利上车（短期目标）同时告诉他：他有能力积极地从喜欢的活动过渡到不太喜欢的活动中（长期目标）；（2）制作一幅"去新学校上学"的拼贴画，而不是为了让孩子去新学校上学而"贿赂"孩子或者制定所谓的"家法"，这将有助于缓解孩子在晨间的情绪崩溃状况（短期目标），同时也给孩子提供了一个处理与变化相关的困

难情绪的机会 (长期目标)。

以上类似的做法需要我们自己的一些创造力，这可能会让人觉得很费时，但却远比一次又一次地"打同样的战役"要轻松得多。它使我们能够以实现"我们对明天的养育希望"为目的的方式开展今天的育儿活动。

虽然在创造性养育的初期你会感到陌生，但通过实践，这些育儿方法会越来越容易被记住。即便是我，在有些时候也会忘了求助于创造性艺术活动来帮助我的孩子（和我自己）渡过难关。但有一件事是肯定的：你总会迎来"下一次你能更好地做家长"的时刻。你可以制订一个计划：当有挑战性的时刻再次出现时要如何更有创造性地处理。这比在一时冲动下去找一个有创意的回应要容易得多。

家长

各写下 3 个长期和短期的育儿目标

现在，花点时间写下 3 个短期育儿目标：

① _____

② _____

③ _____

写下 3 个长期育儿目标：

① _____

② _____

③ _____

当你阅读这本书时，请记住你的短期和长期育儿目标。这将使你更容易将创造性的艺术养育工具应用到你自己那独一无二的孩子身上。

找到养育乐趣

第二个孙女出生后，平[1]来到这里帮忙。她发现两岁大的姐姐不再是个快乐的小孩了。以前姐姐可以顺利完成的事情，如擦鼻涕、洗头和换衣服，现在全都会令她哭闹不止。以前有效的行为管理后果法和奖励法似乎都失效了。显然，这对任何人来说都是无法忍受的。平制订了一个创造性的改善计划，以应对姐姐的每一次"抵抗"行为。接下来，改善计划里的擦鼻子纸巾变成了"恶鬼"，它从姐姐的鼻孔里得到了一顿饭；浴巾变成了她们轮流戴的湿透的帽子；弹出式帐篷里有一条神奇的毯子，只要藏在毯子下面睡衣就会被脱掉，游戏服就会被穿上。就这样姐姐高兴而顺利地擦了鼻子，洗了头发，换了衣服，自豪地向父母展示了自己的能力。最后，她还给妹妹穿上了衣服。哭闹变成了玩耍，欢笑代替了眼泪。

如果我们自己能做到不过分严肃而且运用一种创造性思维来养育孩子，那么我们与孩子在一起的每一刻都可以成为有趣的时刻。对家长来说，在长期养育目标中，关于社交、情绪和认知方面的培养是很重要的，当然和孩子一起玩耍也很重要。但考虑到从幼儿园到大学的入学竞争越来越激烈，就业压力越来越大（甚至对那些拥有学士学位的人来说也是如此），从孩子很小时就过分关注成绩的现象已经变得很普遍了。正如哈佛大学的一项研究所揭示的那样，孩子们相信他们的父母更看重自己未来的成就，而不是自己是否幸福和善良。同样是这些孩子，他们自己也认为学习成绩是最重要的价值，而这正是他们从自己的父母那里获得的认识。虽然将创造性的艺术活动融入养育过程会有许多社交、情绪和认知方面的好处，但创造性艺术活动最基本、最核心的价值则是提供娱乐和放松的机会。

　　和游戏玩耍一样，艺术活动可以为生活提供严肃的排练，也可以只是提供纯粹的享乐。而且，和游戏玩耍一样，创造性艺术活动也不一定非要有目的（至少不是那种显而易见的目的）。已经有太多的事情消耗了父母的注意力和精力，所以，能用一种创造性的方式来放手，这会是件好事。跟着

1 米哈里·契克森米哈赖（Mihaly Csikszentmihalyi 是匈牙利籍心理学家，积极心理学奠基人之一，"心流"理论提出者。其著作包括《心流》《发现心流》《创造力》等畅销书，对积极心理学的发展产生了重大影响。其中《心流》自 1990 年出版以来，被翻译成 30 余种文字。——译者注

收音机唱歌、重新装修房间，或者，跟着节奏蹦跳，都会让人感觉很好。正如"为艺术而艺术"这句话所暗示的，艺术有时不需要任何理由。它是一种享受也是让忙碌暂停的时刻。它本身就是有价值的。正因为它的价值并非基于成绩这个标准，所以，在你的家里加入更多的创造性艺术活动可能会有一些额外的、意想不到的好处。

我们都需要时间来减压，或是下意识地处理一些当天的信息或情绪。参与创造性的艺术活动可以满足我们的这些需求。当我们创作艺术品时，我们可能会失去自我和时间感，因为我们专注于当下，同时充满活力而全身心投入。这种"心流"的体验是由积极心理学专家米哈里·契克森米哈赖提出来的，它是与增加长期幸福感有关的术语。[1] 更重要的是，参与创造性的艺术活动可以非常容易地让我们的脸上出现微笑。微笑是一种通常被认为是理所当然的行为，具有巨大的、积极的对精神和身体健康方面的好处。另外，与他人一起玩乐的时间也是增进感情的时刻。我们都需要更多这样时间，尤其是在这个数字时代。

抛开具体的养育目标不谈，只要在家里简单地介绍、鼓励和示范创造性的艺术活动就能培养出更快乐、更健康、与家人联系更紧密的孩子。我曾经要求我的学生去拍一些吸引眼球的照片，以此提高青少年的专注力。我曾经鼓励学生在做作业间歇去编织些什么，以此来缓解他们因为焦虑而导致的崩溃。我曾经邀请一位母亲和她的孩子一起涂鸦，以此来改善她们作为惩罚者和被惩罚者的对立关系。所有这些活动的结果都是正面而积极的。

　　能带来笑声的简单的创造性活动（无论是一起涂鸦还是穿着万圣节服装在客厅里跳舞）不仅能给家庭生活带来更多的欢乐，甚至还能提高大人和孩子的身体免疫力。那些不用被评判的自我表达、与他人的联结和发现新事物的艺术活动能自然地缓解压力和焦虑并改善身体状态。一份对146项研究的分析得出了结论，表达性写作不仅能改善免疫功能，还能改善生理健康、心理健康和一般的身体机能。表面看起来，艺术活动是为了娱乐、放松和休闲，而实际上，它起到了改善亲子沟通，实现幸福生活的作用。

不那么喜爱艺术的家长

当我邀请成年客户在治疗过程中创作艺术作品时，他们会对参与活动感到矛盾甚至消极。类似情况并不少见。他们很早以前就认定自己"没有艺术细胞"，从小就没有制作过艺术品。他们在学校里有过不成功的创作艺术品的经历，所以没有学会如何享受它。这对他们来说是一个陌生的领域。

在家里，很多父母会鼓励孩子独立给黑白线稿涂上颜色，但如果孩子涂色时太投入而弄脏了家里的环境或者孩子想要父母一起参与的话，他们就会把活动转移到其他事情上去。这并不一定是因为父母不想帮助他们的孩子或花时间与孩子待在一起，而是因为父母自己在创造艺术作品这个领域里感到了不舒服。他们发现其他活动"更容易"或"更整洁"，他们看不到创造性艺术活动的好处，或者他们根本就不喜欢艺术类活动。

学者维克托·洛温菲尔德在 20 世纪 40 年代末提出了一

个关于儿童艺术能力发育的理论，至今被广受推崇。该理论认为孩子艺术能力发育的最后阶段是 13~16 岁。维克托·洛温菲尔德把 13~16 岁这个阶段称为"决策 / 危机时期"。在这个阶段，青少年会决定艺术是否值得他们去追求。他们会断定（或经常被告知）自己是否擅长这项工作。许多人在这个阶段停止了艺术创作。那么，我们成年人当中那些不太懂艺术的人要如何开始接触艺术，从而丰富孩子的视野，并进一步实现我们的养育目标呢？

利用创造性的艺术活动来实现养育目标，并不是要你成为一名有造诣的艺术家或是一名忠实的手账创作者。你擅长或不擅长创造性艺术都无关紧要；你唱歌跑调或者画不好直线也没有关系。甚至，你喜欢或不喜欢艺术也都不那么重要。毕竟，育儿过程中有很多我们不喜欢但却无论如何都要去做的事情，因为这对我们的孩子有好处。我并不太喜欢给我的学龄前孩子反复读同一本书，但我这样做是因为我知道孩子很喜欢；研究结果支持"重复有助于语言和词汇的掌握"；重复对孩子来说是一种安慰。所以，我这样做了。然后，我没有因为自己不喜欢而烦恼，反而在看着孩子因为听自己最喜欢的书而拥有快乐的时刻感到了喜悦，即使已经读了第 100 遍。

如果你是一个不太懂艺术的父母，那么恭喜你，请拿起这本书，翻到下一章。这对你来说是一个机会。本书会改变一些你对艺术创作先入为主的想法，也会让你在为人父母这件事上有一些新的自我拓展。孩子们每天都在挑战我们的养育方式，用创造力来应对这些挑战将帮助我们成为更熟练、更多才多艺的父母和自己。

1
少说、多画、
多舞、多唱

2
那些把家弄得
一团糟的艺术活动

3
不要与孩子
"熬过一天"

4
艺术活动，建立更
牢固的亲子关系

5
养育出
快乐的孩子

6
用艺术培养出
学业成功的孩子

7
认识你身体
里的艺术家

我小时候，我的积木会变成建筑和汽车（窗户和轮子会用蜡笔和马克笔精心画上去）；我躺在床底下，会变成在西斯廷教堂画壁画的米开朗基罗；在衣橱黑暗的拐角处，我会画上原始人举行仪式的洞穴图。我的创造力源源不断。我会对自己的想法感到兴奋，但我的父母却不会。"不，"他们说，"不不不。"我的脸马上拉长了。我觉得自己创造性的热情被扼杀了。成年之后，我还是会时不时质疑他们在那些时刻的"智慧"……直到……我自己成了"家长"。"我们应该在纸上画画，而不是在家具上画画。不，不能画在你的玩具上，不能画在墙上，要画在纸上。不不不。"当我听到从自己的口中冒出了这些话时，我的脑海中又浮现出了我的那些童年经历。我感到非常矛盾。我为什么既希望孩子可以自由表达却又对他们如此限制呢？

　　艺术活动会把家里弄得一团糟，会让家长产生挫败感，会弄脏衣服，会毁了家具、地板和墙壁。坦白地说，有很多其他的活动我们可以和孩子一起做，它们都比进行艺术活动要容易得多。搭积木、玩小火车或者电子游戏，这些都不需要你在事后给孩子洗澡，它们也不会让孩子因为东西洒了或看起来自己做得不好而大哭。其他的活动不会让我们因为预测孩子会在墙上乱涂乱画或者会将一整瓶的闪光胶全部挤到桌子上而屏住呼吸。在这里，有很多理由令我们讨厌艺术活动。艺术活动所用的材料对父母和孩子都是一种挑战。然而，正是这些让我们承受"严峻考验"的活动，可以为孩子的成长提供一些难得的机会。

艺术活动会把家里弄得一团糟，如果想要学习处理混乱生活的方法，那么丰富多彩的艺术世界可以提供更好的机会。艺术活动可以让人们去探索个人自由与他人需求之间的界限以及自我表达与自我克制之间的界限。艺术活动也让为人父母的我们观察自己在哪些地方可以放松对孩子的约束，以及怎样区分"必要的限制"和"不必要的关注"。在本章中，我们将不仅探讨这些主题，还将提供一些如何制定限制、控制混乱的实用方法。我们也将重新思考我们与艺术活动中那些令人不愉快的经历所做的斗争，当然也可以把它们当作我们养育经历的一个缩影。

孩子表达的自由会在哪里遇到限制

　　"我可以把橙汁倒进麦片里吗？"我儿子问。"不可以。"这是我丈夫的第一反应。他不允许孩子们玩食物。我明白丈夫的意思。不过，我还是问了他，看他是否同意我加入这次对话。他给我开了绿灯。

　　"你的计划是什么呢？"我问儿子。"你已经吃饱了吗？你是不是好奇橙汁倒进麦片里会是什么味道？你是不是想做个实验，看看橙汁倒进麦片里会发生什么反应？"

　　"我想做一种新的食物。"我儿子回答道。

　　"好的，"我说，"让我们另外拿一个碗，在里面放上一点麦片，然后再加上一点橙汁。你可以先尝尝。这样，如果你喜欢那个味道，可以把其他的麦片和橙汁全混在一起；如果你不喜欢那个味道，也不至于毁了你的整顿早餐。"儿子另外拿了一个碗，测试了他的创新做法。他喜欢那个味道，于是把剩下的麦片和橙汁全都混在了一起，然后吃得一点儿不剩。

孩子们需要在表达的自由和限制之间取得平衡。如果给他们过多的要求和限制（专制型教养），或过多的自由和放纵（放任型教养），他们往往会更多地表现出在行为、社交和情绪上的困难。从 20 世纪 60 年代到现在，对父母教养方式的研究始终表明，在平衡环境（"父母对孩子的高期望"和"父母对孩子需求的回应"之间平衡，"明确的限制"和"灵活的处理"之间平衡）中长大的孩子，在社交、情绪管理和学业上都会做得更好。这被称为权威型教养，而创造性艺术活动能为家长和专业人士提供丰富的舞台去排练和微调这种平衡的行为。

表达和限制

我们中的许多人对孩子创造性的表达和探索都会下意识地说"不行"，因为我们过去曾被教导说这样做是不好的，或者，因为我们当时确定这将是一件麻烦事。只有当我们有意识地去思考孩子的创造性表达和探索时，我们才能清楚地说明"为什么"孩子不能那样去做。然后，我们可能会惊讶地发现，孩子想要进行创造性表达和探索活动是完全合理的，而且，我们可以将孩子的这些自发产生的创造力视为对养育非常有价值的能力。具体的回应建议如下：

当孩子有创造性表达和探索需求时，父母先暂停下来。不要说"可以"或"不可以"，要试着说："我不确定。告诉我你想要做什么。"或者，就像上面的例子一样，问孩子："你的计划是什么呢？"这种"发人深省"的问题既可以帮助你和你的孩子停下来认真考虑一下现状，又不至于打断孩子正在酝酿的"创新的可能"。询问孩子的计划会促使他大脑的执行功能（负责计划、组织、解决问题和采取行动前的思考）开始思考："我到底要做什么？"在上面的例子中，这句话让我的儿子思考了他想尝试的原因，并形成了一个深思熟虑、富有创造性的想法。更多地了解孩子的意图，也可以让成年人帮助孩子确定活动的方向（例如："让我们另外拿一个碗，先混合一小部分。"）。

接下来，问自己以下三个简单的问题：

1. 这件事安全吗？
2. 这件事侵犯了他人的权利吗？
3. 这件事符合家庭的价值观吗？

如果这些问题的答案都是"合理的"，那么大概率你的孩子可以继续进行表达和探索的尝试。对我的丈夫来说，"玩食物"违反了第三条，与他的价值观有冲突。然而，他忘记了要考虑行为背后的意图。我们的儿子在扮演厨师（或者，至少是在我让他停下来认真思考自己的行为之后他才决定自己要做什么的），他不仅是对把食物混合搅匀在一起感兴趣。在我们家，"在用餐时间创造新的食谱"这件事是可以被接受的，而如果只是"玩混合搅匀食物的游戏"则另当别论。

让我们来看看另一个例子吧：

当我儿子第一次用马克笔在他自己身上画画时，我的"不行"反应立即就启动了。我想说："我们不能在自己身上画画，我们要在纸上画画。"不过，我还是先问自己：可是，为什么不能在身上画画呢？因为这不好吗？因为我父母不让我在身上画画吗？嗯，好像并没有足够的理由。那么，为什么呢？因为这违背了我们"要看起来体面"的家庭价值观吗？但是，这个"体面"又是为了什么呢？我们为了谁而"体面"呢？他只是个孩子。我们又不是马上要去拍全家福。那又是为什么呢？因为颜料有毒！安全是一个很好的理由。但是，这些马克笔却是无毒的。嗯，回到在身上画画这个行为上来。它没有侵犯他人的任何财物或人身安全。它是安全的。我更看重孩子对自我的表达，而不是孩子没有被马克笔画过的身体。于是，我最后决定，我要完全不在乎画在身上这件事。我没有说"不行"，而是高兴地（不带偏见地）喊道："看看你，干得真漂亮啊！"我儿子听到之后顿时眉开眼笑了。

但这并不是故事的结局。孩子们总是会"得寸进尺"，因此，我儿子把他的这个实验做得更进了一步。我对他"在自己身上画画"这件事的允许让他感到很兴奋，于是他开始往自己的脸上涂颜色。我决定在那里设定限制。虽然儿子用的是那种"可被洗掉"的马克笔，但那也还是需要好几天的时间才能被彻底去除，而我更希望他在之后的一周里都不要呈现出一张绿莹莹的脸。我给儿子买了一套专门在脸上画画的油彩。"你可以用马克笔在身上画，但不能往脸上画。如果你想装饰自己的脸，那就要用面部油彩。"我儿子对面部彩绘感到很兴奋，但他还是纠正了我："妈妈，我没有想要'装饰'我的脸，我在做一个面具！"当我意识到自己从一开始就忘了问儿子的计划时，我暗自窃笑。"当然！你是在做面具。你想不想咱俩一起做呢？"我拿出了彩色的美术纸。"做面具"这个活动还算一个不那么混乱糟糕的选择。"你想要什么颜色的面具呢？"

何时决定给孩子"松绑"与何时决定"约束"孩子都是没有绝对标准的。你不允许你的孩子在身体上画画也是可以的。也许你的家庭价值观之一就是拥有干净的、没有被马克笔画过的身体，或者，你担心颜料有毒性，或者，你担心身上画着图案会让孩子在课堂上分心，又或者，你担心老师不允许孩子这样做。你可以根据具体情况来决定是否有避免你的担忧又有一些创造性表达和探索的活动。一个"不行"的结论并不一定意味着要彻底扼杀创造性的表达。正如我们下一节将要探究的，这可能只意味着我们要提供更多的指导和限制。

看到孩子潜在的需求

我在一所专门为情绪和行为困难的青少年开设的学校里向我的艺术治疗小组成员们赠送了一盒马克笔。我甚至还没来得及分享我的活动想法，孩子们就开始互相瞄准了，然后，那些马克笔就开始在房间里飞来飞去。情况变得非常混乱。我大喊："停！"……我的喊叫根本就不起作用，我用我期望他们的状态去提醒他们……也没有奏效。孩子们精力充沛，感觉难以被控制（或者说是叛逆）。把马克笔全都收走应该能停止这场嬉戏般的战斗，但同时也会向孩子们发出适得其反的信息："你们没有能力管理自己的行为。"这些孩子其实有能力管理自己。他们只是需要多一点限制。

我迅速往墙上贴了一大张牛皮纸并在纸上画了一个靶心，然后，我在离墙几米远的地板上贴了一条胶带。"来这里排队！"我大喊。然后，我指着靶心向他们挑战说："让我们看谁的得分最多。"瞬间，马克笔在空中的混战停止了。孩子们都拿着他们各自的"马克笔飞镖"排成了一行。他们耐心地等待，轮流瞄准临时搭建的镖靶。他们互相记分，甚至为对方加油。他们玩得很开心，更重要的是，他们做到了自我克制。

当我们考虑如何控制孩子的行为时，我们通常会"缩短"自己的选项列表。我们要么依靠口头限制（"停""不要""不行"），要么把他们从活动中"移除"。事实上，虽然有时"移除"是唯一的选择，但这些常见的策略大大减少了我们教孩子如何以安全、尊重和符合我们价值观的方式去保持参与及表达的机会。限制有许多不同的形式。它可以包括澄清期望、提供替代的选择或明确边界（如上面的例子所展示的那样）。然而，为了使其中任何一项产生效果，我们必须根据孩子行为背后的真实需求来选择相应的限制措施。

简单的行为就可以代表许多的需求、感觉、想法、兴趣或好奇心，这取决于孩子个体的不同和当时的情况。成年人可能会反复说同样的话："停止在家具上画画！"然而，要想改变孩子的行为首先需要弄清楚孩子做出该行为的根本原因是什么：他是不清楚规则吗？他是在测试大人的"底线"吗？他是好奇马克笔画在沙发上会是什么样子吗？用马克笔在沙发上画画是他玩耍游戏的一部分吗？他是画画用的纸没有了却不知道该怎么办吗？他生气了吗？如果孩子从未被教导过规则或者只是需要别人对规则加以提醒的话，那么简单的提醒和重新引导他画在纸上就足够了。但是，如果孩子生气了，那么仅仅是说些提醒的话是无法解决问题的。接下来，他可能会在墙上或桌子上乱涂乱画，因为他就是要让别人知道他在生气。在这种情况下，我们还需要弄清楚孩子生气的原因是什么。

有时，我们能够对行为背后的需求进行有根据的猜测。比如，针对上面例子中提到的那些投掷马克笔的青少年们，我猜他们的需求包括"玩乐"和"能量释放"。他们也同时在考验我的极限。用一大张纸、一条粘在地板上的胶带以及一个特定的投掷方向作为限制，就可以去回应他们的这些需求：①是的，我们可以玩得很开心；②是的，我们可以在不向对方扔东西的情况下释放我们的能量；③是的，我可以把控现在的局面。

如果你不确定孩子行为背后的需求是什么，请试试以下方法：

① 陈述你所看到的

② 询问孩子潜在的需求
③ 提出孩子可能的需求

④ 找到可能范围内的替代方案

⑤ 教导承担责任 + 后果

确定和解决潜在需求的沟通方式

确定和解决潜在需求的步骤	示例
① 陈述你所看到的（用"我看见"或"我注意到"这样的词语做句子的开头）	"我看见你正在桌子上画画。" 以中立或好奇的态度说出这种非判断性的观察可以最大限度地减少孩子的防御并保持沟通的畅通。
② 询问潜在的需求（用"我想知道"这样的词语做句子的开头）	"我想知道为什么你想在桌子上画画的呢？" "我想知道"让孩子对自己的行为产生了好奇心。它促使孩子进行自我反思。
③ 提出可能的潜在需求	好奇："你想知道它会是什么样子吗？" 关注："你需要我的关注吗？" 不安："发生什么事了吗？" 年幼的孩子可能需要大人帮助他们确定内心潜在的需求。虽然年龄较大的儿童和青少年可能会更容易确定自己需要什么，但他们仍然可以从成人的辅助中受益。
④ 找到限制内的备选方案（以"什么"或"怎样才能"做句子的开头）	好奇："我们怎样才能不在家具上画画呢？" 关注："你怎样才能不画家具就能引起我的关注呢？" 不安："有什么其他的办法可以表达你的感受，或者，在不画家具的情况下让你感觉更好一些呢？"

（续）

确定和解决潜在需求的步骤	示例
④ 找到限制内的备选方案（以"什么"或"怎样才能"做句子的开头）	如果孩子自己没有想法，那就给他们提供一些备选的方案： 好奇："收集不同的材料进行实验怎么样？" 关注："我把手头正在做的事情先暂停下来，这样我们就可以在一起玩，你觉得这样好不好？" 不安："我们在门上贴一张大纸，然后把你的感受画出来好不好？" 帮助你的孩子行动起来满足他的需求。
⑤ 教导孩子承担责任和后果（用"让我们"做句子的开头）	"让我们先用这块布把马克笔画的痕迹擦干净，然后我们就可以在其他材料上进行绘画实验了。" "让我们先清理一下，然后你就可以做其他事情了。" 如果孩子抵触或拒绝我们的建议和帮助： "我看你还没准备好去清除这些痕迹。那等你准备好了之后告诉我。桌子收拾干净了，你就可以玩了。" 为了不引发和孩子的矛盾，请记得要保持积极的公式：当 X，然后 Y（"当桌子干净时，你就可以玩了。"）

如果同样的行为反复发生，需要把有危险的工具进行管理，比如剪刀之类的物品。这些年，我的三个孩子在不同的时候剪过自己的头发、枕头、窗帘、地毯、彼此的物品，等等。这些行为背后的需求从"我的刘海太长了"到"我气疯了"，或者"我想看看剪刀是否锋利到可以剪断这个……而且它们的确够锋利，能剪断这个！"对于重复犯下的错误行为，无论其背后的原因是什么，你都可以做出这样的决定："我会把剪刀收起来。当你需要使用剪刀的时候，如果我有空的话，我会把剪刀拿给你并且坐在你的身边，看着你使用它。"这个方法也适用于其他危险的材料和物品。

不同的艺术材料会产生不同的力量

我向一群患有孤独症谱系障碍（ASD）的青少年宣布："请使用马克笔和纸画一些大自然中的东西。"当时，我们正在为他们稍后将在学校庭院里绘制的壁画设计图案。于是，他们开始在课桌前工作。看吧！他们画出了树木、花朵、池塘、火山、森林、蝴蝶等图案。在接下来的一周，我们又一次进行了头脑风暴。我给了他们油彩，并让他们两两一组进行工作，再次创造与大自然有关的图案。但这一回，我们陷入了混乱、沮丧、冲突和停摆状态。这是怎么回事呢？

不同的材料具有不同的性质，因此会在使用者身上唤起不同的体验。诸如马克笔、铅笔、橡皮擦、尺子、拼贴材料和胶棒等结构化的材料往往是容易被控制的。它们引发的触觉更少。另一方面，较松散的材料（如油彩、湿黏土、液体胶和闪光粉）则更难被控制。它们往往是软软的、稠乎乎的、黏黏的或散乱的，而且，就像它们给人造成的感官体验一样，它们也可以帮助使用者缓解情绪和避免冲动行为。正因为如此，有时，用艺术性活动平衡自我表达和限制之间的关键就在于选择哪种艺术材料。

回到上面的例子上来。有几种可能性可以解释这次绘画活动中出现的问题：孩子们对活动缺乏兴趣、缺乏技术技能、没有与人合作的能力。但这些都不是当时混乱的原因。孩子们对这个活动很感兴趣；他们能够从大自然中选择要画的图案；他们有合作的能力……他们只是需要更多的限制才能获得成功。对典型的孤独症患者来说，社会交往不仅是困难的而且是痛苦的。当这些青少年已经在社交和情绪上出现了障碍时，给他们提供松散的材料是不能让他们完成创作的。他们需要更多的结构性和限制性的活动，而我们可以通过在材料方面的简单改变来为他们提供这些帮助。

我们把油彩和刷子换成了更具有限制性和结构性的材料。我们把孩子们之前的原创图缩小，然后复印到透明板上，这样他们就能够将自己创作的图案与同学创作的图案进行重叠，从而创造出一个简单的复合图像。一块透明板上的树现在可以在另一块透明板上的海洋旁边找到家了。接着，我们使用投影仪在一张纸上投射和描摹出他们组合好的图像。他们最终成功地与同学一起工作并做出了一个共同创造出来的场景。

请仔细想想你提供的材料属于哪一类以及它们可能会对孩子的情绪和行为产生怎样的影响。这样的思考可以帮助你的孩子去探索自由表达和自我克制之间的平衡。如果他玩的是松散的材料，那么思考如何帮助他控制因材料产生的能量是很重要的。当面对更具挑战性的任务时，你的孩子可能会受益于更结构化的材料。以下是一些如何使用合适的材料来帮助孩子们避免因艺术活动而忘乎所以、不知所措或受到过多刺激的例子：

- 在用黏土、荧光粉或串珠进行活动时，在材料的下面放一个纸盘或托盘。
- 提供较小的而不是过大的纸张。或者，把一张较大的纸放在较小的纸的下面。大一些的那张纸要能"框住"小一些的那张纸，以便为艺术创作提供更清晰的视觉边界。如果孩子正在使用油彩或类似的松散的材料，较大的纸张也可以抓住溢出物，防止其落在桌子上。

- 把擦手巾放在孩子触手可得的位置上。
- 将手指画用的颜料和纸放在一个较浅的盒子里。

松散的材料可能适用于那些需要缓解紧张情绪的孩子。对于那些容易受挫的、不喜欢混乱的或对自己很苛刻的孩子，可以逐步慢慢地引导他们，让他们用更加松散的材料去玩：

- 给他们油彩，让他们完成"画出最丑的画"的任务。
- 准备更大一些的纸、油彩刷和海绵。把纸放在地板、墙壁或画架上。不要放在桌子上，以避免他们受到桌子的限制。
- 尝试基于过程的、不对结果抱有任何期望的活动。例如，用热熔胶把蜡笔粘在画布的顶部。然后用吹风机把蜡笔融化，看着它们从画布顶端向下自由流淌。

"记住材料的特性"不仅仅是因为我们想控制我们不愿

意处理的混乱和行为。当我们支持孩子练习自我表达和自我管理之间的平衡时，我们是在帮助他们为现实生活做准备。从同伴关系到课堂和工作场所的要求，孩子们如果可以有更多的机会进行冲动控制、坚持、合作、专注、分解工作任务的练习，那么他们就会与他人建立起更紧密、更快乐、更成功的联结（见下页图）。

儿童和青少年

不同材料的触摸游戏

做些实验，感受不同的材料摸上去会有哪些不同，它们在大脑和身体中又会引发哪些不同的感觉、冲动或想法。拿出各种材料，包括结构化材料和非结构化材料。和你的孩子轮流感受一下，它们会唤起你们的某种想法和感受吗？如果会，那些想法和感受是怎样的呢？你或你的孩子是否感觉自己受到了某些材料的挑战？你们因为使用了某些材料而得到放松了吗？你们因为使用了某些材料而感到被约束了吗？你们不喜欢哪种材料？为什么？它们让你们想起了什么吗？如果你和年龄较小的孩子一起做这个实验的话，你可以问问他们最喜欢哪一种材料，最不喜欢哪一种；哪些材料用起来比较容易，哪些材料用起来比较困难；哪些材料用起来会让他们感到混乱、愚蠢、快乐或沮丧。

我们可以用在这个实验中得到的信息来告诉孩子应该用什么材料来放松或控制自己。更重要的是，这个练习本身可以帮助孩子注意到接触不同材质和物品会对他们的感觉和反应产生不同的影响，同时，也教会他们如何通过改变感觉输入的源头（艺术材料）来改变他们的情绪状态。

艺术活动里的混乱、吵闹和跑调

"哒，哒，哒，哒－哒；哒，哒－哒，哒"，我儿子开始哼《星球大战》中的主题曲。他唱了几个小节后，我女儿开始唱她最喜欢的公主歌曲。我儿子的声音越来越大，我女儿的声音也越来越大。她想要"赢"过他。当其中一个人的声音盖过另一个时，"赢"了的那位就很开心，于是，他们两个人都唱得越来越大声了。我紧张得要命。我们在车里。我正在开车。他们发出的聒噪声迫使我大喊："别唱了！"我要制止他们。他们本身没有做错任何事。我也希望自己能让他们继续唱下去。但是，我很累，我想让他们停止。

孩子们在一天当中会经常被告知"不行"，这就是为什么我们要利用创造性的时刻并尽可能多地说"可以"，这很重要。鼓励创造力、探索和自我表达确实需要容忍地板上到处都是的碎纸片、敲打锅碗瓢盆的嘈杂震耳的声音以及一遍又一遍走调地唱着烦人的歌。但这并不意味着允许孩子不分时间和地点想干什么就干什么。与鼓励创造力、探索和自我表达同样重要的是，我们要教会孩子可以在什么时间用什么方式去把东西弄乱、大声喧哗和跑调着唱歌。我们要教会孩子考虑他人的需求，培养孩子的责任感。

不行！你不能那样做！

"我们可以加上闪光粉吗？" 当我们为哥哥的生日做横幅时，我女儿这样问。呃。我想说 "不行"。我回想了一遍自己的 "放行检查表"。这是否属于安全问题呢？否。这是否侵犯了他人的权利或财物呢？否。这是否与我们的家庭价值观背道而驰呢？否。那么，为什么我不能答应她呢？答案很显然：因为我累了，而且，我还有很多事情要做，而且，现在这么做的话对我来说非常不方便。然后，我意识到不答应她也没什么关系。

即使是完全出于自私的原因，我们也是可以对孩子说 "不行" 的。事实上，这样做还是很重要的。首先，我们虽然为人父母但也需要休息。只有我们休息好了，才能在以家长的身份带孩子的时候做到更快乐、更平衡。我们需要有机会来满足我们自己的需求。我们不要把自己绷得太紧，否则我们有可能会因为孩子不断地向我们提出要求而烦躁。

说"不行"也给我们提供了向孩子传授宝贵经验的机会，比如：如何考虑他人的需求和时间的限制。正如罗宾·伯曼在《父母的许可》一书中指出的那样，许多心软的父母会因为担心伤害孩子的感情而过度溺爱孩子。书中强调说，这样做的结果是这些家庭中的孩子都无法应对挫折和失望。这些孩子也不善于考虑他人的需求。与打开创造性表达的大门（并增强我们对喧闹、杂乱和跑调活动的容忍度）同样重要的是，我们可以在偶尔说"不行"的同时支持孩子的成长需求。重点是，我们要如何做到这一点。

第一步：认可当前的活动。从孩子的行动中找出一些积极的东西："我注意到你提出了一个新想法。"或"我看到你打鼓打得真的很棒。"

第二步：教育孩子承担责任。清楚地说明哪些人的需求没有得到满足："这个行为现在对我（你的兄弟、全家、我们的教室）来说不合适。"第一步和第二步一起做就能清楚地向孩子表明你对创造性的表达持开放态度，但由于其他原因，这种表达现在要考虑到他人的需求。

第三步：给出"不行"的理由。向孩子"解释"为什么现在行不通。要使用简洁明了的语言。"解释"不是邀请孩子和你谈判，也不是要试图说服对方。一个简单的"解释"可以帮助孩子学会考虑诸如时间管理或他人需求等因素。

第四步：寻找代替方案。建议换一个时间或地点来做这个活动，或者，建议另一个完全不同的亲子活动，再或者，建议另一个可以解决当前问题的活动。你甚至可以让孩子自己提出建议。

图注：说"不行"后的 4 个步骤

③ 给出"不行"的理由

② 教育孩子承担责任

真可惜，我们现在不能继续画画了。

这样做需要做很多清洁工作而我们 5 分钟后必须要离开了。

④ 寻找代替方案

① 认可当前的活动

你画的画真不错！

我们回家后你还可以继续画。

下面是如何将这个方法付诸实践的例子：

场景一：你的孩子正在把颜料拿出来，但你们俩马上要离开了。

设定限制的步骤	举例说明
①认可当前的活动	"我觉得这是一个很棒的点子。"
②教育孩子承担责任	"很可惜，我现在不能让你继续画画了。"
③给出"不行"的理由	"画画后需要做很多清洁工作，而我们5分钟之后就要出门了。"
④寻找代替的方案	鼓励孩子自己解决问题："我们该怎么解决这个问题呢？" 提供另一个时间或地点："我们一回家你就可以继续画了。让我们把这些颜料摆在这里，这样，等我们回来的时候你马上就能开始画了。" 提供一个不同的活动："我们离开之前你可以简单地画一会儿。" 调整活动："我们没有时间清理，所以你只能画5分钟，让我们只用一种颜色和一只笔简单画一会儿吧。"

美国习俗，在婚礼或其他特殊活动中抛
撒五颜六色的纸屑。——译者注

场景二：孩子在车里大声唱歌。

设定限制的步骤	举例说明
①认可当前的活动	"听起来你学会了一首新歌。"
②教育孩子承担责任	"真可惜，我不能让你在车里大声唱歌。"
③给出"不行"的理由	"我很累，而且我现在必须集中精力开车。"
④寻找代替的方案	鼓励孩子自己解决问题："我们该怎么解决这个问题呢？" 提供另一个时间或地点："我们到家你马上就可以唱了，想唱多大声就唱多大声。" 提供一个不同的活动："你看看窗外的天空，在云彩里找找图案好不好？" 调整活动："也许你可以小点声或者在心里唱。"

处理艺术活动后的混乱

"给，"我一边说，一边递给客户一张纸，"撕碎这个。"他怒气冲冲地来到我的办公室，我的想法是给他提供一个发泄怒气的出口。他真的把纸撕了。他把那张纸撕成了非常小的碎片，然后又撕了几张。接着，他把那些小纸片像抛五彩纸屑一样扔在沙发和地板上。[1]

"哇！真多，是不是？……而且到处都是。"我对那些纸（和他的愤怒）做出了评论。他表达了自己的愤怒，释放了一些情绪能量，并展示了自己的情绪状态。我们坐在由此产生的混乱中。现在该怎么办呢？

"好吧，现在我们要怎么处理这一切呢？"我向他提出这个问题。他疑惑地看着我。我的建议是让他把所有的纸屑都清理干净吗？或者"你想把它放在信封里还是直接扔掉呢？"

"我们直接扔掉吧，"他明确地说。

"好的，我们这样做吧！"我说完有一种预感，虽然他不太想去收拾散落四处的纸屑，但他已经准备好要把自己的愤怒丢掉了。我们一起把碎纸屑丢进了可回收垃圾桶。在这个过程中，他的情绪恢复了平静。让他自己处理混乱与让他先表达愤怒是同样重要的。

收拾艺术活动后的混乱场面，对父母和孩子来说可能都是无聊、麻烦的。但在这个过程中却蕴含着宝贵的学习机会。清理和打扫的工作有助于孩子学习如何承担责任，解决问题，并提升他们的家庭意识。如同上面所举的例子那样，收拾艺术活动后的混乱残局能帮助孩子在一次充满活力或情绪表现力的艺术课程之后感到更多的约束。许多家长会因为艺术活动会造成混乱这个原因而避免让孩子进行艺术创作。然而，当我们将清理工作当作一种有价值的活动体验，而不仅仅是一种令人厌烦的活动结束方式时，我们可能会更愿意让孩子趴在地上玩耍或弄脏自己。

当然，这也有助于降低在活动一开始就将场地变混乱的可能性。毕竟，我们一天之中还有很多事情要做。以下是一些减少混乱的实用技巧：

- **指定一张专门用于做手工的桌子并摆放在孩子们容易使用的地方。**我的孩子有一张专属手工桌，但他们从来没用过。相反，他们想在餐桌上进行艺术活动。因此，我们吃饭的时候会增加一些餐前的整理工作（或者，至少要把他们做手工用的东西推到餐桌的另一边去）。这给我们用餐带来了不便。他们为什么不用自己的手工桌呢？我猜有两个原因：①手工桌的尺寸不够大，不能让他们两个人同时使用（我相信他们还是喜欢待在对方旁边，尽管表面看起来并不是这样）。②手工桌放在他们的卧室里，离他们的主要活动场所比较远。于是，我们为孩子准备了一张更大的专用桌子，并把它移到了一个更常玩耍的区域中。虽然我们仍然需要不时地清理那张新的手工桌（以免他们再回到餐桌上来做手工），但我们可以在自己方便的时候去清理，而不是每次吃饭前都必须先做餐桌的清理工作了。
- **使用防护布、报纸或纸袋子。**显而易见，我们可以用防护布或报纸这样的东西隔离污渍。我有无数次一边擦洗咖啡桌，一边喃喃自语："下次我必须、必须要在他们开始玩黏土之前放好蜡纸"。你可以提前把布单铺在餐桌或地板上。艺术活动完成后，直接把它扔进洗衣机。或者，也可以使用旧报纸来保护餐桌或地板。当孩子们需要使用体积较小的、液体的、黏黏的或闪闪发光的材料时，可以给他们一个纸盘子。这不仅可以保护工作台表面的洁净并减少混乱，还可以使他们的材料和成品更容易被移动。

- **购买一些箱子或篮子。**把材料扔进箱子、手工盒、文件夹或篮子会让清理工作变得更容易一些。如果你能放心让孩子自己整理那些箱子，他们会很愿意帮忙。你可以把所有的颜料和刷子放在一个箱子中，把所有的贴纸、胶水和剪刀放在另一个箱子中，再把马克笔和铅笔放在剩下的一个箱子里。扣上盖子，然后叠放在一起，完成。

- **拿出你的吸尘器。**吸尘器可能是你清洁环境时最好的朋友。当孩子在手工工具柜子里发现了彩色沙子时，他们开心得像中了大奖，而我却叹了口气。我不想处理那些我能预料到的混乱。我正要说"不行"的时候突然意识到……事实上，没有比这更容易清理的烂摊子了。"没问题！"我说。"你们玩完后，我们可以用吸尘器来打扫干净。"几周后，孩子们想打碎聚苯乙烯泡沫时，我也说"没问题！你们做完后，我们可以用吸尘器来打扫干净。"有一次，孩子们无缘无故地把毛毡切割成了非常非常小的碎片。"看起来很有趣！你们做完后，我们可以用吸尘器打扫干净。"

- **让孩子们在室外进行艺术活动**。虽然将艺术活动移到室外会让混乱的范围变大、程度变强，但这种混乱也没有那么难处理。让你的孩子清理草地、人行道或许比擦洗地板和桌子要容易得多（也有趣得多）。或者，也可以让孩子坐在浴室里玩。用油彩、剃须泡沫或其他可以顺利冲进下水道的黏糊糊的材料进行的艺术活动，可以在他们泡澡或淋浴的时候做。

- **只提供那些你愿意处理的材料**。我的孩子有幸可以接触到大多数的艺术材料。我喜欢他们愿意发现新东西，获得灵感的过程，我也喜欢他们在活动中"有什么就用什么"的随性。这种选材方式提高了孩子的自主性，也使我不必非找到他们所需要的东西。但是，某些材料还得放在他们够不着的地方。比如，油彩和松散的闪光粉。这些材料容易造成混乱，而且过度使用会增加清洁时的难度，所以，在开始让孩子玩它们之前自己先做好心理准备。

让清洁和爱惜材料成为一种习惯。我们都养成了替孩子收拾残局的坏习惯。如果玩得时间太晚了，家长自己动手清洁会不会更容易一些（也更快一些）……你知道这么做的理由。我自己也会用这样的理由说服自己。然而，让孩子（即使是两三岁的孩子）养成事后清洁的习惯会在未来几年里把他们培养成拥有良好生活习惯的孩子。以下是一些建议：

- **辅助孩子打扫**。自己待在别的房间，只是大声朝他们喊"一定要打扫干净"的做法几乎从来都不会有效。我自己试过了。与孩子一起做，不仅能激励他们，而且也强化了你们"是一个团队"的意识。
- **让孩子做小而具体的任务**。对孩子（甚至青少年）来说，大的任务需要被分解成小而具体的任务。"清理"这个词是一个令人困惑并且感到繁重的概念，"先把所有的贴纸放在这个盒子里"却是可行的。要把清理工作想象成一场马拉松。相比将注意力放在"跑完全程"来说，"从一个街区跑到下一个街区，直到跑完全程"则要容易得多了。

- **边干边唱，让清理工作变得有趣。**让孩子和时间赛跑，看是否能在某段时间内做完；或者，让他们互相比赛，看谁做得快；让他们做洒水和吸尘的工作。对于年龄较小的孩子，可以鼓励他们把材料装在玩具车里再运送到需要被放置的地方。对于青少年，可以播放他们最喜欢的充满活力的歌曲。清理不是一件苦差事。

- **教会他们承担自然后果。**让他们知道，玩过黏土后不盖盖子或者用过马克笔后不盖笔帽会使这些材料变干；用过的刷子如果不及时洗干净，以后就会变得特别难用而需要扔掉；留在地板上的纸会被不小心踩到并弄皱。

- **让孩子"参与解决问题"，而不是"忍受清理时刻"。**你可以问孩子需要他们思考的具体的问题："好了，我们应该把你的画放到哪里去晾干呢？我们应该怎样处理这些刷子呢？我们应该把这些布条放在哪里呢？"，等等。

"破坏" 意味着什么

在克里斯多夫和我一起治疗的一年中，他花了很多时间搭成了一个纸质建筑。但是在我们最后一次会面的几周前，他开始动手拆除它。他拆下了卫生纸卷搭成的烟囱，拆开了纸板做的屋顶，撕掉了作为门锁的纽扣和绳子。他把拆下来的每一块材料都一一对应地放回到他最初拿到它们的材料箱里。我的一位同事猜测，克里斯多夫之所以这么做，或者是因为这种"破坏"代表了他对即将到来的告别的愤怒，又或者是因为他不相信在他结束治疗后我会认真保管他的这个建筑。还有一个假设是，克里斯多夫想破坏我们在一起的记忆，让我们之间的告别变得更容易被忍受一些。在接下来的一周，我一边看着他拆除一边叙述那些拆除过程。我只叙述我所看到的，而不做任何假设或判断（另见"附录一 如何在生活中谈论艺术"）。我说："我看到你把一切都拆开了，然后把材料放回到你原来拿它们的地方。"他抬起头看着我说："是的。这样你就可以用它们来帮助下一个孩子了，就像你帮助了我一样。"克里斯多夫并不是在生气。事实上，他根本没有破坏任何东西。他认可了自己的康复，并想要将这种获得治愈的方法传递给他人。

当我们想到艺术时，我们想到的是制作东西，而很少考虑拆除或破坏东西。每当想到孩子们在画画（而不是乱涂乱画），或者在把扭扭棒拧成花朵（而不是把它们切成几百块），或者在打拍子（而不是竭尽全力大声而用力地敲击），我们的脸上都会露出微笑。当我们收到一张写着"我爱你"三个字的图画时，我们会开心地回应说："啊……"，而如果我们看到的是一张建筑物爆炸的图画，则会说："哦……"。当我们在孩子们创作过程中或之后见到一些看起来像是被破坏了的东西时，我们可能会得出负面的结论，并错误地打断孩子的自我表达。我们也许会因此而错过探索那个"破坏"行为背后含义的机会。

有时，看起来"破坏"东西的行为其实根本不具有破坏性，而是生产性的。本节将要探讨儿童艺术活动中"破坏的生产性"。我们将探讨如何更好地理解、讨论和拥抱乱写乱画、尖叫和爆炸，以上这些都是艺术活动的一部分，也就是说，它们是生活的一部分。

接纳混乱和崩溃

我儿子对自己有很高的要求。他痛恨自己将数字和字母"写错"。他喜欢自己的画看起来"刚刚好",如果没做到,他就会责骂自己。当他对自己画的画或写的字不满意时,他就会在上面乱涂一气,把纸揉成一团,然后让自己陷入恐慌之中。虽然我想让他安心,但我不会试图让他相信他的错误"看起来没关系",因为这种方法对他来说不起作用。很多时候,我会尝试与儿子一起解决问题,一起想办法让他将错误转化为新的收获。我鼓励儿子思考如何处理他不喜欢的事情。为了获得灵感,我给儿子读了巴尼·萨尔茨伯格的书 *Beautiful Oops*(《美丽的意外》)。我的方法有时会奏效。但在大多数情况下,它们都徒劳无功……

有一次,我儿子在画画,而且,他"搞砸了"。我试着安慰他。他喊道:"我太笨了,我画不好!"我试着鼓励儿子把那幅画做些修改。他的情绪越来越激动。我提醒他可以重新画一幅。然后他开始对周围的人发火。我看着他面前那张皱巴巴的纸,体会到那张小小的纸就是他沮丧、失望和愤怒的原因。有个念头一闪而过。我想,这次来尝试一种截然不同的方法吧。"看看你做了什么!"我指着那张皱巴巴的纸惊叫道。儿子停下来,看着我,我引起了他的注意。"你为你生气的大脑做了一个纸质雕塑。我们能给它命名并在上面写上你的名字吗？"他笑了。我们在他的雕塑上写上了"生气的大脑"和他的名字。然后我们给它拍了照片。

几周后，我发现儿子在桌子旁画画。在他面前是几张画和三堆皱巴巴的纸。"看，妈妈！"他兴高采烈地说，"我做了三个迷你版的'生气的大脑'！"他把纸团全都展开摊平，向我展示了他的错误，然后又把它们揉成了一团。"你可以看出我今天早上一直在努力，是不是？"他笑着说。我笑了笑，说："当然！你很努力。"

有时，当孩子们不喜欢自己的艺术作品时，会希望它永远消失。但是，就像植物在火灾后会从肥沃的土壤中生长出来一样，拆除或摧毁原本存在的东西可以为创造力开辟出空间。我们成年人的冲动可能是纠错或修复（无论是艺术作品、家庭作业还是人与人之间的感情），但当我们愿意接纳现有的问题，而不是试图让它变得更如我们希望的样子时，它反而会自己改变了。在这个例子中，我没有试图扭转我儿子的感受，而是直接承认了这一点，没有批评，也没有期望它会有所不同。正是从这种心态出发，我才能够做出更具创造性的回应。正是从这件事开始，我的儿子也可以接受自己的错误了。

我们可能都没有意识到，帮助孩子接受他们自己的错误是非常重要的。根据国际知名教育家肯·罗宾逊爵士的说法，当我们将"错误"这个词污名化时，天生的创造力就会被摧毁。他认为，那些害怕犯错的人永远不会想出任何原创性的东西。

接纳错误也是拥有成长型思维的特征之一，它可以激发人们的学习力和创造力。斯坦福大学的心理学教授卡罗尔·德韦克将成长型思维定义为"一种将错误看作是学习的一部分"的心态，这种心态能够让学生积极承担风险并取得更大的学术成就。这种思维方式与一种固定型的思维方式形成了对比，后者相信能力是固定且有限的，因此会尽力避免挑战和错误。拥有固定型思维的人可能会说"我不擅长做这件事"，并避免参与其中，因为他们担心暴露自己的不足。反之，拥有成长型思维的人可能会说"我可以从不足中吸取教训"，并寻求挑战，以让自己达到擅长的水平。行为观察和神经成像技术都揭示了：在做同样的认知任务时，相比拥有固定型思维的学生，拥有成长型思维的学生的大脑参与程度要大得多。同样，大脑扫描显示拥有参与度更高的成长型思维的学生比那些持有固定型思维的学生更能从错误中吸取教训并在未来减少错误的发生。幸运的是，通过学习，固定型思维可以转变为成长型思维，这种学习过程包含"拥抱错误"及"奖励努力"。

心理游戏

儿童和青少年

制作庆祝失误、错误、
意外的活页夹或"错误罐"

制作一个活页夹来庆祝失误、错误和意外的惊喜。与你的孩子们一起阅读巴尼·萨尔茨伯格的《美丽的意外》(*Beautiful Oops*)或彼得·雷诺兹的《味儿》(*Ish*),从中获得启发,将错误转化为机会。为每个孩子准备一个活页夹,让他可以庆祝自己在艺术、学业或其他活动中的混乱和错误。向孩子分享你的观察,比如,"我注意到你没有放弃这个家庭作业"或"我听到你说自己搞砸了,但你却把它变成了新的东西!你想把它放在我们专门展示荣誉的地方吗?"为了不让孩子们尴尬,你也可以选择在活页夹中添加"哎呀"这样有趣的字眼。还有一种做法是:在公共区域放一个罐子,孩子和家长每次犯错时都可以往罐子里放入一个五颜六色的绒球(见下页图)。这项简单的活动可以将错误转化为值得庆祝的事情,而不是让人感到尴尬或沮丧的事情。

图注："绒球错误"罐

与育儿的其他经验一样，帮助孩子学会承受生活中的错误也需要家长多去尝试并敢于犯错。在第三章中，我们将探索如何通过"有用的表扬"与孩子谈论他们的艺术作品，比如再次强调你希望孩子具备的品质、帮助孩子反思自己的工作、在鼓励孩子时做到用词准确，等等。当你的孩子对他的艺术作品感到沮丧时，这里的许多方法都会很有用。不过，在某些特别艰难的时刻，你可能需要一些额外的方法。你可以试试下面这些：

- **承认孩子的感受**。当孩子在生活、艺术创作或其他方面发生任何失误时，在提出解决方案之前，要试着先理解孩子的感受（不必对他们的感受做出解释或说明），让孩子们感到自己是被理解的。以不加评判的陈述方式描述你所看到的情况并将它作为开头进行简单的询问可能就足够了："我看到你的作业纸被弄皱了。我想知道你现在的感觉是什么样的？"

- **帮助孩子把他们的感受具体化**。"我不喜欢"或"我搞砸了"这样的说法太笼统了，无法有效地解决问题。帮助孩子具体地表达他们不喜欢的部分，可以让他们明白：问题并不像他们想象的那么大。这样做可以让孩子更容易解决问题和拥有应对困难的情绪。

- **大家一起解决问题**。邀请你的孩子与你或他们的同伴一起解决问题："让我们一起来看看吧。你说你不喜欢这个部分？你认为它需要怎么改变才能让你更喜欢它一些呢？我们应该向其他人征求意见吗？"寻求他人的帮助不仅能在当时有所帮助，而且还可以向孩子传授一种技能，这种技能可以让你的孩子在处理生活中的其他问题时受益。

- **寻找其他方法**。如果你的孩子不知道该如何继续解决这个问题，你可以为他们提供以下几条建议：

  ▲ "你想让我（或其他人）帮忙把它解决好吗？"

  ▲ "你想重新开始吗？"

  ▲ "你想休息一会儿吗？"

  ▲ "我们应该把它变成一种全新的、不同的东西吗？"

- **承认自己也被难住了**。如果你不知道如何提供帮助，或者你的孩子拒绝了你所有的建议，那么你可以说："虽然我不知道该怎么做，但是我真的很想帮助你。"承认你自己也被难倒了，可以让孩子有舒服的体验，并向孩子表明：有时，不知道该怎么做也是可以的（见下页图）。

图注：真诚地承认自己也被难住了

当孩子乱涂乱画时

一个孩子正在开心地画画，突然他开始在自己的画上乱涂乱画起来。大人喊道："哦，不！不要在画上乱涂乱画！它看起来很漂亮。你为什么要毁了它呢？"孩子说："我不知道。"但是，他其实是知道的。

让我们把这件事倒带回去，重新做一遍。

一个孩子正在开心地画画，突然他开始在自己的画上乱涂乱画起来。大人平静地说："哇哦！我看到那幅画里有很多东西。我想知道你是否能给我讲讲这幅画。"孩子深深地吸了一口气，激动地说："嗯，有一条美人鱼和一只海豚，他们在海里游泳，然后一个巨大的波浪拍打着他们，他们在波浪中前进，然后……"

他没有"毁掉"那幅画，他正在赋予它生命。

当然，有时你的孩子会在心烦意乱或感到沮丧时乱涂乱画、把纸揉成一团或撕碎。不过，在有些时候，那些看起来像是毁坏东西的行为其实根本目的不是为了毁坏那件东西。

年幼的孩子会在他们的画上"乱写乱画"，因为他们正在创作自己的涂色版本。稍大一点的孩子也会在他们的画上乱涂乱画，或者，像上面的例子一样，把揉捏成一团的纸作为他们想象中被创造出的一部分故事情节。在其他时候，孩子可能只是受到了什么启发而中途改变了创作方向。那么，我们怎么知道它们之间的区别呢？

问孩子就好了。

与其在孩子乱涂乱画和把纸揉成团时认为孩子出了什么问题，不如带着好奇心走近他们的内心：

1. **寻找非语言线索**。你的孩子可能表面上显得很有活力或很活跃，但是，他看起来是不是在生气？或者，是不是感到了沮丧?

2. **进行非评判性的观察**。"你正在毁掉你美丽的艺术品"，这不是一种非评判性的观察。这是对艺术品（它很美）和你看到的发生在它身上的事情（它正在被破坏）的判断。观察是对你实际看到的事情做出不带个人观点的描述："我看到你用红色颜料覆盖了整页"，或者"我看到你撕碎了你写的字"。判断性的陈述往往会扼杀创造力、自我表达和沟通，同时引发反抗（"但是，我就想在我自己的艺术品上乱涂乱画")或怨恨("他们还没弄明白我想做什么")。

3. **邀请孩子和你进行更多的讨论。**"我想知道是什么让你决定这么做的？"或者直接说"你能不能告诉我这幅画的秘密？"这是一种开放式的方法，它可以鼓励孩子更多地分享他这么做的意图。"我想知道"这种表达能够以一种不具威胁性的方式邀请孩子进行对话，因为它表明你尚未对孩子的这种行为形成结论（见下页图）。

图注：不说观点只描述看到的事实

不要这样做

试试这样做

枪支、炸弹，以及其他家长无法忍受的内容

我小心翼翼地走进儿子的房间。刚刚，我对他以及他对我都感到了失望。他没有抬头。我注意到他正在画画，画上是一个拿着枪的人。我开始和他谈论刚刚发生的事情。我不确定他是否在听我说。他唯一的反应是："嗯嗯，嗯嗯。"他又画了一个人，画里这个人成了被射击的对象。我知道他在生我的气。我停顿了一下，但是又继续说。我表达了理解他的愤怒并且承认我本来可以处理得更好一些。儿子什么也没说，但给那个被当作射击的对象加画了一个巨大的盾牌。我解释了我感到沮丧的原因并且告诉儿子我爱他。儿子在画上添加了一艘飞船，里面有两个微笑的人。我问他画的是什么。他说他在和一个坏人战斗，然后我们一起逃跑了。他说他对刚刚发生的事情感到很抱歉。

对愤怒、暴力和攻击性画面的担忧大多来自于我们对真实暴力情况的恐惧。虽然数据显示，自20世纪90年代初以来，学校暴力事件实际上是有所减少的，但是，2012年美国康涅狄格州桑迪·胡克小学的枪击案依旧造成了20名儿童和6名成年人被杀，2018年佛罗里达州帕克兰市马乔里·斯

通曼·道格拉斯高中的枪击案造成了 14 名学生和 3 名成年人被杀。这类悲剧事件的发生确实引发了家长们非常严重的担忧。因此，成年人会对孩子画出暴力的图案或说出暴力的言辞做出快速反应，说出"这不好"或"这不合适"之类的话。在某些情况下，孩子们会因为这些暴力内容的表达而被学校停课，或者，因为画了枪支的图案而受到惩罚。美国心理协会零容忍工作组（American Psychological Association Zero Tolerance Task Force）发现，这种通常与"零容忍"政策相关的惩罚在减少不当行为发生率方面是无效的。但是，家长仍然会被错误地引导着继续对有攻击性的艺术作品做出非建设性的反应，并期望这些反应能遏制真正的暴力发生。

破坏性或攻击性的艺术创作通常代表着儿童情感的健康表达路径，甚至可能会防止实际暴力的发生。音乐治疗师也许会邀请孩子写出抒发愤怒情绪的歌词。艺术治疗师也许会鼓励青少年用图片或形象化的描述来表达他们对某人的不满，而不是把那种不满的情绪憋在心里或付诸行动。一位与我一起工作的少年绘制了能发射火炮的未来宇宙飞船。我把和他聊这幅画看作可以了解他情感世界的机会，于是我问他："飞船向谁开火？"作为回应，他添加了一本数学书和一名漂浮在太空中的被肢解的数学老师。他的画并不是真正的威胁，而是表达了对学习的沮丧。通过对他的画表示好奇并且允许那些暴力图像被呈现出来，我创造了一个机会，让我们可以真诚地谈论他那些纠结的情绪。

虽然具有攻击性的艺术作品可以传达出困扰孩子的东西，但在其他时候，它意味着孩子对权力、好人与坏人或通过媒体接触武器等事情产生了成长过程中正常的好奇心。当我的小儿子把松饼咬成枪的形状时，他并不一定是生气了；当我的女儿画了一张她自己拿着一把神剑的图画时，也并不一定表现出她有暴力的倾向。有时候，他们就像许多同龄的孩子一样，迷上了冲突和权力的主题。至少，在允许的情况下，他们能够通过虚构的游戏和艺术创作去安全地探索这些主题。

但是，我们怎么才能确定具有攻击性的艺术作品不是威胁呢？我们怎么知道这是一种对愤怒的表达还是对所见事物单纯的复现呢？以下几点是我们需要考虑的：

- **理解前因后果**。你是否知道最近有什么事情让孩子感觉到气愤？在上面的例子中，我和儿子刚刚发生了冲突。这有助于我理解他画的一个人射击另一个人是表达对这一事件的感受。他最近有没有遇到什么人向他介绍了一种新的想法？当我的孩子刚开始上学时，同龄人向他介绍了他以前从未看过的电视节目。当他开始画忍者时，我知道这是来源于同龄人的影响。你的孩子最近是否有过令人担忧的行为或发生了行为上的变化？带有攻击性的艺术创作以及令人担忧的行为或情绪变化可能表明孩子有潜在的情绪波动。你可以使用下面的一些提示进一步了解这个问题或者寻求帮助以弄清楚究竟发生了什么事情。

- **寻找非语言线索**。观察并思考孩子的肢体语言和面部表情。注意他在画画时、向你展示他的艺术作品时以及谈论他的艺术作品时的行为举动。这些将为你提供与他的情绪状态相关的线索。

- **提出开放式的问题**。"你能给我讲讲吗？"以及"我想知道发生了什么？"这些是与孩子沟通时很好的开场白。你也可以鼓励孩子讲一个关于他的艺术作品的故事。"我想知道接下来会发生什么？"或者，诸如"我想知道他们互相射击的东西是什么？"这类的问题。孩子的回答可以帮助你更好地理解他的意图。如果你的孩子回答："他们在向对方射击巧克力"，那很可能他是在闹着玩。而如果他回答："这个家伙在向他的兄弟开枪。"那么他有可能是对他的兄弟有不满情绪，这就需要你进一步去了解原因了。

- **反映你的所见所闻**。如果孩子不回答你的问题（这是一个好线索，说明他可能在对某事生气），那么试试反映你的所见所闻："嗯……我看到那家伙的脸上露出了很多牙齿。我想知道他是什么感觉？"或者"我看到这个人在对那个人做些什么。"从字面上如实描述出你在艺术作品中所看到的东西是一种非解释性且非评判性的方法，它可能会更自然地引发你的孩子开始谈论他的艺术作品。

- **表达感受**。如果你的孩子对你或其他人表达愤怒、沮丧或被伤害的感觉，请让他知道你很欣慰他与你分享了自己的感受。你还要让他知道，你很高兴他用画画来让自己感觉好一些，而不是去说或去做一些伤害他人的事情。

- **培养同理心**。当我们想要向孩子传达"艺术创作是表达负面情绪的好方法"时，另一件同样重要的事情是：我们要教会孩子"图画和文字也有伤害他人感情的力量"。我们可以说："我很高兴你用画画来处理你对妹妹的愤怒。不过，你觉得如果妹妹看到了这幅画，她会有什么感觉呢？……是的，所以这是一个能让你发泄情绪的好方法，同时，让妹妹看到这幅画会伤害她的感情而且并不能解决你们之间的问题。我们可以换一种做法。当你准备好了的时候，可以告诉妹妹你不喜欢她对你做的那些事情。"

- **寻求第三方的意见**。如果你对孩子感到担心（或者你发现自己正在试图说服自己不要担心），不要独自反复琢磨那些让你觉得不对劲的对话。相反，要去和别人谈谈。要去寻求老师、学校管理者、朋友或治疗师的意见。如果你不是孩子的家长，请与孩子的家长或其他人分享你观察到的信息和担忧。

改变想法能够改变体验

有一次，在拜访我的公公婆婆时，我向我的孩子和他们的表兄弟们介绍了一种可以在玻璃窗上画画的蜡笔。那种蜡笔看起来很无害。孩子们可以在窗户的玻璃上画画，然后再把画擦掉，多么有趣啊！然而，我没想到冷凝会带来问题。窗画的颜料滴了下来，把地板弄脏了。更糟糕的是，弄脏了我婆婆新买的白色百叶窗。哎呀！我婆婆试图安慰我让我认为这没什么，她说："没关系，真的。我真的觉得没关系。"但是，她怎么可能不在意呢？绝对不会的。我感觉糟糕极了。她继续说道："以后，每当我看向这个百叶窗，它就会让我想起孩子们，想起我们在一起的美好时光。"真的，那一刻，我由衷地对她肃然起敬了。

改变你的想法能够改变你的体验。我在我的治疗实践和工作坊中多次教授过这种方法。但是，不管我教过多少次，每当我自己付诸实践时，还是会对它的有效性感到惊讶。我婆婆很容易告诉她自己：她的百叶窗"坏了"。她完全可以为自己在那个百叶窗上花了很多钱而且还是那么新而哀叹，但是她没有那样做。有些时刻可能会使人沮丧、失望和烦恼。然而，它同样具有被理解、怀旧和快乐的潜能。这不是理所当然的，这是一种选择，而我婆婆选择了后者。

当我们开始注意到我们是如何思考和感受与孩子在一起的日常琐事时，我们会看到我们对这类事件的信念是多么的执拗。虽然改变你对"油彩洒了"的看法似乎没什么大不了的，但这些惹你生气的小小创意时刻却是非常理想的调整机会，它们能让你练习去关注自己遇事的反应，然后将自己原本消极的想法和感觉转移到一个更中立的位置上去。被染上颜色的百叶窗，流得到处都是的液体，黏黏的手指印，吵闹的乐器，被踢踏舞鞋刮花的地板……这些都是令人生厌的时刻。但是，如果我们能重新认识这些时刻，那它们不仅可以增强我们的忍耐力，还可以帮助我们从全新的角度体验养育孩子这件事。此外，它们也让我们更有效地为孩子树立了好的情绪榜样。

你可以按照以下四个简单的步骤展开练习：

1. **关注你的想法**。通过承认自己当时的想法来关注自己下意识的反应。你的想法是一种评判吗？（"啊，听起来太可怕了！"）是一种担心吗？（"我永远也洗不掉那个脏的地方了。"）或者，是一种批评吗？

（"他怎么会这么……"）留意自己的想法，并将其命名为"评判""担忧""批评"或任何其他什么最合适的标签。

2. **关注你的感受**。你目前对眼前情况的想法和叙述它的方法是如何影响了你对已发生事件的感受呢？

3. **接受已经形成的事实**。我们无法改变"油彩洒了"的事实，那么为什么要抗拒呢？试着告诉自己："已经这样了，没关系。"或者"已经过去了，我们可以处理好。"

4. **寻找一些值得回味的东西**。问问你自己："从大局来看，这次不幸的'事故'有多严重？这一刻有什么值得我欣赏的吗？我是否有一天会笑着回顾这一切？这是一个可以讲给别人听的好故事吗？"

如果每次听到小提琴的尖叫、看到颜料地飞舞和淌下的眼泪你都没有感到幸福，你也不要气馁。挫折是有创造力的生活和养育子女的重要组成部分。你可以从简单的目标开始，让自己感觉比平时少一点烦躁。慢慢地再多放手一点。就像增肌训练一样，开始时要轻做且多重复。随着时间的推移，每天的小变化会累积成大变化。通过这个有创造性的过程，你一定可以拥有担当父母这项重任所需要的力量。

1 少说、多画、
多舞、多唱

2 那些把家弄得
一团糟的艺术活动

3 不要与孩子
"熬过一天"

4 艺术活动，建立更
牢固的亲子关系

5 养育出
快乐的孩子

6 用艺术培养出
学业成功的孩子

7 认识你身体
里的艺术家

我正在做晚饭。我用一只脚站在地上保持着平衡，用另一只脚摇动着婴儿摇椅（摇椅中躺着我六个星期大的小儿子）。相邻的房间里，我的女儿正在尖叫："我说过了，你住手！"我的大儿子继续不停地招惹她。我在厨房里喊道："你别惹她！"毫无作用。他继续招惹他的妹妹。当我转向第二个无效的策略时我还能保持冷静："到厨房里来！"我对我的大儿子喊道。"我要做晚饭，还要同时照顾你的弟弟，我不允许你惹妹妹生气！"我的大儿子跑进他的卧室，"砰"的一声关上了门，然后，又跑出来，用几页包装纸卷成的"激光剑"猛击我的后背。他恶狠狠地大笑。之后他再次回到了他的卧室，再次"砰"的一声关上了门。他很生气。我站在他的卧室外，请他和我谈谈。毫无作用。我试着使用同理心去交流："你生气了。"他喊道："走开！"我提出抱抱他（拥抱有时能让他放松）。没有回应。我离开了一会儿，给了他一小段独处的时间，然后，我再次尝试要和他谈谈。他大喊："我不听你说话！"唉！但是，接下来，我拿了一张纸，画上了一张悲伤的脸，然后从他卧室门的下面塞了进去。他打开了门，让我拥抱了他。然后，我们开始聊刚才到底发生了什么。

养育孩子是一件很有挑战性的事，不仅因为我们的孩子会惹我们生气，还因为我们经常会同时被不同的事务拉扯。我们不仅要做一份朝九晚五的工作，还要带孩子去各种地方玩、要亲吻孩子的小伤口、要缓和孩子的小脾气、要修复孩子的小情绪；孩子们争吵时我们要劝架；孩子们做作业时我们要监督；我们还要做好各种计划。我们要准备早餐、午餐、晚餐，要打扫孩子的房间，支付各种账单；我们要给孩子擦屁股，刷牙齿。所以，我们常常会走"节省时间"的捷径，比如从另一个房间朝孩子大喊大叫（是的，这样做时我们会感到内疚）。这种捷径实际上会产生更大的问题，而且需要更长的时间才能解决。

想要相信绘画、唱歌或跳舞能帮助你解决孩子在糖果店里的暴躁和做家庭作业时的抵抗是很难的，但让人更难相信的是，有创造力的艺术活动会为你节省宝贵的时间。真的，它们真的可以做到。本章将探讨有创造力的艺术活动将如何帮助你节约时间。

缓和冲突的创造性活动

　　艺术活动可以在语言沟通无效的时候让你走近你的孩子。当孩子的坏情绪爆棚或者他感觉自己与你极度疏远时，当你敲他们的房门而他们假装自己不在房间里时，艺术活动能给你一把从"后门"走进去的钥匙。即使你会把你与孩子的关系描述为积极的、相互联系的、相互尊重的，但每个人都会时不时地经历情绪低落的时期。由于误解或家长的需求与孩子的需求不匹配而发生的一些日常冲突是不可避免的。在这些时候，你可以用创造性的艺术活动与你的孩子重新联结，然后一起解决问题并减少未来发生同样冲突的可能性。

　　出于多种原因，艺术活动可以解决日常的家庭冲突。通过有创造性的策略，你可以在孩子的主场上玩耍，让他们感到更舒适。相比用解释和假设的方法来解决冲突，有创造性的方法自然更具有想象力、隐喻性和趣味性。这并不是说我们应该在孩子们需要明确的要求、限制和界限时将冲突变成玩乐和游戏，有创造性的艺术活动是用来解决日常冲突的，而不是为了回避或最小化此时出现的问题。相反，这些艺术活动是一种通过在谈话前（重新）建立真实的亲子联结、提前对孩子的防御做出回应（我家孩子最喜欢说的防御性语言是："我已经知道了！"）以及给孩子提供让他们能够舒适地沟通情绪和需求的特殊"语言"。这种"语言"可以帮助亲子间更深入地了解此时冲突中隐藏的真实问题。

重新与孩子联结

在试图缓解冲突时，我们犯的错误之一是希望冲突在自己与孩子重新联结之前就已经缓解了。艺术活动首先可以帮助我们降低孩子的防御，重建亲子联结，打开沟通的渠道。就像本章开头我和儿子互动的例子一样，有时即使是我们使用了最好的传统型的努力来修复关系，也会遭遇对方的愤怒或不理不睬。在这种情况下，艺术活动充当了某种"调解人"或"和平谈判者"的角色。它变成了一个中立的、可以向我的儿子传达信息的第三方。虽然儿子不想听我说话，但是他能够接受"视觉信使"所说的话:"我很难过。你很难过。我理解你。我感觉得到你的感受。"通过这个方法,我儿子能够与我"断线复连"了,这样我们就可以一起聊聊刚刚发生了什么以及哪里出了问题。

通过艺术活动重新与孩子联结可以采取多种方式。你需要确定哪种方法最适合你和孩子(也许你需要多试几种,才能知道哪种方法对你和你的孩子来说是最适合的选择)。有时,孩子需要你承认他们的感受;有时,孩子需要沉浸在自己的感受之中;有时,孩子需要安静;有时,孩子需要"甩掉"自己的情绪。以下是一些可以尝试的方法:

画出自己的悲伤和愤怒

通过画一张悲伤或愤怒的脸来让你的孩子知道你看到了他有多难过。你可能会在那张脸的旁边再写上一些简单的文字："对不起"或"我们都生气了。"虽然，你的孩子可能还不识字，但是，当他问"这是什么意思"的时候，那些字就可以开启你们之间的沟通了。或者还有个办法，画两个圆圈，分别写上"我"和"你"（或你的名字和孩子的名字）。在标注为"我"的圆圈里直接画上一张悲伤或困惑的脸，然后把纸和笔递给孩子（见下图）。你一句话都不用说，只是邀请孩子以一种比起他用语言告诉你来说更容易一些的方式来分享他的感受。如果你的孩子不理解这个提示，那你可以说："我的小人儿在说'对不起'。你的小人儿要说什么呢？"，或者："我的小人儿很伤心。告诉我你的小人儿看上去是怎么样的吧。"

图注：用艺术表达同理心

平一岁半的女儿在家里跑来跑去，故意把钥匙、洗漱用品、文件等东西塞进嘴里或者扔到地上。平跟在她后面一边追一边徒劳地喊着"不"和"停"。她想要抓住女儿来避免女儿受到伤害。但是，孩子总是能比平跑得快一步。最后，平的女儿抓住了一根沾满脏油的自行车辐条。在她做出下一步举动之前，她回头去看平的反应。平叹了口气，坐在了地上，向女儿伸出了双臂，说道："你是不是需要一些爱？"立刻，女儿跑进了她的怀抱。反抗行为结束了。

儿童和青少年

把对孩子的爱画出来

当孩子们表现得非常糟糕或把我们推开时，他们最需要的正是我们对他们的爱。他们可能正在无意识地寻求爱和关注。那么，就像上面的例子那样，提供一份简单直接的爱给他们就可以了。这个方法适用于任何年龄段的孩子。然而，在冲突中，某些孩子可能很难接受关心的话语或拥抱，因为他们已经开始有了防备的心理。在这种情况下，你可以通过画一个象征你的爱以及你希望与他们和解的图示来向孩子展示你有多爱他们（见下页图）。

让我听听你有多生气

告诉孩子：他们不必大喊大叫、摔门或无视你就可以让你知道他们有多生气。举个例子吧：你可以拿一个沙锤或铃鼓，问孩子："你现在有多生气？你是这么生气（轻轻摇晃）还是这么生气（用力摇晃）？"然后，把乐器递给孩子。你也可以换成自己做："我刚才是这么生气（用力摇晃），但现在我感到了平静（轻轻摇晃）。"如果你手边没有乐器，你也可以自己动手制作或找一个可以替代的物品。你也可以试着用同样的方法在一张纸上涂鸦：请你的孩子画一个小号、中号或大号的涂鸦，以表达他的情绪有多强烈。如果孩子把纸撕碎了，你也不要感到惊讶。这只是向你表达他的情绪有多大的另一种形式（见下页图）。

儿童和青少年

摇晃身体释放情绪

　　有时人们需要通过移动身体来释放冲突中产生的能量或紧张情绪。动物王国中的许多动物在受到另一种动物的攻击后会本能地这样做。它们的身体确实在颤抖，直到"战斗、逃跑或停止不动"的能量释放出来为止。创伤专家彼得·莱文已经注意到人类也有类似的应激反应。如果我们不把那些因冲突和紧张而产生的能量从身体中释放出去，那它就有可能会留在我们的系统中，并使成长受阻。你可以试着站起来摇晃身体，双臂松弛地垂在身体两侧，跳来跳去。这个行为很可能会在亲子冲突时引起孩子的注意，从而让他摆脱窘境。"感到吃惊"这件事可以解除人的防备。当你跳来跳去时，你可以对孩子说："这让我感觉好一些了……愤怒的情绪被摇出去了。你想不想试一试？"另一种让孩子动起来的方法是，请他在对你生气时尽可能地张开双臂，或者在他感到沮丧时尽可能高地跳起来。像这样的运动还有一个额外的好处，那就是加速呼吸。这会产生"放松反应"，使身体平静下来。

一旦你和你的孩子通过承认自己的感受、交流关爱或释放能量而重新建立起亲子联结，你们就可以继续寻找解决问题的方法了。

多给孩子表达的机会

在解决问题时会产生很多说法，这是很自然的。如果冲突发生在两个孩子之间，我们想知道发生了什么、什么时候发生的、为什么会发生以及是因为谁发生的。如果冲突涉及我们自己，我们通常会说很多话去解释为什么孩子的某种行为、选择或语音语调对我们来说不合适。所有这些讨论都是为了达成一个解决方案，无论这个方案是承担相关的后果、双方妥协还是达成彼此的谅解和理解。谈话也许是能触及问题核心的有效方式，但也可能会适得其反。我们的语气中也许会流露出我们的沮丧。我们也许会说得太多而导致孩子会再次疏远我们。

在解决问题的过程中不仅仅只让家长们表达想法。如果我们想最大限度地利用这个可以教育孩子的机会，那么，此刻我们应该多倾听孩子的诉说。问题是，孩子们常常不知道自己应该说些什么。基本上，他们想说任何能让他们尽快摆脱困境并且后果尽可能小的话。当我们问孩子："你觉得这个问题的解决方案应该是什么呢？"孩子很可能会回答"我不知道"（因为他们的确不知道）或"对不起"（因为这样的回答通常能很快地解决问题）。由于语言表达的技能很难被掌握，所以孩子比成年人更难在听完他人讲述后，马上想出解决方案。对孩子来说，用更形象的方式缓解他们的紧张是很有效的。以下是艺术活动可以派上用场的地方：

　　我正在给孩子们做带去学校的午餐时，女儿尖叫道："我再也不会和你玩了！"我走进房间，问她出了什么问题。她解释说，她的哥哥让她"别问了"，她真的很想知道他在说什么。我转向儿子，把女儿的话翻译给他听："妹妹真的对你要说的话很感兴趣。"儿子抱怨道："我只是不知道该怎么解释，所以我说'别问了'。"我提供了两个选择来帮助儿子："你愿意再说些什么解释你的想法吗？或者，你觉得把它画出来会更容易一些吗？"我儿子选择了画画，因为他妹妹喜欢看他画画。刚一画好，他就发现解释起来容易多了。他们俩在整个过程中都玩得很开心，而我也能踏踏实实地去给他们做午餐了。

正如上面这个例子所展示的那样，艺术创作可以帮助孩子们发展他们的想法。通过从具体的图像上看到自己的想法，他们能够更好地将其转化为语言。当孩子们需要找出问题的解决方案时，你可以参考以下这些能将这一原则付诸行动的方法：

儿童和青少年

创作一幅连环画

一帧一帧地大致画出"剧情"，就像画连环画那样。尽量画得简单一些，帧数尽量少一些。不要担心自己没有（或缺少）绘画天赋。可以直接向孩子（或青少年）询问下一帧的内容："我们应该在这里画什么呢？"或者"然后发生了什么呢？"鼓励孩子自己画几帧。这将有助于孩子回忆起是什么导致了冲突。故事"连环画"制作完成后，你可以对孩子说："让我们给这个故事增加一个新的结局吧。我们应该画些什么才能让故事中的人感觉更好，或者完成他们需要完成的事情呢？我们能在故事中加入哪些他们擅长做的事情呢？"将角色称为别人而不是你的孩子，可以最大限度地减少孩子的防御性反应，并最大限度地提高孩子的客观思考能力。

儿童和青少年

选择孩子自己的艺术冒险方式

下次当你的孩子需要别人帮助他们解决冲突或其他问题时，你可以画出几个不同的选项。例如，对于年龄较小的孩子，你可以画上人们相互拥抱、一起捡东西或达成某种妥协的情境。你也可以提出一些有趣的建议来保持轻松的气氛（并保持他们的参与度），比如乘坐火箭飞船前往外太空之类的画面。对于年龄较大的儿童或青少年，你可以选择画出（或写出）几个不同的选项，比如：询问对方有什么办法可以让情况变好一些、寻找一种创造性的方式来弥补（比如主动提供帮助）、在接下来的十分钟内不需要他人提醒就去执行个人任务（如做家务或洗碗）、播放音乐来让执行任务的过程变得更轻松，等等。你和孩子可以一起讨论每个选项背后可能会发生什么，然后，由孩子选择确定一个解决方案并付诸行动。

另一种帮助孩子拓展自己想法的方法是戏剧艺术活动：

我家有五口人。三个孩子经常在家里和艺术治疗室里发生冲突。我们使用拍电影的方式来帮助这几个孩子"演员们"排练"倾听他人"，而父母"导演们"则在其中练习控制和引导孩子的能量。我们的进展目前还停留在初级阶段。

"不！"一个孩子说。"但是……"另一个孩子说。一遍又一遍，每一个孩子都坚持认为其他的兄弟姐妹做错了。这场假装的戏剧被打断了。

然后，"导演"爸爸灵机一动，说道："咱们玩'是的，而且…'即兴游戏吧。当演员们练习即兴表演技巧时，他们遵循的规则是，每一句话都必须以'是的，而且'来开头。"

他引起了孩子们的注意，"摄像机准备，开拍！"

第一个孩子说："嘿，你想打篮球吗？"

"不……呃，我是说……是的，而且，如果我们还玩'抓人'游戏好不好？"

"不，我不想……哦……我是说……是的，而且，我们之后还可以去买冰淇淋。"

现在，我们就要启动了！

把冲突演出来

制订、观察和想象可以在大脑中为新的行为铺平道路。用演戏的方法来表演冲突可以让两个孩子面对面地进行复盘（如上所述），也可以让孩子与木偶、毛绒玩具或小雕像一起玩。你可以鼓励孩子向"观众"（或其他角色）询问关于如何解决问题的建议。有趣的解决办法和严肃的解决办法都可以用来吸引孩子们的注意力。青少年们可能喜欢把针对两个角色之间冲突场景的多个想法写下来，然后把纸条放进一个抓阄袋里。他们可以先决定这两个角色的情况是双赢、有输有赢还是双输。然后，他们会用拍电影时的专用术语（"开拍！"和"停！"）来表演那些备选的场景和解决方案。

制订未来的应对计划

家长和孩子共同制订一个"未来应如何处理类似情况"的计划是非常有用的。它不仅能帮助孩子锻炼大脑高级皮层功能（如：计划、组织和冲动控制），而且还能给家长和孩子提供具体的策略，让他们下次再遇到同样的情况时能达成一致。例如，无论是制订一个平稳的睡前计划，还是关于做家庭作业的规则，你都能够用这样的计划来提醒孩子他自己已经选择了要做什么："记住你为这件事做的计划哦。"

虽然你可以和孩子直截了当地讨论计划，但如果你能多走一步，让孩子画出他的计划，那么你会得到更多。和孩子一起把计划画出来而不只是口头说说，将有助于孩子使想法变得更具体。当孩子本人是制订计划的人时，他会对计划有更多的自主权，这也有助于培养他对未来计划的责任感。在冰箱门或墙上挂一幅带有文字的图画作为对目标的有力提醒。是画在提醒他，而不是你作为"家长"在提醒"孩子"。从某种意义上来说，孩子是在提醒自己回到正轨。这整个过程有助于孩子发展他们的自我调节机能：提高留意并控制自己行为的能力。

"心智工具"是一门早期教育课程。它受到心理学家列夫·维果斯基工作的启发，以神经科学为依据，将游戏前的图像制作用在计划、自我调节和解决问题上，并取得了惊人的效果，被联合国教科文组织国际教育局认为是"模范教育干预"。该课程的标志之一是由孩子们绘制和书写"游戏计划"。不管孩子们的年龄或绘画能力如何，他们每天都要为自己一天的活动制订计划。这些计划除了在视觉和听觉上对孩子们上学要做的事情做出提醒外，还帮助他们按照自己的计划度过一天的生活。最新的研究结果表明，那些参与了"心智工具"课程的儿童在记忆力、推理能力、注意力和行为控制能力（避免习惯性行为而选择更合适或更目标化的行为的能力）方面都有了可测量的改善。

心理游戏

儿童和青少年

试试这个画出遇到矛盾时的对策

请你的孩子或青少年草拟一份计划，说明下次他要如何以不同的方式去处理问题。可以是一个系列连环画（像故事板那样），也可以是单个的图画。这些图画可以是很简单的图形。如果你的孩子只会涂鸦或画出基本的形状，那就请他口头描述一下他的计划，然后由你替他把他说的内容画出来。一份计划可以代表一种意图，比如"当妹妹伤害我的感情时，我会寻求帮助"，或者一系列具体的步骤，比如"我会在餐桌上做两页家庭作业，然后我会休息 15 分钟，之后我会做接下来的两页"。帮助你的孩子使用积极的语言（也就是说，强调他"会去做什么"，而不是他"不会做什么"）。询问孩子怎样才能让你参与到他的计划中去。你的孩子可能希望在计划中添加一张图来描绘你的任务，或者，你的任务可能只是在相关时间点参考他画的图来提醒他该执行计划了。一旦计划画好了并且加上了附带的文字或解释，你们就可以将它存放在一个特别的地方。孩子可能想把它挂起来或放在一个特殊的文件夹里（这样当你需要参考它的时候再把它拿出来）。

我的计划

当妈妈没空帮助我刷牙的时候，我想让爸爸帮我刷。

通过使用创造性的方法来解决冲突，相当于你正在进行一项长期投资。有时，我们会感到疲倦和厌烦，这很自然。你可能会对自己说："但是，我不想拿出纸和笔……我只想让我的孩子马上去做我要他们做的事。"创造性的艺术活动不仅为解决冲突提供了宝贵的工具，而且，通常来说，也会帮助我们感到自己不那么被孩子厌烦。虽然在当时看来这似乎更费时费力，但使用艺术创作的方法与孩子重新联结、解决问题和提前计划可能最终会减少冲突的频率、强度和持续的时长。

1 "嘟·喔普"（Doo-Wop）是一种流行于 20
世纪 40 年代至 60 年代的重唱形式。经常由
4~5 人组成重唱小组，由一人担任领唱，其他
人以密集的和声伴唱。——译者注

用艺术活动打败枯燥的日常时刻 [1]

每当时间到了该"停止看书，去刷牙"的时候，我的女儿总会说："刷牙太太太太太……无聊了！"我觉得应该向她解释："虽然刷牙很无聊，但它对预防蛀牙是很重要的。"我还觉得应该提醒她："牙医说了，你必须刷牙！"不过，我没有那样做。我选择了说："是的，这很无聊，但我们可以让它变得有趣一些呀！"然后，我用电影《冰雪奇缘》中她最喜欢的歌曲《随他去吧》的曲调唱到："刷牙吧，刷牙吧……"她一边抗议我毁了她最喜欢的歌，一边"咯咯"笑着张开了嘴让我给她刷牙。

刷牙、穿好衣服、来到餐桌前、上车、下车、坐下来开始写家庭作业……所有这些任务都有一个共同点（我的意思是说，这些任务除了具有让孩子们发动一场小战争的能力之外，还有另外一个特点）：它们都涉及活动的过渡状态。如果你能仔细想想，你就会意识到，当孩子们被要求从一种活动转换到另一种活动时，你们之间会发生很多的"每日冲

突"（特别是当孩子被要求从他们喜欢做的事情转换到不那
么有趣或不那么好玩的事情上时）。这是一个共性的问题，
即使对那些处事比较灵活、比较随和的孩子来说也是如此。

　　有很多众所周知的育儿秘诀都会谈到如何与孩子交谈以
便让这种过渡状态被处理得更容易一些。你可能会对其中的
一些感到很熟悉："5分钟后你就得……（去做某事）了"或
"晚饭后你会有更多的时间……（去做某事）"。然而，如果
没有使用威胁或贿赂的话，你很有可能会发现自己就像电视
广告那样在不断地重复这些令人生厌的或骗人的短语。口头
提示可能会对这种情况有所帮助，我们不必完全摒弃这种方
法。不过，让我们也来看看，如果你添加了一些基于艺术的
策略，将会发生些什么吧。

　　拉里是我们最近一次研讨会的参与者，他分享了一个成功的创
新育儿时刻：

　　拉里看着他的3个孩子（分别是9岁、7岁和5岁）为晚餐摆
桌子。他们在斗嘴。斗嘴不断在升级，但同时，桌子并没有摆好。
孩子们又累又饿又生气。虽然他通常不擅长艺术创作，也从未用创

造性的艺术策略来管理过孩子的行为，但他深吸了一口气，然后一边说"把爆米花给我，给我多一些"一边有节奏地拍手。随后孩子们加入了进来。他们微笑，大笑，情绪高涨。桌子摆好了，问题解决了。

在幼儿园里，老师和孩子们一起唱"打扫歌"和"告别歌"的原因是：这样唱很有效。使用音乐、节奏、动作或视觉线索来帮助孩子从一种活动转移到另一种活动，可以减少这些过渡时间段里的行为问题。首先，它们吸引了孩子的注意力：孩子将更多地关注音乐，而不是重复请求的话语；其次，歌曲、动作和视觉效果都很有趣。从一个活动转换到另一个活动是一种对孩子的干扰。它可能非常枯燥乏味。在活动切换时使用创造性的工具则可以使事情变得有趣起来，让孩子们不仅在过渡期间，而且在下一个不太喜欢的活动中保持专注。更重要的是，艺术活动增添了一种规律性和仪式感的元素。例如，在某一类活动开始的时候唱同一首歌可以使活动的转换变得可预测，也就不会引发孩子的焦虑了。

你可以根据"孩子不开心"发生的频率来想想对他来说可能有哪些每日"过渡时刻"是比较困难的。在阅读下面这些与不同的"过渡时刻"相关联的创造性艺术活动时，请选择一到两个记在心里。你可以深思这些活动中的哪几个可能会适用于你家的情况，或者，你可以做出哪些调整以满足你家孩子的需求。这个过程需要发挥你的创造力。你也可以邀请孩子提出他自己的想法。不过，要小心哦。你最终可能会收到诸如"每晚给孩子刷牙时要哼唱孩子最喜欢的歌曲"之类的请求。这可能会让人觉得有点麻烦，但是你很可能会同意这个方法，这毕竟比你俩站在洗脸盆边一直僵持着要好多了。

用音乐来吸引注意力：

儿童和青少年

和孩子对唱

　　在教室、军队和体育赛事中，对唱歌曲和对口型是一种行之有效的、可以让人们高度参与活动的方法。在足球比赛中，你可能会听到有鼓劲儿的人对着观众喊："我说'加油'，你们说'老虎'现在，准备好了吗？加油！（老虎！）加油！（老虎！）"在家里，你可以试着说："当我说'我们要'时，然后你们说'吃晚餐'。准备好了吗？我们要！（吃晚餐！）"年龄小的孩子会非常喜欢这种方式。青少年可能会认为这种方法已经过时了，但即使他们不参加，你至少也已经获得了他们的关注，而他们则很有可能会更快一点儿地做出响应。

把对孩子的期待唱出来

音乐能帮助人们记忆信息。你可以通过唱出你对每日例行事务的期望来帮助你的孩子记住它们。例如，你可以按照"如果感到幸福你就拍拍手"这首歌的曲调来唱："当你穿好衣服之后请刷牙（刷，刷）！"

儿童和青少年

把歌曲的时间作为计时器

有很多方法可以将歌曲用作创意计时器:"这首歌放完之后,就该开始做家庭作业了","让我们看看我们是否能在歌曲结束之前扣好安全带","我们将用三首歌的时间来做打扫,然后你们就可以回去做你们自己刚才在做的事情了"。智能手机让你无论在哪里都能更容易地播放音乐。你可以在家里、公园或停车场里随时调出一支曲子,让它帮助孩子完成任务。

把任务有节奏地打出来

　　将一个任务（或系列的任务，但不能超过三个）放在一个节奏之中。例如：（拍手，拍手，拍手）"鞋子，午餐，狗"。或者，对于年幼的孩子来说可能是：（拍手，拍手，拍手）"马桶，牙刷，牙"。你可能会发现孩子在每天重复这些步骤的时候会先拍手再做。我已经开始用这个方法来让我的孩子快速完成他们的"互道晚安流程"。原本这应当只是一个简单的拥抱、亲吻和"说晚安"的过程，但之前他们把它变成了十分钟的追跑打闹时间。把任务拍出节奏的方法在很大程度上避免了这种情况。孩子们努力跟上我有规律的节奏时显得非常开心："跟上我的节拍！准备好了吗？拥抱，亲吻，晚安。拥抱，亲吻，晚安！"做完拍手之后，他们就上床睡觉了。

用特别的动作作为活动的过渡：

平 3 岁的孙女超级喜欢玩贴纸，让她在午睡前停止玩贴纸肯定会使她感到崩溃。有一天，平请她的孙女为自己的手机计时器选择一段音乐。她们找到了一段节奏感强的曲子，她们俩都跟着那首曲子一边舞一边大笑了起来。现在，一旦歌曲计时器在约定好的时间响起，她们就会立即转入舞蹈模式，然后蹦蹦跳跳地去午睡了。

心理游戏

儿童和青少年

用自己的方式跳舞

可以练习戏剧性的跳跃和旋转，或者，直接跳着舞步走到浴室、汽车、餐桌旁或下一个任务的位置。如果你愿意的话，可以同时播放充满活力的音乐。

儿童和青少年

用自己喜欢的速度玩耍

你可以用非常慢的速度移动到下一个任务上去。这会吸引孩子们的注意力。可以用一种缓慢到荒谬的语速去说："……你……们……移……动……得……好……慢……啊。"然后邀请孩子们和你一起说："我……们……正……在……慢……慢……地……走。"一旦孩子们参与进来了，你就可以用你的身体和声音来加快速度："我们走得很快。我们走得太快了！现在我们又……要……慢……慢……走……了。"让他们轮流做主导人来控制所有人的速度。对于青少年来说，直接让他们比赛，看他们谁能先到达目的地。

数步子

让孩子们对自己的动作感到好奇。我的一位客户曾经对从他的教室走到我的办公室这个"过渡时刻"感到困难。我对他说："我想知道你要走多少步才能到我这里。"把注意力集中在数步子上的这个举动减少了他的焦虑，同时也让他的双脚始终保持朝着正确的方向移动。你也可以根据实际情况让孩子去数有多少个大台阶、多少个小台阶、多少个超大台阶，等等。

像动物那样移动

向你的孩子提问:"我们上车时应该是什么动物?"或者提出建议,比如:"我们应该像猎豹那样飞奔着去洗手间吗?还是,像乌龟那样爬过去呢?"你们也可以像机器人、战斗机、忍者或其他孩子当时感兴趣的东西那样去移动。

心理游戏

儿童和青少年

让图像说话:
使用视觉化图标提醒要做的事

用于说明早晨或晚上该做什么的视觉化图表可以帮助儿童和青少年养成更多的独立性。当然,他们仍然需要你的提醒,但你不用再问:"你刷牙了吗?你把作业装进书包了吗?你能不能把你的盘子放进水池里去?"取而代之的是,你可以直接用手指向图表,或者,对于年龄较大的孩子和青少年来说,你可以直接口头建议孩子检查他们的待办事项列表,以确保他们完成了所有的事情。让孩子们参与图表的制作。让他们选择图案并进行装饰。

图注：画出你的计划

早晨该做的事情

① 起床时间到

② 吃早餐

③ 换衣服

④ 刷牙 + 梳头

⑤ 把午餐 + 水放入背包

⑥ 带上书 + 家庭作业

⑦ 穿上袜子 + 鞋

⑧ 喂鱼

⑨ 背上书包

⑩ 出门去学校

用拍照解决那些不想做的事

孩子们很善于表达他们对不想做的事情的感受，所以，为什么不把它记下来呢？拿起你的手机，鼓励他们做出夸张的动作："来，让我看看'我很想刷牙'是什么样子。好了，现在让我看看'我觉得刷牙很无聊'是什么样子。好极了！现在让我看看'我很害怕刷牙'是什么样子？"当孩子们忙着对镜头表演时，他们抵触的情绪就会减少，而任务就会在他们意识到这是个任务之前就完成了。

孩子"不愿意"时的深层需求

某些时候，出于某些特殊的情感，活动的转换过渡会很困难。当某种过渡是需要与你分开时（例如：上床睡觉或上学），那么你应该能明白这个"过渡时刻"对于孩子来说比从有趣的活动转换到无趣的活动更难顺利完成。虽然某些孩子只是不想停止玩耍，但有些孩子可能真的会害怕黑暗或害怕你夜里不在他们身边。虽然某些孩子会被一些事吸引而不愿去上学，但有些孩子可能真的会因为社交或学习问题而在学校感到不开心。在这种情况下，确定并解决孩子更深层次的情感需求是很重要的。虽然和孩子一起制作一些孩子可以随身携带的东西（例如，一块画好的石头或一本自制的书）可能会对这种情况有所帮助，但你也许想要了解更多其他创造性的方式来满足孩子在情感上的需求。

嫉妒、好胜也是一种沟通方式

一位父亲与我讨论他儿子卡尔文的"问题"。卡尔文对蹒跚学步的弟弟时而宠爱倍加，时而嘲讽辱骂。他会嘲笑弟弟、骂弟弟、数落弟弟说："我恨你。"父亲补充说："更令人无法忍受的是，他对我们（他的父母）也表现出了粗鲁、愤怒和不尊重。这很糟糕，真的太糟糕了。"这位父亲进行了一些推测解读也试图改善卡尔文的行为："卡尔文的行为传达了他对弟弟的嫉妒，因为弟弟得到父母陪伴的时间比他多。因此，他们只带卡尔文一个人（不带弟弟）去特殊的地方玩。"但是，这样做了之后，情况并没有改善。

我同意这位父亲的假设，卡尔文的这种行为很可能是在向家人表达他的情绪。然而，我们还没有切中问题的要害。"给他空白的纸和笔，"我建议道，"当他开始以一种对你们不尊重的方式行事时，请重新引导他去创作关于他感受的艺术作品。"

在接下来的一周里，这位父亲急迫地向我分享了他从卡尔文的艺术作品和随后的亲子对话中了解到的内容："他不是嫉妒我们陪伴弟弟的时间比陪伴他的时间长，他是担心我们心中对他和他弟弟的爱不够多。"

我们稍后再回到这个故事上来。

"有兄弟姐妹的孩子都经历过手足之争。"有三位手足的美国记者乔治·豪·科尔特开玩笑地说。"她离我太近了","我不想玩那个","别再看我了","他的音乐太响了","那是我的玩具","他拿走了最后一块（饼干、鸡腿、西兰花！是什么真的不重要）"……孩子们会因为各种原因争吵。他们在嫉妒或无聊时争吵；当他们想要更多的关注却不知道如何获得关注时，他们也会争吵。我的儿子曾经理直气壮地解释过这种感觉："我希望我们有三个妈妈，然后，这样我们每个人都有一个妈妈了。"即使他们每个人都拥有他们自己的"某某"（此处你可以随便填上任何词），他们也会找到其他可以争吵的事情，因为他们的争吵往往与那件事情本身并无关系。虽然他们不知道自己要说什么，但他们的行为能传达出更多的信息。"行为是一种交流方式"是公认的原则。一个同样被广泛接受的概念是：兄弟姐妹之间的争吵传达了嫉妒、对公平分享的渴望或对资源有限的根深蒂固的恐惧。然而，迅速将兄弟姐妹间的冲突标记为"互相嫉妒"或"争强好胜"可能会忽略了不同的行为在沟通上的细微差别。

当然，卡尔文嫉妒弟弟，但那是因为他担心父母没有足够的爱。理解了这一点，我们就可以更准确地进行干预了。

让我们回到卡尔文的故事中来：

我建议那位父亲请卡尔文画一颗心来表示父母的爱。"让他画出那颗心里有多少爱是父母留给他的，有多少爱是留给他弟弟的。看看他画的他和弟弟是在心的里面还是在心的外面。心里面是否还给其他人留了空间。"我鼓励那位父亲接受卡尔文以任何他想要的方式来回应。"如果他现在需要他的弟弟在心的外面，那也没关系。"第二周，我得到了卡尔文父亲的反馈："他把我们所有人都画在了心的里面！我们把那张画贴在了他的房间里。他现在看起来很好。我们这周没有出现任何争吵的问题。"

当我们帮助孩子学习如何才能让自己更深层次的需求被满足时，我们同时帮助他们学会了更好地与他人相处，包括兄弟姐妹。这一点很重要，因为即使存在竞争，积极和持久的关系也源于分享更多的美好时光而不是糟糕或平庸的日常。是的，我们可以通过分散孩子的注意力、奖励孩子和让孩子承担后果来处理孩子的不当行为。然而，要真正消除这一问题，我们首先需要了解为什么会出现这种情况。就像头痛一样，头痛是可以通过药物来减轻的。但是，除非我们能确定造成头痛的根本原因，否则它可能会复发、恶化或需要更长的时间才能根治。事实上，如果你的头因脱水而肌肉抽搐，那你可能需要喝水；而如果你的头撞到了低矮的树枝，那么你可能需要冰敷。就像解决每一种不同的头痛问题那样（兄弟姐妹之间的冲突往往和头痛一样），了解冲突的根源会有助于我们满足孩子的需求，而不是仅仅掩盖症状。下面举例说明哪些行为（即对抗、反对、贬低对方和争吵）实际上可能意味着什么：

- **"我需要空间。"** 在我和妹妹小的时候，当我们争吵太多时，父母会把我们分开在不同的房间里。当我们被"判决"后会进入各自的房间，我们会写下字条，并用闪光棒将它们滑过客厅，滑到对方那里。我们想建立彼此之间的联结，但我们需要空间去做这件事。在升级到要求孩子"去你自己的房间"之前，你可以提出类似的建议。比如教你的孩子如何用杯子和绳子制作"电话"。你可以安排有趣的实验，看看他们的电话能满足通讯的距离是多长，或者，建议他们在单独的房间里找些事情做，同时向对方发送纸条或秘密消息（你可以为他们当邮递员，或者，他们也可能会想要建立一个更复杂的通讯路径来传递消息）。
- **"我想和你一起玩，但我不喜欢这个游戏。"** 有一段时间，我的孩子们之间的几乎任何冲突都可以通过跳舞来解决。我绝不骗你。他们可以待在一起却同时各自做着自己的事情，并且不需要设定任何规则或相互妥协。当我们通过跳跃、旋转和在地上滚动释放压抑的能量时，欢快的音乐会提升我们快乐的感觉。有时孩子们会在这个过程中开始更多的互动，说"看我"或者"你试试这个"！我也经常会加入他们，用我对他们的关注、我充沛的精力和对他们的爱来蓄满他们的"情感之杯"。

- **"我真的很想按自己的方式去做。"** 在同一张桌子上一起做单独的艺术项目会让孩子们有足够的自主性，从而实现协作、解决问题和相互妥协。这种方法还给孩子提供了参与集体活动的机会，让孩子在满足自己需求的同时考虑他人的需求。如果孩子想要用红色的蜡笔而其他人正在使用，那么此刻正是一个训练解决问题技能的好时机。你可以提示孩子自己开口说："你用完红色蜡笔后，可以轮到我用吗？"这个简单的对话教会了孩子自我主张、延迟满足和尊重他人需求的方法。同时，另一个孩子也知道了他可以满足他人的需求，而不必完全牺牲自己的需求。当你认为孩子们已经掌握了这项技能时，你可以试着给他们增加些难度：

只提供一个他们每人都需要使用的东西。例如，你可以指出他们所有人只有一根胶棒，并就如何处理这种情况征求他们的建议。然后看看他们是否可以将他们的想法付诸行动！

- **"我很无聊，但想不出和你一起能做什么事情。"** 在孩子们能够更好地协同玩耍和学习的日子里，他们可以一起做各种各样的创造性活动。他们可能只是需要一点想法。有时，把孩子们组成一队与你对抗是一个很好的方法。这种方法可以让孩子们重新组合在一起，将他们的合作精神发挥出来。你可以给他们一些纱线、盒子或其他材料，挑战他们去创造出最难的障碍赛场地。他们做完之后，由你来测试能否顺利通过。

图注：孩子无聊时，可以做点创造性活动

- **"我需要爱和关注。"** 当我的孩子们只需要获得关注（争吵是一种肯定能获得关注的方法）时，我就会给自己按下暂停键。例如，我要么停止我正在做的事情与他们一起玩耍、跳舞或制作艺术品，要么与他们一起制订一个计划，稍后去找一个不会被打断的时间来陪他们做以上那些有趣的事。我甚至可能会建议他们换个方法做计划：把在稍后那段特殊的时间里想和我做的事情画出来。通常，他们会停止争吵去画画，还会轻松自如地互相聊一聊他们稍后想和我一起做哪些事情。

- **"我喜欢你，但我不认为你喜欢我。"** 孩子们有时会比他们表现出来的更看重他们的同龄人或兄弟姐妹对他们的评价。不过，对他们来说，向对方说出喜欢对方的话可并不容易。他们甚至可能会觉得那个自己暗中想要模仿的人并不喜欢自己。你可以请你的孩子剪下杂志上的图片和文字，拼贴出他为什么喜欢某个朋友或某个兄弟姐妹，然后作为生日礼物或在其他特殊的场合送给对方。这不仅是一个让孩子回忆朋友或兄弟姐妹优点的机会，也让收礼物的孩子可以真切地感受到他对于送礼物的人意味着什么。

请记住：不同的需求可能会通过相同的行为来表达。因此，没有所谓的万能的冲突解决方案。有很多次，当我建议举办一个舞会时，我的孩子们会转而为放什么音乐而争论不休；有很多次，他们中的一个人也许是为了报复另一个人之前犯的错误而强行占用所有的马克笔。通常，当我的某个方法不起作用时，都是因为我还没有真正理解孩子行为背后的需要。你也许并不总能在第一次（或第二次或第三次）尝试时就找出那些被隐藏起来的需求。创新型的育儿方式需要我们反复去尝试。处理冲突并不容易，但当你把它转化为用来满足孩子需求的努力，再加上一点创造性的回应，那么你总能荡漾在孩子快乐的笑声中了。

在超市里培养孩子的视觉素养

"真是个勇敢的女人。"当我走过自动玻璃门时,我听到有人在低语,还有人在祝我好运。你会以为我要去屠龙或者只带着指南针和鞋带就要去扬帆远航,但我不是。我只是带着3个孩子走进了超市。没过多久,我的女儿就抱怨说她想要买一种麦片,那种麦片的包装盒上印了她最喜欢的明星。我年龄最大的孩子以一种大哥哥式的"我比你懂得更多"的姿态说:"他们在骗你买那个。"这句话引起了妹妹的注意:"就是那样,他们只是把她的照片印在盒子上来让你买。她根本就不在盒子里。"哎呦,不错,我省钱了。

只买牛奶、黄油、鸡蛋和晚餐要吃的东西。够简单了,对吧?除非你是带着你的孩子们一起去买东西。带孩子去买东西会使整个事情复杂化。即使是最冷静的孩子也会在进入超市或饥饿袭来的那一刻失去冷静,将一次普通的采购活动变成徒劳无功的体育锻炼。不知道是为什么,在面对摆放于醒目位置上的那些精美的商品或彩色包装上印有受欢迎的卡

通人物和超级英雄的商品时，"别拿""不行，不买那个"和
"回到这里来"这样的话根本就没有获胜的机会。但是，如
果我们把它当作一场充满艺术感的购物之旅，也许效果大不
一样。

　　艺术活动不仅仅是动手画素描和油画。理解我们所看到
的图像也是艺术活动的一种。我们倾向于一看到图像就马上
开始加入自己的理解。然而，正如我们学习阅读文字的含义
一样，我们也可以学习阅读图像的含义。在博物馆里，视觉
素养能力的提高可以显著提高我们对所看艺术品的欣赏和鉴
别能力。而当我们对商店里、广告中和其他营销领域中出现
的图像及其背后的含义和信息进行批判性思考时，它们对我
们的影响就会变小。你可以引导孩子们寻找隐藏在这些物品
和图片中的视觉信息，而不是只对图像做出响应。

　　当孩子们对商店里看到的图片进行思考时，购物之旅可
能会变成一场"我们不上当受骗买东西"的游戏，而不是一
场"谁能在妈妈不注意的情况下偷偷把甜麦片带进购物车"
的游戏。当孩子们被赋予了这项能力时，他们会觉得自己比
那些在收银台旁放卡通画和彩色糖果的成年人更聪明，更有

力量。此外，培养孩子的视觉素养会让他们在学校的学习以及未来的工作和生活中受益。研究表明，视觉素养可以提高孩子的合作精神，使他们更加尊重他人，还能提高他们的阅读和数学成绩并强化他们的批判性思维。这样的活动也给我们自己带来了一个宝贵的教训，那就是：事情发展的状态并不总是像最初的样子。而且，这也能让你的购物之旅更容易被忍受一些。

任何年龄的孩子都可以在购物之旅中开启他们的视觉素养检测游戏。这样做可以减少他们在公共场所让人烦扰的行为。事实上，你开始得越早越好。孩子们会着迷于学习别人是如何用图像来吸引他们以某种方式进行思考和行动的。而且，在他们对"独立自主"这件事的永无止境的追求中，往往会渴望展示出自己是不会被他人控制的态度。现在，孩子们不再反抗你，而是成了你的盟友，一起去反抗那些以影响他们为职责的艺术家和营销人员。当然，要指出所有这些图片想要做什么是需要一些时间的。在购物过程中，问一些问题引导孩子们转换思维，也是需要花点功夫的。但是，最终，这些投入都是值得的。与防止孩子们从商店货架上随便拿东西相比，教授孩子视觉素养所需的努力更简单，也不会让人感到筋疲力尽。

儿童和青少年

留意生活各处的视觉素养教育

与孩子谈论图像不一定非要从商店开始。你也可以从广告牌、商业广告、垃圾邮件或互联网开始。你可以指出你们看到的图像以及营销人员试图通过使用这些图像来达到的目标：

- "看看他们是如何在这盒麦片 / 饮料 / 酸奶上贴上某个名人的照片来吸引你购买的。"

- "有些人的工作就是要研究和设计商品的包装和颜色以吸引人们购买它，虽然图片与盒子里的实际内容根本没关系。"

- "看看那种糖果的颜色多丰富。你知道有意思的事情是什么吗？科学家们发现，零食的颜色越多，人们吃的就越多。这就是他们让这些糖果的颜色如此丰富的原因。"

- "注意到照片中的孩子看起来和玩具玩得很开心了吗？孩子们，卖玩具的人就是想让你们相信这个玩具很好玩。"

分享你的购物欲

大声谈论你想要购买或不想购买的商品以及你选择购买或不购买的理由。走过一家冻酸奶店时你可以这样说："嗯……看看他们是怎样把那张冻酸奶的海报做得又大又色彩斑斓的吧。这样就能吸引你的眼球了。他们做得很好，吸引了我的注意。但我宁愿把钱省下来去买别的东西。另外，我的身体会更喜欢我现在马上给它喂些健康的东西当午餐。"通过从头到尾讲述自己为什么最终选择购买或不购买某样东西，我们就可以向孩子展示，即使我们真的想要某些东西，最终还是能够控制自己的那些欲望。

假装戴上双筒望远镜观察

年幼的孩子喜欢假装通过双筒望远镜去寻找……任何东西。这是真的。用你的手做个圆圈，把它们放在眼睛上："让我们戴上双筒望远镜（或间谍眼镜）来寻找那些试图让我们想要去买的东西的图片吧。"

心理游戏

儿童和青少年

问一些引起批判性思考的问题

问孩子问题能真正让孩子们用批判性的思考方式去看他们所看到的图像。以下是一些问题的例子：

- 他们在产品上贴了这样的形象，是希望让你相信什么呢？

- 只看海报上的图片，你会认为这部电影是关于什么的呢？

- 他们想让谁来看这部电影 / 购买这个产品？

- 他们为什么使用这些颜色？

- 他们为什么把这些东西放在收银台的旁边？

- 他们想引起谁的注意？

- 看到这个时，你有什么感觉？

儿童和青少年

把任务当成一个游戏

　　当任务或活动被设定为一个游戏时，孩子们往往会很想参与其中。它可以是一个"不要上当"或"统计商店商品包装上卡通人物数量"的游戏。如果你想更进一步，你甚至可以为每个卡通人物分配不同的分值。年龄较大的儿童或青少年能够意识到自己可以找出多少个不同类型的营销技巧，例如卡通形象、产品在商店中的区域分布、让人产生情感反应的图像（例如快乐的人的照片）、说服消费者了解产品重要性的文本、吸引注意力的鲜艳颜色，等等。

有用的表扬

　　我和一个已经成年的学生在演戏。他扮演一个孩子。他说："看我做了什么。你喜欢吗？"为了表达真正的兴趣并进一步了解他对这件作品的意图和感受，我回答说："让我仔细看看你做了什么。我想知道你能不能给我讲讲这件作品？"（我正在示范除了说"我喜欢这件作品。做得好"之外，我们还能说什么。）

　　他突然说（仍然扮演他的角色）："这是一棵树，这是一个太阳。讲完了。你喜欢它吗？"他夸张地说，想要挑战我。我把那张画放在一个让他觉得舒适的观看距离，对他说："你真的很想知道我是不是喜欢它。那么，首先请你告诉我，你自己觉得它怎么样呢？"

　　他继续寻求肯定说："哦，我不知道。我猜我画的还行。我只是想知道你是不是喜欢它。"

　　我用他的话回答说："指给我看哪个部分你觉得你画的不错。"他照做了。几个回合之后，他面带微笑，分享了为什么他喜欢自己的作品并反思了这件作品让他想起了生活中的什么事情。我仍然没有说我喜欢它，也没有说它很好或很漂亮。他总结道："我想我做得非常好了。"

"现在，"我说，"让我们把这个场景再玩一遍。开始。"

由同一个学生重新开始角色扮演："看我做了什么。你喜欢吗？"我说："我喜欢！画得真棒。干得好！"他回答说："谢谢。"我们之间的意见交换完成了。

然后我问："我们在第二次角色扮演中错过了哪些机会呢？"

熬过这一天不仅仅是要阻止心态崩溃和冲突升级，同样重要的是你要给予孩子积极的鼓励，帮助他成为一个能自己独立刷牙、解决问题、收拾残局的人，一个能够与他人合作的人。但是，拍着孩子的后背说些"你做到了！""你真棒！"之类的话只能让孩子获得一种短暂的成就感，而具体的表扬则可以强化长期的品质和技能（如体贴他人，做事专注、勇于承担责任和乐于维护有意义的人际关系）。例如："你正在自己穿衣服啊！""当我告诉你该走了的时候，你竟然已经准备好了！""你真的在保护你的牙齿啊！"或者，"看看你们一起合作居然做成了这么棒的东西！"当我们在一天之中给孩子们提出具体的反馈，说出我们想要鼓励的行为时，我们就会强化孩子的这些品质。当我们对他们的艺术作品做出深思熟虑的回应时，我们也能收获到同样的好处。

我们对孩子的艺术作品所做出的默认反应通常是："我喜

欢！"或"太美了！"但是，这就像对一天中的刷牙、吃饭、按时回家等行为说"干得好"一样，这样的说法太普通了，无法对孩子的成长产生显著的积极影响。这样说将教会孩子依赖我们（他们的父母）来获得荣誉，而不是培养他们自己的内在动力。更糟糕的是，重复地给予同样的、一般性的赞扬会让孩子对自己的实际能力感到困惑并使他们失去动力。善意的一般性评论，如"画得好""太漂亮了"也会渐渐让孩子感到我们并没有真正地关注他们的作品。坦率地说，有时我们的确没有真正关注过。不过，在其他的时候，我们只是根本不知道除了这些"口水词"我们还能说些什么。

我们关于艺术作品的评论往往只狭隘地关注它的表象，而不关注创作者是如何将它实现的，也不关注创作者的体验如何。用"这是什么？"来回应儿童的艺术作品相当于在教孩子"艺术创作必须得是'某种东西'，只是自我表达的话是不够好的"。这种理念不仅会干扰孩子的探索、创造力和自我表达，还会引发孩子的焦虑和自我批评。我们应该拥抱孩子的创作过程（包括犯错误），培养孩子的成长型心态。长期来看，成长型心态与更好的学习成绩相关。成长型心态认为，成功来自于努力工作和学习，而不是天生的能力或其他固定的特质（比如，夸孩子是一个"不错的艺术家"）。

当我们能够认真思考该如何对孩子的艺术作品做出回应之后，与孩子谈论艺术作品就会成为沃土，去滋养那些我们希望在生活的其他领域也能看到的行为品质。事实上，对0～3岁儿童的努力、毅力和解决问题的能力加以赞扬能积极影响他们在二年级和三年级时关于学习动机和应对挑战的能力，当他们读四年级时，学习成绩也会更好。如果你不习惯给予这种具体的表扬，那么让孩子进行艺术创作会为你提供一个相对轻松的、没有压力的练习场所。你通常不会在孩子创作艺术作品时忙于其他事（所以更容易想出一些鼓励的话）。当孩子们向你展示他们的艺术作品时，他们通常处于一种愿意接受反馈的状态。如果你已经在日常活动中指出过孩子的积极行为，那么要留意自己是否也会在这个孩子进行创造性表达的时刻抓住机会来做同样的事。下面是一些关于如何鼓励孩子的提示。

突出强调想要鼓励的品质

评论孩子的作品可以帮助孩子反思他们的自我表达，鼓励孩子谈论自己的作品可以培养他们的自信，而突出强调孩子是如何完成艺术创作的（而不是他的作品本身），则可以强化孩子的专注力、主动性和执行力等品质。这些品质也适用于生活中的其他任务。以下是一些示例：

- 努力——"我可以看出你花了很长时间做这件作品，你付出了很多的努力！"

- 专注——"你真的需要特别专注才能做出所有这些细节！"

- 规划 / 组织——"你需要进行大量的规划才能把这些常规任务安排在一起！"

- 坚持不懈——"你一直都在做，从没停过！"

- 解决问题——"起初的结果不是你想要的，所以你尝试了一些不同的方法而且成功了！"

- 采取主动——"你想出了一个新主意并且进行了实践！"

- 创造力——"你是根据自己的想象创造的这些角色吗？"

- 有始有终——"你很早就开始了这个项目，现在你终于完成了！"

- 独立——"看啊，你全靠自己一个人，竟然做成了！"

（请参见"附录一：如何在生活中谈论艺术"，了解更多关于"如何使用非评判性的语言去鼓励自己偏爱的品质和行为"的示例。）

鼓励自我评价的行为

毫无疑问，孩子们愿意听到你说你喜欢他们的艺术创作、他们的歌唱、他们的表演、他们的舞蹈。他们会直截了当地问你是不是真的喜欢，如果你回避他们的问题，他们会坚持让你回答。有些孩子会接受对他们创造力的评价或对他们作品细节的关注，认为这样回答就足够了，但另一些孩子会坚持问："但是，你喜欢它吗？它漂亮吗？"给予孩子有用的赞扬并不意味着要完全避免使用"喜欢"这个词。你完全可以说这个词并且让孩子知道你有多喜欢他们的作品。但是，在你这样做之前，可以考虑先说："我会告诉你的。但是首先我想知道的是：你自己喜欢它吗？"

我们希望孩子有机会认识到他们自己有多珍视自己的创作。这样，当他们制作了一件艺术品（或帮助摆好了桌子、捡起了地上的睡衣或完成了他们的家庭作业）时，他们就能为自己感到骄傲而不需要我们成年人的"认可"。这是内在动机（"我这样做是因为我觉得这本身就是一种奖励"）和外在动机（"我这么做是因为能得到别人的奖励或表扬"）之间的差别。与总是期望获得外部奖励的孩子相比，那些能做到内部自我激励的孩子更有可能会完成那些甚至有些枯燥的任务。他们可能不喜欢这项任务，但他们这样做是因为内心的某种东西告诉他们这样做是值得的。

下面有一些方法，可以帮助你家的儿童或青少年思考他是否喜欢他自己的绘画、诗歌或舞蹈：

- "你自己喜欢吗？"
- "我看到你在微笑。"
- "我想知道你是否为自己感到了自豪？"

当然了，有时你的孩子并不喜欢他自己做的东西。很多时候，这种不喜欢会表现得非常明显：把画画的纸弄皱、发出嘟嘟囔囔的声音、乱写乱画或把写好的字划掉、完全远离正在进行的创作活动，或者，也可能，小心翼翼地向你提出一个非常试探性的请求，征求你对他作品的意见。如果是这样的话，你需要用不同的方法来处理这种情况，即：表现出同理心并帮助孩子去使用相关的解决问题的方法。

实事求是的鼓励

我正在和我的小儿子玩抛接球的游戏。他有能力把球扔给我，但他扔给我的球常常会落在他自己的脚边。不管他扔得多远还是多近，只要球"噗"地一声飞出，我就马上说一句："扔得好！"儿子好奇地看着我，然后直言不讳地说："不，我扔得不好。"他是对的。他没扔好，我也没做好。我本能地想要鼓励他或阻止他变得难过。他只有三岁，但他却给我上了一堂宝贵的育儿课：在鼓励孩子的同时要实事求是。我们对孩子的艺术作品也应该做出如此的反应。

研究表明，人们通常对自己的能力有一种夸大膨胀的感觉。他们认为的他们在完成任务、研究学术、体育运动甚至幽默地沟通方面的水平比他们实际能达到的水平要高。有趣的是，这并不是因为他们自负。相反，这是因为他们根本不知道自己的水平如何。在成长过程中，孩子们往往会从成年人那里得到模棱两可或夸大其词的反馈（就像每个人都能得到的奖杯那样）。这些反馈往往是出于善意的但却是具有误导性的尝试，其目的是要提升孩子健康的自尊心。但是，孩子们并没有因此培养出积极的自我意识（包括改进和应对挑战的愿望），而是成为一个不知道如何衡量自己能力和优势的成年人。当他们不知道如何衡量自己时，他们就会感到困惑或挫败。

给出实事求是的反馈并不是让你去说不喜欢孩子的艺术

创作或者孩子的艺术创作不好。即使你儿子的小提琴演奏听起来像是一只被折磨的猫在叫，或者，你女儿画的狮子看起来像一只青蛙，你仍然有很多方法可以鼓励他们。你会惊讶于有那么多的人即使自己真的很喜欢艺术创作也会在其儿童或青少年时期就停止了艺术创作，只是因为有人说他们不擅长艺术创作。同样，如果说一个孩子不收拾房间或不做家庭作业就是个懒人，那么这只会让他更不去收拾房间和不做家庭作业。相反，我们希望自己能向孩子提供有益的、鼓励性的和激励性的反馈。当你的孩子或青少年忘记了他的舞蹈动作、向你展示了一幅他没有花太多精力画的画，或者唱歌走调时，以下是一些可以既实事求是又鼓励孩子的反馈方法：

- **关注乐趣**。提醒孩子：画画、跳舞或唱歌的乐趣至少和这些活动看上去的样子或听起来的声音一样重要。你可以试着说："我注意到你在这首歌中加了一些歌词。我想知道你是不是觉得这样加很好玩呀？"或者"我注意到你真的把所有的精力都投入到了这个项目中。我想知道你做这个项目时是不是很享受？"

- **强调熟能生巧**。让孩子们知道练习的目的不是追求完美，而是为了更熟练地掌握所学内容。你可以用诸如"我注意到你这周没怎么练习，也许下周我们可以留出一些时间来一起练习"或"听起来你一直在练习，你注意到自己本周已经取得了进步吗"之类的语句来鼓励孩子练习。

- **与自己做比较**。邀请你的孩子将他的艺术作品与他自己的其他作品（而不是其他孩子的作品）进行比较。当孩子问你："你喜欢它吗？"你可以回应说："让我们把它和你以前做过的其他作品比一比吧。"你甚至可以建议由他自己选择一幅画来进行装帧和展示，或者选择一首原创歌曲进行录制并发给奶奶听听。你们可以讨论一下他为什么要选择他最终选定的那件作品。

- **鼓励坚持不懈**。有时候，孩子刚开始做就会问你是否喜欢他的艺术作品。如果遇到这种情况，他很可能是在寻求你的鼓励以便继续下去。你可以试试这么说："我看到你才刚刚开始，我迫不及待地想看到你再多做一点儿！"或者："我可以看到它的雏形了。坚持做下去吧！"

- **鼓励直面错误**。当孩子跳错了舞步、说错了戏剧台词或唱错了歌曲中的音符时，我们很可能会冲动地忽略这一事实，然后告诉他说他做得很好。我建议你不要这样做。取而代之的是，你要赞扬他处理这种情况的能力:"我注意到你一直保持着若无其事的状态。这需要自信和专注。"

- **提出建设性批评**。如果你的孩子年龄非常小,那么建设性的批评并不是必要的(或者说,并不适用)。但是,那些决心要提高自己技能的年龄较长的儿童或青少年却可以从建设性的反馈中受益。一个很好的经验法则是:在提供建设性反馈之前先做出积极正面的声明。例如:"我理解你在此处使用这些形状的意图。我只是这一部分没看明白。"或者"我注意到你真的把所有的音符都弹了!如果你把中间那段旋律弹得慢一点,听众可能会听得更清楚一些。"

- **避免取笑和讽刺**。即使你认为取笑和讽刺是善意的,它还是会扼杀创造性的表达。

你可能会发现,给孩子提供鼓励而准确的反馈是需要练习的。这没关系。你就将艺术活动作为一个练习这种育儿技巧的机会好了。当你真的这样去做的时候,你就锻炼了你在其他日常情况下(比如:早上出门、开始做家庭作业或者保持个人卫生时)给予同样类型反馈的能力。此外,通过强调你想要鼓励的品质以及建议孩子做出自我评价,你将帮助你的孩子发现他们的优势和能力。例如，你在他们绘画或练习乐器时所指出的专注、坚持和自我激励会被他们带入到他们生活中的其他更有挑战的领域里去（例如：接受考试、申请大学或寻求晋升）。当你对孩子的创造性艺术活动给予实事求是的赞扬时，他们就更有可能去接受这些品质并将其内化为自己的一部分。

1 少说、多画、
多舞、多唱

2 那些把家弄得
一团糟的艺术活动

3 不要与孩子
"熬过一天"

4 艺术活动，建立更
牢固的亲子关系

5 养育出
快乐的孩子

6 用艺术培养出
学业成功的孩子

7 认识你身体
里的艺术家

一位母亲和她十几岁的儿子一起坐在我的办公室里。儿子不愿意看向母亲，也不愿意和母亲说话，但他愿意画画。他画了一只水里的生物和一只空中的生物，解释了两者之间的巨大差异。现在，他和母亲说话了。母亲试图把这看作是缓解僵局的开始，但对儿子没有能力找出他们关系中的问题感到沮丧："好吧，但是家里发生了什么？告诉心理咨询师昨天我让你关掉电子游戏时你做了什么。"我有一种强烈的直觉：这个孩子已经在用这幅画表述他们之间的关系了。

我跟着自己的直觉走："我想知道你自己可能是哪种动物呢？"

他指了指那只正在天空中飞翔的生物。

我指向水中的生物："那么这又是谁呢？"

他回答说："那是我的妈妈。"他接着解释了他和妈妈有多么的不同。自从他们进入我的办公室，他第一次看向了他的妈妈。

"我觉得你不理解我，"他对妈妈说。于是，母子俩开始了一场对话。通信功能被再一次激活了。亲子联结的基础也又一次浮出水面。

当孩子们感到自己和父母联结在一起时，家庭往往会更加和谐，孩子们也会感到自己受到了重视。在第二章中，我们了解到在尝试解决问题之前重新建立亲子联结的重要性。这种联结可以让大脑中解决问题的功能重新"上线"。这种联结能使下层大脑（负责战斗、逃跑或在压力条件下冻结生存反应的区域）平静下来，从而使上层大脑（负责学习、推理和情绪调节的区域）活跃起来。因此，人与人之间的联结对于"从轻微/严重的生活障碍/创伤中恢复"来说是至关重要的。此外，我们与孩子之间培养起来的关系会在孩子的大脑中创建神经上的连接，这种神经连接将支持必要的大脑发育，让孩子能够学会对自己的情绪进行自我调节、决策和维持有意义的关系。儿童甚至能得到额外的好处：他们在身体健康方面能获得改善，他们成年之后遇到的健康问题也相对较少。正如上面的故事一样，艺术创作可以帮助亲子间建立更牢固的联结。

我们应该始终维持良好的亲子联结并保持与孩子之间沟通渠道的畅通。尤其是在他们渐渐长大，对我们的需求渐渐减少的时候。我们要为此付出很多努力。我们忙于自己的工作和家务，孩子们则忙于他们的学校和朋友。我们问孩子学校的生活怎么样，他们说："很好。"我们感觉得到自己和孩子之间的交流与联结在减少，但我们觉得这很平常……直到它变成了一个问题。育儿专家苏珊·斯蒂费尔曼指出，虽然随着年龄的增长，孩子确实需要与我们分开，但是我们却不需要减少与他们的联结。相反，随着孩子的成长，我们需要新的亲子沟通方式以及新的建立亲子联结方法。艺术活动的独特之处在于，它们不仅提供了一条通往诸多传统形式的亲子联结（分享活动、交谈、共情和微笑）的道路，而且还提供了一条当固有的沟通路线关闭或维修时能完成相同沟通目标的替代路线。

被藏起来的语言

一个女孩和她的父亲坐在我的对面。孩子的妈妈最近搬出了他们的家。孩子活泼开朗，一直不断地对着爸爸做鬼脸，试图逗爸爸笑。爸爸问女儿："你最近过得怎么样？"

"很好啊。"女儿向爸爸靠过去，伸长了脖子，把嘴扭成另一副滑稽的脸。

"你和朋友们相处得怎么样？"

"很好。"

"学校呢？"

"很好。"

我在这个女孩面前放了一张小桌子，上面有纸和马克笔。我轻点着那张纸，问："我很好奇，'很好'是个什么样子呢？你愿意把它画出来吗？"

于是她画了一道大彩虹，接着画上了厚厚的乌云。之后转为了暴风雨。

"我画完了！"她高兴地宣布说。

"你愿意给我讲讲这幅画吗？"我邀请道。

"原来是阳光灿烂的，而且有一道彩虹。但后来天变黑了，而且来了很多云。"她现在有点儿不那么傻里傻气了。

我温柔地对她的画和生活做出了回应："这看起来好像是有很多东西都发生了变化。我想知道那像是什么呢？"

"悲伤。"

孩子们需要分享自己的想法和感受，但他们不太可能说："嘿，我真的需要谈谈我遇到的这个问题。"相反，孩子们会通过行为（有些是我们不喜欢的行为）、游戏和艺术创作来表达自己的感受和想法。如果我们用眼睛仔细去"倾听"，我们会发现他们的艺术创作中往往包含着关于他们内心生活的丰富而有意义的信息。要想理解这些信息，我们需要抵制那种基于"美"来判断艺术表达的自动倾向。我们应该做的是了解并熟知"艺术创作是孩子表达自我以及他们与他人关系如何等信息的独特方式"。通过更加熟悉艺术的语言，我们打开了与孩子沟通和联系的大门，而有时仅靠交谈是很难实现这一点的。

我们凭借着自己的感觉去看世界

当我的第三个孩子快要出生时，我的另外两个孩子开始自发地为这个画家庭画，里面包括将要出生的婴儿。猛一看，这两张图画看起来像是分别由六岁的孩子和三岁的孩子绘制的典型的家庭画。然而，经过一番深思熟虑的检查，我发现了两个孩子对即将迎来的新生命抱有不一样的独特感觉，对将要发生的因为家庭成员增加而变化的关系也有着不一样的独特看法。

图注:"我们的家"(6岁儿子画)

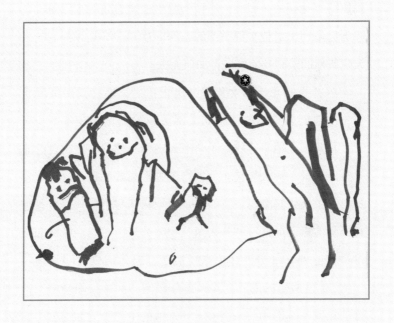

我们并不是像照相机那样去看世界。我们的大脑会有选择地看到我们觉得重要的事物。所谓"重要的事物"，或者是在生存问题上对我们重要，或者是在情感或人际关系上对我们重要。换言之，我们如何"看"事物往往与该事物带给我们的感觉有关。因此，当孩子画出他所看到的东西时，这幅画会呈现出对他来说重要的东西。这与孩子是否拥有艺术天赋或他的绘画技能发展得如何无关。

尽管我的儿子和女儿都画出了我们不断扩大的家庭状态，但他们感觉到的情绪和人际关系的变化却是各不相同的。我儿子把他自己放在了全家人的中心位置。他在自己的衬衫上画了一颗大星星。他把自己画得离妈妈很近。他牵着妈妈的手，妈妈牵着爸爸的手。他把妹妹和弟弟画得离爸爸妈妈和他自己的这个"三人组"稍稍分开了一点。妹妹和弟弟是家庭的一部分，这一点很清楚，但他们俩又明显地与"老大、妈妈和爸爸"三人组是分开的。在这张图画中，他自己和爸爸妈妈的关系至关重要。他的中心位置和衬衫上的大星星可能反映了他对"感觉自己很重要"这件事的需求，即使在不断变化的家庭环境下也是如此。

另一方面，我的女儿则专注于她在兄弟姐妹组合中的关系。她把自己放在三个孩子的中间位置，把自己画得比哥哥和弟弟都大，并将自己像三明治那样夹在他们中间（的确，从现在起，她将要处于中间孩子的位置了）。她把兄妹三人用一个形状围起来，她解释说这是一艘飞向外太空的火箭飞船。她把妈妈（画着一个突出的肚脐，在我怀孕期间，我女儿最感兴趣的就是我的肚脐）画在了火箭飞船的外面。"妈妈留在了后面。"画面中没有爸爸。"他在工作。"她解释说。在这幅画中，她与兄弟姐妹的关系以及作为中间孩子的角色似乎是最重要的。她明显感到，最近妈妈比爸爸更经常出现在她的身边。

注意观察孩子们通过艺术作品表达主题的独特方式，可以让我们有所预感并以此作为桥梁来与孩子沟通交流。这样做是为了永远不对孩子进行心理分析或假设不一定符合他们经验的事情。然而，如果我们像我们经常做的那样，只关注孩子画了什么或者孩子的画在美学意义上的美，那我们就会失去从"孩子都是艺术家"这件事情里获得丰富信息的机会。当我们的注意力转向通过儿童艺术创作所传达出来的信息时，我们就有机会对孩子自己可能都没有意识到或无法用语言表述的需求、兴趣、担忧等做出更全面的回应。

以下是对儿童艺术创作的两种截然不同的回应方式（使用上述我自己的儿童艺术创作活动的例子）。第一种是对孩子所绘制的内容进行回应。这种交流是积极的、鼓舞人心的，但它太简单了，没有考虑到孩子更深层次的体验、需求。第二种，观察孩子对主题的独特描述（这个主题是如何被画出来的），使用所观察到的内容来与孩子互动。两种回应方式得到的结果是截然不同的。

看到画后的亲子互动方式1（对孩子所绘制的内容进行回应）：

成人：“你画了我们的家庭。哦，瞧啊！你还画了你将要出生的弟弟。太好了。干得好，亲爱的。真是太棒了！”

孩子：“谢谢！”

看到画后的亲子互动方式2（对孩子绘制图案的方式和可能隐藏的含义做出回应）：

我（对儿子）：“我看到在画里你站在我的旁边。”（我有一种预感，他在向我展示他不仅在身体上而且在情感上都喜欢靠近我。）

我儿子：“是的，而且我们还拉着手。”（他通过指出这个细节来加强我和他之间的联系。我想知道他是否在担心婴儿出生后他和我的关系可能会改变。）

我（回应我自己预感到的儿子的担忧）：“即使在小宝宝出生后，我们也仍然会彼此靠近。小宝宝在这里时，家里的情况会有所不同，但你和我一定还会有一起度过的专属于你的美好时光。”

儿子拥抱了我。

有时，孩子作品中潜在的含义会很难被确定。孩子的语言和非语言暗示（包括举止和行为）可以给你一些提示并指导你的回应。以下是我与我女儿关于她画的那幅"我们的家"的对话：

我（对女儿）："我注意到爸爸不在这张画中。你能不能再多给我讲讲这个？"（此处我刻意避免去问她"为什么"。如果我问："爸爸为什么不在画面里？"她也许就会觉得爸爸应该出现在画面中，然后她可能会试图"纠正"这一点。相反，我想知道她对爸爸缺席的看法。为了做到这一点，我只是做了观察，然后请她告诉我更多的信息。）

我女儿："他在上班。"

我："爸爸最近经常在上班，是不是？我也注意到了。"此时，我可以有多个回应选择。我可以：①等着看我女儿下一步的反应。②进一步探究，问她："你对这件事是怎么想的？"或者③假设她对爸爸不在家感到担心，于是向她保证，很快爸爸就不必经常加班了。我得到的线索不太多，所以我选择了第二种方法：进一步探究。

我："爸爸花了这么多时间去上班，你有什么感受？"

我女儿："我想爸爸。"

我（目的是通过认可女儿的体验来满足她的需求并让她相信这种情况是暂时的）："我也是。爸爸现在工作格外努力，在你的弟弟出生后，他就可以花很多时间和我们所有人待在一起了。"

儿童和青少年

试试这个有趣的活动

我们在看孩子的绘画时，首先要注意什么被画得最突出。画面中央位置是什么？画上了什么物体／省略了什么人物或物体／什么人或物体画得大？什么画得小？人或物体与画面上其他部分的人或物体的位置关系是什么？什么颜色是比较突出的？这些颜色与什么相关？所有这些都可能是你了解"对他们来说什么最重要"的线索。艺术创作的背景与你对孩子现有的了解可以为你提供更多关于艺术作品背后含义的觉察。

接下来，分享你对画面中那些突出部分的观察。虽然你可能已经对画面背后的含义有了预感，但暂时还是先把它们留给自己吧。首先要让孩子告诉你更多的信息。然后再回应孩子通过艺术创作所传达出来的需求、兴趣、担忧或感受。

如上面的例子所示，一张关于家庭成员关系的图画可能会带有明显的人际关系或情感方面的内容。但是，抽象画、烟熏黏土、外星人、海洋生物或童话公主的图画，也能传达出孩子对世界体验后的感受。在这些情况下，隐喻思维可以帮助我们将他们的创造性表达转化为我们能够理解的有意义的沟通交流。

艺术有隐喻的力量

我的一位青少年客户一周接着一周地工作，用黏土创建了小型动物的一家和他们的家园。她做了熊家族、松鼠家族、老鼠家族和鸟类家族。我们已经聊了其中的一些作品，但大部分还都没聊过。她通过自己的艺术作品表达了很多东西。她的每一个黏土动物家庭（它们的特征、需求和争斗）都与她自己家庭中的问题（这些问题导致了她的不愉快）有着相似的主题。她并没有刻意用这些小动物来"声明"自己的不愉快。直到我们的治疗接近尾声，她才意识到她的创作是多么有意义和个性化：一直以来，她都在通过隐喻来"谈论"自己和自己的世界。

图像并不总是在传达一些深刻的个人信息。有时，一个老鼠家庭只是一个老鼠家庭。或者有时，一个老鼠家庭反映了一个孩子最近接触过的书籍或电视节目中的一个主题。然而，题材的选择往往反映了创作者认为重要的主题（这个主题可能是关于情感的、人际关系的，或者个人成长的）。我的孩子最近在媒体上接触到了"酷"这个概念，于是开始痴迷忍者，但是什么是正义与邪恶的力量，还有关于努力、纪律和荣誉组成的世界远不止一个"酷"字概括得那么简单。忍者已经成为我家孩子探索情感主题（如恐惧和失败）、人际关系主题（如我家老大会以忍者的方式指导他的妹妹和弟弟）以及个人成长的主题（如谁掌握权力以及权力是如何被培养出来的）。

儿童是天生的隐喻制造者。在两岁之前，他们就开始注意到无关联物体之间的相似性了。一根棍子就可以是一把枪，一堆攀爬结构就可以是城堡。甚至，"安抚玩具"或"安抚毛毯"的基本原理也是当主要照顾者不在儿童身边时，儿童以此替代那位照顾者（她或他）来让自己获得安慰的物品。隐喻帮助孩子理解自己所处的世界，并让他们能够有安全感地去探索新奇的或困难的体验，因为这些体验本质上就是伪装成其他东西的。如同在游戏中一样，孩子们可以在艺术创作中控制自己的情绪和体验。比如，他们可以画出轰炸坏人的超级英雄，或者，在不喜欢或令他们感到恐惧的物体或人物形象上乱涂乱画。

想要理解儿童的隐喻表达，我们先要更多地了解我们在自己的生活中使用隐喻的频率有多高。虽然我们中的大多数人已经不再花过多的时间沉溺于充满隐喻的游戏和艺术的世界中了，但成年人也经常会用一件事与另一件事进行比较来解释自己还不容易描述的想法（例如"细菌就像小虫子"），或者，与别人交流自己难以解释的感受（例如"一颗破碎的心"），或者，更清晰地描绘情况（例如"我孩子的房间完全就是个灾区现场"）。同样，有人会给你看一张长着翅膀的时钟图片来代表时间在飞逝，或者一颗有裂缝的心来代表失去的爱，你也会更容易理解这些图像背后的含义。所以，你看，你已经知道如何使用隐喻的语言了。你要做的，就是在观察儿童的艺术活动时有意识地使用这些知识去回应可能隐藏着的意义，而不是只回应那些表面上的表达，就像下面这个故事中所呈现的那样。

我儿子在画一张非常精细的画，上面有一座带烟囱的房子。他加上了从烟囱里面冒出来的烟。突然，他妹妹抓起一支马克笔，在那张画上乱涂乱画起来。我儿子非常难过，这是可以理解的。当我安慰了儿子并转向女儿告诉她"不要画在别人的画上"时，我意识到女儿实际上是想做些什么了。她没有随意地在哥哥的整个画上乱涂乱画。她专门把烟囱里冒出来的烟涂掉了。这个举动的隐喻是：她把火扑灭了。

几天前，我们小区发生了一场小火灾。当时我的女儿和我在一起，我们看着烟雾从窗户冒出来。我打电话给911报了火警。我们的邻居打碎了灭火器外的玻璃。消防员赶到了。那次经历是令人难忘的。女儿一开始似乎没有受到影响，但后来她每天晚上都难以入睡。我曾经和她聊过关于那次火灾的事情。我安抚过女儿。不过，她还是忘不了那件事，她仍然每天晚上都难以入睡。现在，她一举控制了局势，熄灭了烟雾，象征性地扑灭了大火。我没有对女儿说"不要画在你哥哥的画上"，而是回应了她涂鸦的隐喻意义。"你都处理好了，是不是？你摆脱了那些烟。一切都过去了。"从那天之后，女儿在晚上就比较容易入睡了。

我女儿之前有好几次在她哥哥的画上乱涂乱画，要么是为了帮他上色，要么是想看看他的反应。这次也可能是同样的原因。但是，当我发现了这幅被乱涂的画上的特定的隐喻，同时我也了解最近困扰女儿的问题，那么她的乱涂就有了新的含义。通过接纳女儿的"捣乱"行为，我能够最大限度地满足她的需求。

我们要观察并倾听孩子创造性表达的主题。是不是和权力、控制、侵略、教育、家庭、友谊或学校有相关性，并且这些主题可能会在图像的隐喻中被表现出来。"兔子一家"可能代表着孩子的家庭；"战斗的场景"可能代表着一个孩子想要感觉自己更强大的欲望；"荒凉的星球"可能代表着孤独的感受。即使是一幅孩子最喜欢的卡通人物画，也可以透露出孩子的一些独特之处。毕竟，孩子在所有的卡通角色中选择了"那个角色"。"那个角色"对他来说意味着什么呢？你可以利用自己对隐喻的最初直觉与孩子共同探索和讨论隐喻背后的主题。无论是与儿童还是青少年交谈，下面这些简单的问题或基于特定主题的观察都可以打开隐藏在你眼前的孩子的世界。

- 探索孩子的感受：
  - ▲ 我想知道在这幅画中的动物、植物和人给你什么感觉呢？
  - ▲ 我想知道是什么让你对这些动物、植物和人有这样的感受？
  - ▲ 我想知道你在这幅画里想表达什么？

- 探索孩子与他人的关系：

  ▲ 你能告诉我一些关于这些动物、植物和人的事情吗？

  ▲ 我想知道画中的这些人是否认识？他们彼此友好还是不友好？我想知道他们正在做什么事情呢？

  ▲ 我注意到这个人物离其他人物比较远。你能不能告诉我他们之间的关系呢？

- 探索童年和成长的普遍主题：

  ▲ 我注意到那些家伙肌肉发达，而且背着很多东西。我想知道他们是力气大还是权力大？

  ▲ 我看到他们对他很照顾。

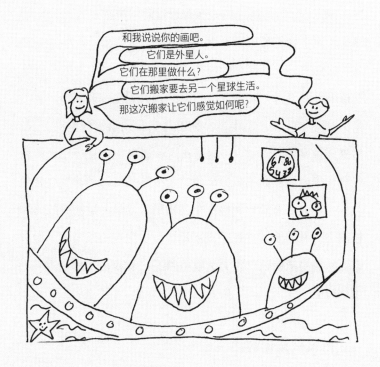

在探索隐喻时，没必要将艺术创作直接与孩子本人或真实情况进行比较。虽然你可以选择这样去问："你也有过这种感觉吗？"但是孩子们大多会通过隐喻来描述自己的生活体验，而不会将那个隐喻直接与自己的现实生活经验联系起来。比如之前"乱涂"的那个例子，当我女儿用她的马克笔划掉烟雾图案时，我完全不必说："前几天从邻居家窗户冒出来的烟雾很吓人，是不是？你不喜欢看到烟雾的画面。"虽然这样说并没有"错"，但是在这种情况下，直接用她的涂鸦语言来说话（而不是分享我这个成年人对这种涂鸦语言的理解）则会更有效。在她那个隐喻的世界里，她拥有权力和控制力。她需要留在那个世界里，至少现在是这样的。她只需要从我身上确认这种力量就可以了："你摆脱了那些烟。一切都过去了。"

试试视觉化对话

对艺术潜在意义的回应不一定总是要用语言来表达。一旦我们理解了艺术的语言，我们就可以选择用艺术来回应孩子的艺术。相比口头的评论来说，有些孩子可能会对完全视觉化的交流方式做出更积极的反应。如果话题特别敏感，如果孩子不想说话或者你们没聊几句对话就进行不下去了，那么你可以尝试一下使用完全视觉化的交流。

我儿子一觉醒来发现他那条名叫"萝拉"的金鱼死了，他很伤心，真的非常伤心。他主动为"萝拉"画了一幅画。他表现得非常安静，一副陷入沉思的样子。我猜他需要独自面对自己的感受，所以我当时什么也没说。儿子后来获得了一条新鱼，一条贝塔鱼（我听说这种鱼的寿命比较长，希望如此）。有一天，我发现他在画一条鱼，那条鱼的样子既像金鱼又像贝塔鱼。儿子将其称之为"混鱼"（见 P187 图）。"太好了！他正在处理'萝拉'死去的这件事。"我自己这样想。然后我注意到一条牙齿锋利、咧嘴大笑的鲨鱼游到了画面中。糟糕！死神在敲门。我儿子看起来是想知道这条"混鱼"是否会像"萝拉"那样遭遇同样的命运（贝塔鱼只活了4 天）。我坐在儿子旁边，一言不发，另外拿了一张纸，画了一个山洞（见 P188 图）。我写下"山洞"这两个字，又画了个箭头指向那个图案（以防我自己画得不够清楚）。然后我把这幅画放在了儿子的画的旁边，让"山洞"处于"混鱼"前进的道路上。我实际上无法保护他的"混鱼"不再遭遇"萝拉"的命运，但我可以传达我的意图：我会帮助他的鱼尽可能长时间地保持健康和存活。用艺术的语言来说，我通过山洞的图案（一个远离鲨鱼的、安全的避风港）表达了我的意愿。作为回应，他画了自己的山洞，还画上了门和钥匙孔。

"幸运的是，这条鱼有进入的钥匙，"他说，"这是个游戏。你必须猜他是会及时打开门还是会被吃掉。"

我冒险猜了一下："我想他会没事的。"

我儿子表示我猜对了："你答对了，妈妈，你赢了！"

図注：The mixed up fish（混鱼）

图注：用画回应孩子 Cave（山洞）

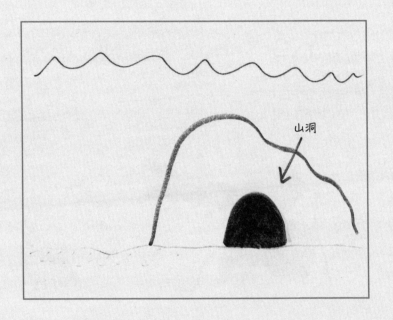

在这个例子中，我感觉到了孩子的需求（他想要确信他的新鱼不会死掉）并通过提供一个山洞来告诉孩子我明白了他的需求：我用山洞来让新鱼逃跑，避免成为鲨鱼的下一餐。我是怎么知道山洞是正确图案的呢？我并不知道。我问自己："这条鱼需要什么？"我想到的答案是："某个安全的地方"。我本可以想出一个效果相同的图案，比如有点腥味的能靠喷气推动器飞起来的背包或者一种可以战斗的武器。但我儿子当时的情绪似乎并不是去"战斗"或者"逃跑"。不仅是那条鱼，我儿子自己也需要一个避风港，好远离他那内心又巨大又长满锋利牙齿的情绪。我儿子"上钩"了（可以这么说），这个山洞果然让他如愿以偿了。在视觉沟通中，孩子有时会不愿意尝试与他人联结和沟通。这和语言沟通时的情况是类似的。有时，视觉沟通的内容可能完全就是"不想对话"这件事本身。正如下面的例子所展示的那样，针对"不想对话"这件事所进行的视觉沟通也是一种与孩子进行联结的捷径。

我的一位客户看起来明显地不安，但却不想谈论不安背后的原因。我给他画了一幅卡通画：从他的嘴里冒出了一个无文字的对话泡泡，然后我把画递给了他。他用随机的形状、井号、星号和感叹号来填充了那个对话泡泡。我又在纸上画了一个带有按钮和杠杆的"翻译机"递回给他。他画了一个电源插头从插座里拔出来的图案。我接着画了一个发电机。他把发电机改成了爆炸的样子。我们的沟通就这样持续了将近一个小时。他一直没有说出自己在想什么，但这无关紧要。我们进行了一次充分而富有成效的交谈，我表达了我想与他联结的愿望，而他获得了自己可以控制一切并且很有力量的感觉（也许这就是可以缓解他不安的东西。这是一次有趣的谈话。结束时，他的情绪得到了缓和。在这场对话里我们俩都没有说任何一句话、一个字。

回应或补充孩子的作品

下次，当你的孩子在画画或玩黏土时，你可以主动再拿出一张纸或一小块黏土，做一些对你孩子的艺术作品有回应或补充的东西。如果你的孩子正在捏一个茶壶，你可以捏一颗小小的、可以放入茶壶里的爱心；如果你的孩子在画动物，你可以画这些动物的食物；如果你的孩子正在画下雨的情景，你可以画一把伞。我们应该以一种有趣和主动的方式来进行这项活动。重点是要向孩子传达关心、陪伴或爱的信息。除非你被孩子邀请，否则不要在孩子的艺术作品上写写画画或改变他的艺术作品。你可以画在另外一张纸上。如果你愿意的话，也可以画好后把它剪下来，放在孩子艺术作品的上面或附近。

如果"主动地用艺术创作回应艺术创作"的想法让你感到自己像是鱼儿离开了水那样生疏和不适应的话，那么你可能会更喜欢通过结构化的游戏活动开始视觉化的交流。如果真是这样，那就从下面的活动里找些好玩的吧。

儿童和青少年

全家不说话一起画一幅画

家庭蓝图活动由先驱艺术治疗师海伦·兰德加滕设计并发表在 Family Art Psychotherapy（《家庭艺术心理治疗》）一书中。这是一项传统的艺术治疗活动，在家庭中实操性很强。它是一个可以让你在某段时间内专心去关注孩子的有效方法。具体做法是发起一场联合绘图的活动，由你和你的一个孩子或多个孩子（或整个家庭）共同参与。游戏的规则是要大家一起创造一幅画，唯一的要求是画画期间不能说话。当你们所有人都认为画好了，画就算完成了。在创作的时候，你可以留意你的孩子在纸上做了什么。他是直接上手就画还是画之前犹犹豫豫的？他是接受了你的暗示还是忽略了你画上去的东西？他是在你画的东西上加了颜色还是只在他自己画的部分里做了增加？想想你在这场视觉对话中的角色是什么。你扮演了一个支持性的角色吗？你在纸上提出了想法吗？你补充了孩子的想法吗？你完善了孩子画的形状吗？孩子的反应是怎样的？如果有多个兄弟姐妹参与，请留意他们在纸上的互动方式。他们在进行什么样的非语言对话？你在纸上如何回应他们间的互动？保持好奇，开心玩吧！

通往口头交谈的大门

我的一位青少年客户显然对参与治疗不感兴趣。一周又一周，他一来就瘫坐在我的沙发上，双臂交叉，闭上眼睛，戴着耳机听音乐。我说什么他都不愿意听，而且，他也要确保自己听不见。有一天，我随意拿出一些陶泥，开始照着他总是带在身上的那个便携式音乐播放器的样子捏出了一个小的模型。没过多久，他就开始悄悄地偷看我在做什么。接下来，他举起了那个音乐播放器，让我可以更好地看看它。最后，他和我一起坐在桌子旁，摘下了耳机，指出我应该捏出哪些细节。他帮我给那个陶泥小模型上色，而且，在画的时候，他畅谈起了自己对未来的期盼。

虽然艺术本身就是一种语言，但它也是通向"口头交谈"这种更传统的交流方式的有效途径。与他人交谈并不总是轻松容易的，特别是当话题涉及严肃的、私人的或情感的问题时。用艺术这种交流方法适用于每个人，不仅仅是孩子。交谈有时会让人感觉过于亲密。有些人会感到尴尬。我们可能会担心对方在想什么，或者，我们可能会全神贯注地想知道对方想听什么。虽然我们可能想要和对方联结，但我们同时也可能会感到自己太脆弱或太害怕以至于不愿意暴露自己。不过，当我们手里忙着做某事时，语言交谈就会变得容易得多了。

在上面的例子中，沟通的开启和联结有几个重要的步骤。对于他最开始的无视，我既没有对抗，也没有屈服。我当然可以坚持让他摘掉耳机，或者干脆完全放弃等着他自己回心转意，但我没有那样做。我尊重了他不说话的态度，同时继续尝试通过一种不那么危险的方式与他进行联结。这种方式就是：艺术。通过给他的便携式音乐播放器捏一个小的复制品，我以非语言的沟通方式表达了我认识到这个物体对他的重要性。很快，那个阻止我与他沟通的东西（音乐播放器）变成了让我们走到一起的东西。一旦他参与进艺术创作的过程中，他就能敞开心扉了。当然，这种敞开心扉可以归因于我赢得了他的信任，但当时还发生了其他的事情。揉捏陶泥和给陶泥上色的动作使他可以不设防地交谈。如果我们没有在做艺术创作，毫无疑问，我们俩会继续各自呆坐在沉默中。

制作艺术品可以让人们自由交谈的原因有多个。首先，当你创作艺术作品时，注意力既不在你身上，也不在别人身上，而是在你正在使用的材料上。专注于艺术创作，而不是看着另一个人（或地板），可以减少面对面交谈所带来的不适感。其次，以艺术创作为重心时，对话会变得更容易开始和结束，因为说话这件事对于艺术创作是次要的。再次，在进行艺术创作时陷入沉默比在语言交谈中沉默更容易让人接受，因为后者通常会让人感到尴尬。当我们觉得自己可以掌控自己在什么时间说以及说多少时，谈话就变得容易多了。

艺术不仅能增加人与人聊天时的舒适度，而且操作材料本身的物理体验也能让人们放松身体去与他人交谈。只要这项艺术制作活动不需要太多的注意力或技术上的专注力，那么其过程本身就可以让人们放松，从而开始思考。当另一个人在场时，这就很容易转变为大声分享自己想法的情景。那些基于过程的活动（例如无意识地玩黏土、画水彩画或涂鸦）可以让大脑在不需要完全专注或安静的情况下保持对活动的关注度。在我工作的时候，我会经常邀请客户把玩一个小小的陶泥球。在把玩陶泥球期间，他们会开始主动地分享自己的想法。重复性的活动（如制作友谊手镯、串珠或编织）也能提供类似的机会。一旦达到某种熟练的程度，交流活动就开始了。当双手忙碌的时候，大脑会四处游走，而此时如果出现了另一个人，那么对话就会被嵌入进活动中了。

如果你想和儿童或青少年聊一件他感到不能或不愿意聊的事，再或者你只是想创造一个机会来了解他脑子里大概在想什么，那么你可以试试从艺术创作入手：

- **发起一项活动**。邀请孩子和你一起进行艺术创作或制作手工，或者自己先开始动手做，看看是否能激发起他的兴趣。一旦活动开始进行了，就有意无意地分享一个想法或者问一个问题，看看它是否会引出对话。有的时候你根本不需要说什么。孩子很可能会在忙于手头的活动时主动地开始分享他自己的想法。

- **进行非判断性的观察**。对那些无须解释、假设或进行价值判断的事情，只观察事情的进程（无论是正面的还是负面的）。你的非判断性陈述会开启你们之间的对话，加强你们的联结，鼓励孩子的创造力并防止孩子对沟通交流产生抵制情绪。无须判断性的观察通常以"我看到"或"我注意到"这样的词语开头，然后是具体的、观察到的行动。例如：

建议这样做	不建议这样做
用"我看到"或"我注意到"开头对那些从实际情况中可以观察到的事物做非判断性的或中性的表达。 "我注意到你没有摸黏土。"	对观察到的行为做出判断性的、涉及正面或负面解释的、带有假设或价值判断的表达。 "你不想做这个活动吗？" 这样做会阻碍孩子的参与，给解决问题造成困难。
"我看见你正在画很多圆圈。"	"那些圆圈代表了什么？" "是 ＿＿＿ 吗？" 这种话表明艺术作品必须看起来"像"某种东西，只是自我表达是不够的。这对于发挥创造力来说是一种阻碍。
"我注意到这个角有很多颜色。"	"我喜欢这个，真漂亮。" 这样说会阻碍你们更深入地对话。如果你的那位小艺术家不同意你的观点，那么这样说会让他对自己的表现产生过分的期待和焦虑，或者和你沟通的联结断开。如果这种说法被过度使用，那么这也可能会被孩子认为是毫无意义的赞扬。
"我看到你把你的画撕了。"	"你毁了你美丽的艺术品！" 这是一个对艺术作品（它很美）及它正在发生的事情（它正在被破坏）的评判。因此，它可能会扼杀孩子的创造力、自我表达和沟通意愿，同时引发孩子对进一步交流的抵制。

- **表达出好奇**。有时，不带评判性的观察就足以引发孩子的回应。但在其他时候，你也许需要用"我想知道……"为开头的句子来表达自己的好奇才行。这是一种不具威胁性的询问，因为它并没有表示你已经得出了结论。例如：

建议这样说
"我想知道你下一步要做什么？" 这样说可以鼓励孩子独立做出决策并全身心投入。
"我想知道一开始你的计划是什么？" 这样说可以强化事前计划和解决问题的能力。
"我想知道你是否愿意试试？" 这样说可以鼓励参与、投入和创造性的冒险。
"我想知道你能否告诉我更多关于这件事的信息？" 这样说可以鼓励反思和对话。
"我想知道发生了什么？" 这样说可以教会孩子：应该先弄清楚事实，然后再梳理情绪。其次，这样做也可以鼓励孩子去解决问题和发展相对应的技能。与"我想知道你为什么生气？"或者"我想知道什么事情不对劲？"之类的表达不同，这种说法没有解读孩子的感受，也没有假设孩子出了什么错。
"我想知道是什么促使你决定这么去做的？" 这样问可以鼓励孩子自己反思整件事的发展。

- **防止权力斗争**。我们可以在用词上做简单的调整来帮助孩子更容易接受我们说的话。你可以使用"让我们""好吧"以及"你的计划是什么？"这样的词语来消除我们语言中的权力差异并鼓励合作。例如：

建议这样做	不建议这样做
"让我们现在就打扫吧。" "让我们"包括了双方并且没有威胁性。	"我希望你现在就打扫！" "我需要你现在就打扫！" "我希望你"和"我需要你"暗示了双方的权力有差异，这可能会招致孩子的抵触情绪。
背景：孩子已经说过了某项活动很无聊。 "我听说你觉得这个活动很无聊。那么，怎么才能让它对你更有意义一些呢？" 衔接词"那么"认可了孩子的感受。这种回应能鼓励孩子参与互动、发挥创造性思维、动手解决问题并与我们进行联结。	背景：孩子已经说过了某项活动很无聊。 "我听说你觉得这个活动很无聊，但是，你必须这样做。" 转折词"但是"否定了对方的观点并带有可能引发抵触情绪的专制色彩。此外，它没有鼓励孩子认识到自己有权决定是否要认真地参与活动这件事。
"你原来的计划是什么？" "是什么"（和"怎么样"）能引出更多的信息，因为以这些词开头的问题通常不能用简单的"是"或"否"来回答。 "你的计划是什么？"能鼓励孩子建立起积极参与、批判性思考、解决问题的联结。	"你为什么要这么做？！" "为什么"意味着不赞成，这可能会抑制创造性的表达并可能会引起焦虑、自我批评、怨恨或反抗。此外，儿童（或成人）往往不知道他们为什么要做某事。这个问题可能难以回答或导致虚假的回答。

- **接受孩子的沉默**。如果出于某种原因谈话很难进行下去，只需要在孩子进行艺术创作时（或你们俩都在进行艺术创作时）与孩子坐在一起，就能对建立你们之间的联结有所帮助。一位父亲曾经分享说，他从与我一起工作的过程中学到的最有用的事情是：尽管儿子对他发起的任何话题都没有做出回应，但儿子始终能听得到他的声音。"你说的话远远没有你们那种彼此联结的姿势重要，"我告诉他说，"你儿子的沉默并不一定意味着他想要你'停止说话'"。对这一点的理解鼓励了这位父亲，让他可以继续坚持下去。逐渐地，他的儿子开始与他分享自己的想法了。

重建失去的亲子联结

关系的破裂是不可避免的。我们曾经历过。这种破裂的原因，有时候是来自一次非常小的误会，有时候来自一次严重到全面爆发的喊叫比赛。当你年复一年为孩子做了无穷多的事情，然后听到孩子说"你从来没有为我做过任何事"时，你会感觉到关系的破裂；当一个你觉得年龄很小还不懂得"恨"的孩子说出了可怕的"我恨你"时，你也会感觉到关系的破裂；当孩子看到父母在发手机短信而没有认真听他说话的时候、当孩子明确感到自己被父母误解的时候，孩子有可能会体验到关系的破裂。关系的破裂情况可以被最小化，但无法完全避免。不过，当关系破裂发生时，我们是有能力积极地去修复它们的。

当我的大儿子和我产生了某种分歧或沟通上的误解时，艺术创作往往会让我们重归于好。主动发起艺术创作的人有时是我儿子，有时是我。在发生冲突后，我儿子可能会在一张纸上一遍又一遍地写"我恨你"，然后把那张纸交给我。他知道我不允许他对我大声喊叫。（"你可以感到愤怒，"我告诉他，"而且你不可以对我大喊大叫。"）不过，只要他愿意，他可以在纸上默默地对我大喊大叫，想喊多少次就可以喊多少次。把他的愤怒写在纸上的这种方式对我们俩来说都是可以容忍的。当他递给我时，我确实能感受到他的愤怒，而这通常就能使他自然而然地不再那么愤怒了。当我不加评判和指责地拿着那张纸时，我们的关系就开始被修复了。我蹲下来让自己和他一样高，然后我感谢他给了我那张纸。如果他同意的话，我会拥抱他，或者问他是否想说话。如果"裂缝"还是太大，使他不愿意和我交流的话，我会自己拿一张纸，在上面画一颗心，或写上"我爱你"，然后交给他。我们的联结被重新建立起来了。

凯西觉得自己与即将进入青春期的女儿很疏远。尽管她坚持说自己会时常表扬女儿，但面对无处不在的家庭不和，女儿无法接受母亲偶尔为之的、为了建立母女联结的尝试。我建议凯西去准备一个速写本，用它来画画和写字，每天记录她所看到的、女儿在当天做过的一些积极的事情。我建议，把"母亲想要与女儿联结"这件事用艺术创作来可视化，让女儿更容易"看到"母亲对建立母女联结的尝试。把女儿积极的行为写在纸上也可以帮助母亲更持久地注意到女儿身上的优点。凯西接受了我的建议，进行了尝试。尽管她的女儿最初不愿意看她的速写本，但凯西还是坚持每天去做。最终，她的女儿表现出了兴趣。她们的母女联结渐渐开始重建起来。

无论你觉得你们的亲子关系有多疏远，重建联结永远都来得及。有时，重建联结需要从待在同一个空间、从事同一项活动开始。

平行游戏的力量

如今，家人并肩坐在一起而彼此完全没有联结的场景并不罕见：一个人在付账、一个人在发手机短信、另一个人在上网。这不是一种家人彼此联结的场景。反之，如果我们用彩纸或珠子来代替账单和电子产品，我们就会看到一种非常不同的景象。即使家庭成员各自无声地创作着各自的艺术品，家人之间彼此联结的种子也会生根发芽。在 1997 年出版的《当我们画画时是怎样的》这本儿童读物中，作者鲁思·鲍恩斯坦写道："你想过来找我，是吗？但我今天需要一个人在一个安静的地方画画。真的吗？你也想画画吗？好吧！我想当我们画画的时候，我们可以在一起各画各的。"虽然"在一起各干各的"这件事本身是通向彼此联结的重要一步，但你们如何"在一起各干各的"则更为重要。

我女儿正在给一幅外太空场景的画涂色。我的儿子在画一只猎豹。我自己在涂鸦。我们都没有与其他人互动……但我们并没有脱离彼此。与那些全神贯注于电子产品或是忙于为购物支付账单的人不同，我们敏锐地意识到彼此的存在。我们共享材料。我们时不时扫一眼对方的作品。我们没有交谈，但我们随时可以交谈。虽然看起来可能不太像，但我们的确正在通过这种共享的体验进行着联结。这很像是发生在1岁半到两岁孩子之间的平行游戏。

在平行游戏中，幼儿在其他正在专心自己玩的孩子身边玩耍，但他们不会试图参与到彼此的游戏中去。因为这种玩耍是独自进行的，所以看起来孩子们之间并没有太多的社交活动。但真这么说的话那就大错特错了。孩子们非常留心那些和他们一起玩耍的孩子。他们互相观看和倾听，模仿他们看到的行为。这一时期的行为状态可能会引发一些成年人的焦虑，他们更希望引导自己的孩子与其他孩子进行更直接的互动。然而，这种"在一起各干各的"的经历是学习如何与他人相处的关键的一步。

虽然平行游戏通常发生在年龄很小的孩子身上，但这类互动的好处却适用于所有年龄及生长发育阶段。

几个正值青春期的女孩经常拒绝参加她们的艺术治疗小组。虽然她们的治疗师可以将这样的行为简单地视为挑衅，但她没有那样做。她认可了这种行为背后的需求：女孩们对"彼此建立联结"这个活动感到非常不舒服，甚至都不想迈入房间一步（更不用说去参与那些专门为她们准备的合作活动了）。帮助女孩们与他人建立友谊是不太容易的，而且，在她们所居住的集体宿舍中，信任也是一种珍贵的东西。掌握了这一点，艺术治疗师暂停了那些合作性的活动，转而回到了一些基础性的活动。她请女孩们为图画填色。这是一项需要很少的交互甚至都不需要交互的活动。女孩们充满热情地参加这项集体活动。她们待在一起，各自给各自的图画上色。这是发展彼此关系的第一块基石。随后，艺术治疗师逐步设置了一些要求女孩们共享材料的场景（例如，给她们提供数量有限的剪刀或胶棒）并鼓励女孩们互相展示自己创造的东西。她用这些方法来鼓励女孩们与他人进行更多的互动。最终，治疗师重新引入了那些需要直接交互的协作项目。通过整个过程，女孩们已经有能力建立起彼此的联结了。

无论你打算在与孩子发生冲突后做出补偿，还是你注意到几个孩子正在因想要独占同一个空间而争斗，或者你邀请你正值青春期的孩子和你一起做某事却迟迟未达成，你都可以运用平行游戏的方式来创造一个彼此联结的基础。

儿童和青少年

邀请孩子和你一起做手工

在家里安排一项你认为你的孩子可能会感兴趣的活动：涂色、串珠、制作卡片、或与节日相关的手工，使用一种新的或不寻常的材料，或者任何你能想到的活动。漫不经心地邀请你的孩子加入你的行列："我要做一些卡片。如果你也想做一些的话，这里有很多纸可以用。"然后自己开始做。即使你的孩子不加入，他也会留意你在做什么并会感觉到你渴望与他联结。也许你可以为你的孩子做些什么东西。如果你与孩子的隔阂较深，他也许需要很长时间才能加入你。坚持做下去吧！

艺术活动的同步性

早晨的稍晚些时候（我通常会在上班前挤出时间进行体育锻炼和淋浴），我 6 个月大的孩子正在愉快地咀嚼一些他不该吃的东西。我的大儿子刚刚开始放暑假。虽然他有很多可以自娱自乐的方法，但他想和我一起玩。他说："你从来都不和我一起玩！"尽管我知道这不是真的，但他的话还是击中了我的心。我既想满足儿子的需求也想满足我自己的需求。我知道，当他觉得与我有联结时，他会更快乐、更健康；我还知道，如果我现在不照顾好自己，我之后就会变得暴躁。（唉！而且，现在我的小宝宝正在嚼他不应该嚼的东西呢。）我们没有足够的时间去玩棋盘游戏、纸牌游戏或乐高玩具。"好吧，"我说，"拿出纸和马克笔。我会教你玩一个小游戏。"我向他解释游戏的规则："和'抓人'游戏的规则很像。你先来当'怪物'。你用你的马克笔在纸上追我的马克笔，试试能不能抓到我。"我们玩起来。我们的马克笔在纸上游走。不到十秒钟，他就抓到了我。我们交换角色，再玩一轮，一边玩一边笑。然后，我们在一张纸上玩"跟着老大走"的游戏。这一次我把马克笔移动得更慢了一些，以便他能跟上。他自发地修饰了我们最终完成的涂鸦，把它变成了一个傻乎乎的、正在微笑的人。他将其命名为"大泡泡的拥抱"（见下图）。

图注：大泡泡的拥抱

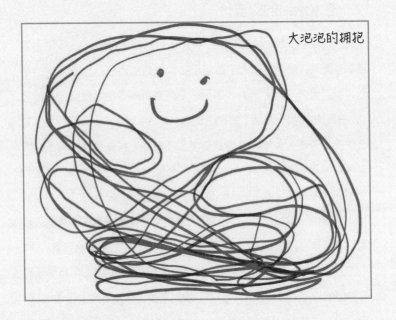

大泡泡的拥抱

这项简单的艺术活动只用了不到五分钟。在这短暂的时间里，我们不仅放声大笑了，而且还享受了在一起的时光，还最大限度地发挥了艺术能够帮助我们同步的能力。由此，我们再一次获得了母子联结。我们在纸上描绘了那天早上发生的真实情况：儿子试图在我来回跑的时候抓住我。通过在纸上匹配彼此的节奏和动作，我们的联结回到了其原本应该处于的重要位置上。看起来（根据儿子给涂鸦定的标题，以及，此后他在我锻炼的时候愿意陪他的小弟弟一起玩）这个简短的活动给他的感觉就像是一个大大的、令人满意的拥抱。

在生活中的许多领域，同步性被发现是与他人联结的重要组成部分。同步意味着我们要为了某个目的去匹配另一个人的行为。顾名思义，同步就是同时做相同的事情（镜像）或以类似的方式做出回应（回声）。例如，我们的大脑天生就会在潜意识中去镜像他人：我们会假设自己像对方那样摆出一样的姿势、发出一样的声音、做出一样的手势或面部表情，因为这有助于我们向对方学习及与对方绑定关系。我们可以从女服务员帮顾客下单这个具体的例子中看到"回声"的效果：如果她向顾客重复顾客的订单，她很可能会得到更多的小费。被"回声"的顾客不仅因为自己的意愿被理解而感到放心，而且他们还体验到了一种相同感，因此他们与服务员的关系会变得更融洽。同步除了能培养出对相似性和关联性的感知，还可以促进人与人之间的合作，而这可以通过团队完成任务的效率来衡量。同步是移情的一种形式。它就像是你发出了一些声音，而且被别人听到了。

虽然有很多方法可以与孩子一起体验共享活动（从家庭聚餐到一起玩游戏、打篮球或看书），但艺术创作为同步提供了独特的可能性。例如，研究表明，当人们在团体中唱歌时（即使是跑调），与他人联结的感觉和归属于集体的感觉就会产生。维克霍夫及其同事在2013年完成的一项研究表明，在唱歌时歌手们的心率甚至也可能会变为一致。此外，研究人员还发现，唱歌会释放催产素，这是哺乳期母亲体内释放出的一种与发展社交纽带及同理心有关的激素。与他人同步表演节奏的人会表现出更乐于助人、更富有同情心和更无私的行为。研究还发现，与伴侣跳舞时体验到的同步动作会促进信任感、喜爱感以及帮助他人的愿望。

有几种创造性活动可以最大限度地提高同步性以建立起彼此之间的联结。在治疗时或需要在课堂上与孩子们建立融洽关系时，这类活动通常会被用于破冰环节，因为它们需要参与者以一种有趣的方式相互调整，以建立和加强彼此间的联系。

追逐涂鸦游戏

你可以让孩子先画，然后你紧跟着他的笔迹画，速度由孩子决定。当孩子用笔在纸上"跑"起来的时候，你就用你的笔跟着他跑。这个活动的目的不是要"抓住"另一支笔。如果孩子停下来，你就停下来。当他再次启动时，你再开始在纸上跟着他的笔迹跑。然后，你们可以相互转换角色或邀请其他的兄弟姐妹一起来尝试。

儿童和青少年

互相模仿彼此的动作

你可以邀请一个孩子和你一起来玩这个新游戏。你们俩面对面站立，请孩子以他喜欢的任何方式做动作。游戏的目标是你要尽可能准确地模仿孩子的动作，就像你是他在镜子里的倒影那样。他可能会慢慢地做动作，这样你就能跟得上了。或者，他也可能把动作越做越快来挑战你。然后，你们可以相互转换角色或邀请其他的兄弟姐妹一起来尝试。

为了建立联结所做得同步活动不限于特殊的运动或艺术类的活动动。它可以在一天中的任何时间去做。

让你的身体说话

你可能已经注意到了，当你与孩子说话时，将身体降到与孩子同样的高度是多么有效。这样的做法降低了权力大小的差别，有助于让孩子感到更安全，同时也让他感觉到自己能看到、听到更多的东西。不过，不要止步于此。你要同时注意你们身体的其他部分在做什么。如果你自己的姿势是直立的、双臂交叉在胸前，而你孩子的姿势是懒散的、双臂松弛地垂在两侧，那么即使你跪了下来，你也可能无法建立与他的联结，无法传递你的同理心。如果他的肩膀是塌下来的，那么试着把你的肩膀也塌下来。这并不意味着如果你的孩子躺在地板上挥舞着胳膊和腿的话，你也必须要把自己扔到地板上做同样的动作。但是，如果孩子是坐在沙发上的，那么你就去坐在他旁边；如果孩子是躺在地板上的，那么你就去和他一起躺在那里（见下页图）。

图注：让你的身体说话

不要做：

试试这样做：

模仿孩子的语气

在语气上做细微的改变，让你说话的方式与孩子的情绪保持一致，这一点和你的身体姿势一样重要。语气是一种重要的沟通工具，它通常会比词句本身更"响亮"。当你想用"你真的想再要一块饼干，但这就是不行。"这句话来向你那沮丧的孩子表达你的同理心时，请不要用你点咖啡时用的那种正常的语气来表达。要带着一点情绪说出来。你的孩子很难过。你要在你的语调上模拟一点那种难过的感觉来与他联结，这样你才更有可能让他觉得你理解了他。请记住，嘲笑听起来与同步是不同的。当你试图模仿孩子带有情绪的语调但其实你却对孩子感到愤怒或沮丧时，那么很可能，你的话会在无意中听起来像是在嘲笑他。模仿孩子语气的重点不是为了"向孩子展示他的抱怨听起来多么可笑"。模仿孩子的语气是为了向他展示出你可以感受到他在那一刻的情绪。

这是为你做的

为孩子制作一些东西（或从孩子那里获得一件艺术品）是加强你们之间联结的另一种方式。听到"这是我为你做的"这句话很像是听到"我在想你"或"我很感激你"。为孩子做东西需要花费时间而且需要认真思考。即使是事后才想起来要送给对方，它也表明了接受者对给予者来说很重要。我们买给孩子的东西很多：他们喜欢的零食、他们需要的鞋子、他们想要的玩具。但是，专门为他们做点东西却是不一样的。即使那只是一根扭扭棒编成的魔杖、一张速写的图画或者一首改编的歌曲，都可以表明你花了时间和精力制作了一些向孩子传达"你对我来说很特别"的东西，而买来的玩具、零食和衣服却做不到这一点。

即使你不认为自己是一个艺术家，孩子们也常常会对大人用一小块黏土或一两根扭扭棒能做出什么而感到敬佩。当年幼的孩子们看到你能捏一口锅（你应该知道怎么做，用拇指按入一个黏土球，然后捏球的边缘，将其修饰成黏土锅），或者看到你把两根扭扭棒拧在一起做成一个糖果手杖时，他们会惊叹不已。大一点的孩子和青春期阶段的孩子可能会很珍惜一张手绘的、上面是一些愚蠢涂鸦的"只是因为……"卡。制作礼物不必非要"劳民伤财"，赠送礼物不必非要"郑重其事"。这两件事可以在任何时候进行，而不仅仅是作为冲突过后的一种道歉。很多情况下，我送给我的孩子们一件艺术作品的时候，就是我们一起创作艺术品的时候。当我递给他们我做的作品时，我会说"这是给你做的"。很多时候，我的孩子会把他们做的东西回赠给我，并且说："妈妈，这是我为你做的。"这种互动可以被翻译为："我爱你""我也爱你"。

你如何接受孩子送给你的艺术作品和你时不时地送给孩子你自己做的艺术作品是同样重要的。当孩子递给你礼物的时候，无论他说"我为你做了这个"还是说"给你，爸爸，我不想要这个了，给你吧。"我们都要抓住每一次可以加强我们与孩子联结的机会。当孩子的艺术作品伴随着一句突兀的"给你"被随意地（通常是这样）推向我们时，我们很难做到像接受一份包装精美的礼物那样去收下它。我们通常会回应孩子："谢谢宝贝，我会把它贴到冰箱上去。"这么说的时候，我们几乎不会停下手头正在做的事。虽然这样做似乎足够合理了（"谢谢"和"贴到冰箱上"似乎做得很周全了），但请想象一下这种情况：你送给某人一件自己做的手工礼物，对方回应说："谢谢，真不错。我确信我会用得上的。"但同时又心不在焉地把那个礼物放在一边，继续去做他自己刚才在做的事情。你说什么不重要，重要的是你怎么说。你要花些时间对你从这份礼物中实际观察到的东西做出具体的、非评判性的评论，比如，你可以说："你用了很多鲜艳的颜色来做这个。"这样做能自动减慢你的回应时间并帮助你的孩子感到自己被你看见和听见了。

当孩子递给你他做的艺术品时，你不必马上放下手头所有的事情去看。如果你正在做某事的话，你可以说："等一下。我现在正在做某事。我想在我能真正不分心的情况下再去看这个。"然后，继续做完成你正在做的事情（或者在某个合适的时间点暂停下来），然后，再集中全部注意力去关注孩子（见下图）。这也适用于看孩子跳新的舞步或听孩子唱刚学会的歌曲。当你接受孩子礼物的这一刻，要像你收到了一份包装精美的礼物一样去对待孩子。

图注：像接受礼物那样接受孩子的艺术作品

当你用给予孩子毫不分心的关注来表达爱和由衷的感激之情时，就相当于在强调孩子可以用他自己的方法去传播快乐。研究表明，给予能提升幸福感、促进身心健康和增强合作精神。此外，当我们对孩子送给我们的艺术作品表达感激之情时，我们也是在培养"适合社交的反应"以及"感恩的心态"这两方面为孩子树立榜样。感恩心态本身就能够让孩子拥有乐观精神、与他人亲近的感觉和一般的幸福感。当我们向孩子表示感谢时，孩子也就更有可能为他们自己生活中的事情向他人表示感谢。

让艺术活动成为家庭的情感纽带

　　我在为我母亲的"重要生日"制作生日横幅。我的孩子们在各自忙着自己的事情。我很清楚我想把那个横幅做成什么样子，并且，我知道自己一个人很快就可以做完。然后……"我们能帮忙吗？"孩子们一边尖叫一边跑过来抓住了胶水瓶。糟糕！"当然！"（我咬着牙说）。我原本没想让他们参与做横幅。现在，横幅肯定不会变成我想要的样子了。"我去把我的珠子拿过来！"我儿子大叫着，跑向他的房间去取。我女儿大喊："我能做些什么？"她的话提醒我什么才是真正重要的事情：是孩子的体验。他们就要一起工作了，他们就要与"比自己的事情更重要的事情"发生联结了。这些珠子、纸屑和胶水不仅仅是横幅的点缀，它们正在加强孩子们的社交纽带。我的心情放松了，我拥抱了这一刻。

　　帮助孩子建立与大家庭、朋友和社区之间的联结不仅可以让孩子在那一时刻感到快乐，而且对他们未来的身心健康来说也是非常重要的。与"社交隔离"相关的健康风险和吸烟或肥胖造成的健康风险一样大。从免疫功能下降到压力增加以及心理健康出现问题，孤独者的死亡风险比普通人高了30%。孤独感会对血压产生负面的影响，也会对身体中产生对抗病毒和细菌的白细胞产生负面的影响。相反，来自他人的支持会增强身体系统的功能，而归属感则能减轻抑郁症状。

对独自玩沙坑游戏的幼儿或沉迷于手机游戏的青少年来说，孤独似乎并没有直接引发疾病问题。然而，全美的调查结果显示，孤独是一种日益严重的流行病，18~22岁成年的年轻人所受到的影响是最大的。健康的家庭价值观或日常生活方式可以尽早帮助孩子参与有意义的社交活动。根据哈佛大学附属医院的医生、艺术与疗愈基金会主席杰里米·诺贝尔的说法，通过艺术创作讲述自己的故事，是一种可以与他人建立联结的简单方法。英国政府采取了一项创新的公共卫生战略，为参与者提供用艺术活动对抗孤独的"社会处方"。

通过挖掘艺术活动内在的协作性、表达性和丰富的意义性，我们可以帮助孩子感受自己与他人的联结以及自己受到他人的珍视，从而建立起一种可以持续一生的与他人联结的习惯。下面介绍一下我们应该怎样去做。

纪念家庭的重要时刻

当我的儿子即将从学前班毕业时，学校给每位家长发了一本很大的剪贴簿。我们的任务是制作一本"毕业书"，要把照片、孩子的艺术作品和我们想要放上去的所有东西黏在一起。在毕业典礼当天，这个剪贴簿将会被送给我们的孩子。然而，制作剪贴簿的过程也为家长们提供了一个机会，在这个苦乐参半的过渡阶段聚在一起，回顾我们不断长大的孩子以及他们和我们生命中一章的结束。这对我们和孩子们来说是同样重要的。

在不同的文化中，创造性的艺术作品大多被用来标记重大的事件，这是一种传统。你很可能早已经用它们来纪念自己家中的重要时刻了（无论是庆祝新生命的诞生还是哀悼亲人的逝去）。艺术作品可以帮助我们让特殊的人生时刻变得更加特别。它们可以成为传统的一部分，将我们自己与比我们自己更大的系统（家族历史、文化和祖先）联结起来。

你可以回想一下你家过去是如何用舞蹈、音乐、故事、照片、手工艺品或装饰品来纪念家庭事件的，然后考虑把其中的一些定为每年必做的传统。你还可以引入新的创造性的方法来标记你们生活中的里程碑。以下是一些想法：

生日时制作歌单

邀请你的孩子选出他们在过去一年里最喜欢的歌曲。在每人的生日或每年年初的时候制作一个新的歌单。

心理游戏

儿童和青少年

重要事件的速写本

准备一个新的速写本，你的孩子每年都可以在其中画一幅画或贴上一些什么来纪念生日、开学第一天、旅行或其他重要的事件。

睡衣舞会

在家里开启一个周日早晨开"睡衣舞会"的传统。

倒计时日历

为未来某个激动人心的活动或某个家庭成员的外出归家日设计并装饰一个倒计时的日历。可以把数字简单地写在便利贴上，然后让你的孩子做些装饰后贴在墙上。

儿童和青少年

缅怀海报

为逝去的亲人或宠物开辟用于怀念的区域或制作回忆海报。通过拼贴照片、信件、图画或其他备忘录的方式（也可以把这些放在你装饰好的小盒子里）来纪念逝去的家人或宠物。更简单的方法是，给孩子一块光滑的石头，让他们来做些装饰（砂纸打磨石头的效果很好，只需要确保提前用牛皮纸袋、报纸或其他覆盖物将操作台保护好即可）以纪念失去的亲人或宠物。可以让孩子将装饰好的石头放在院子里或者存放在家里特别的地方，以防脱色。

艺术游戏帮助孩子融入家庭之外的集体

我家搬到了一个新的城市，孩子们很兴奋地发现左邻右舍中住着好几个与他们年龄相仿的孩子。我家孩子渴望与那些小孩交朋友，他们也尝试着去做了。他们有时会被那些小孩纳入到他们原本的小组里一起玩……不过，很多时候，那些孩子都不带我家孩子玩。我想帮助我的孩子们融入这个新的社区，让他们不必每一次都和那些孩子进行协商。我在前院摆了一张小桌子，桌上放了很多用来涂色的纸及一大盒的马克笔和蜡笔。像蜜蜂遇到了花蜜一样，那些经常在我家院子外面玩耍的孩子们会走过来问我家孩子可不可以让他们也来涂色。我家孩子的回答是"可以"。我家孩子和那些孩子在涂色时相处得很好，并且之后也很享受彼此的陪伴，再后来他们就自然而然地一起去玩别的游戏了。好几个月之后，邻居的孩子们仍然会要求说："我们能像你家刚搬进来时那样再玩一次涂色游戏吗？"

艺术游戏能让人们为了一个共同的目标而聚集在一起，没有"派别"之分，没有正方反方，没有赢家输家。即使是在那些因犯罪和贫困而四分五裂的社区里，人们也会聚集在一起建造公园、绘制壁画或在唱诗班里唱歌。根据美国国家预防犯罪委员会的说法，艺术活动可以通过提高整个社区居民的归属感、幸福感、健康指数和自豪感，来减少冲突和犯罪。艺术活动是一种强有力的"黏合剂"。你可以去找找你的社区已经提供了哪些基于艺术的活动，比如在当地超市举行的涂色比赛、在人行道上举办的粉笔画节，或者，在节假日举办的大合唱。不过，你无需等待有组织的活动也可以帮助你的孩子通过艺术创作与他们的社区建立联结。以下是一些可以帮助你入门的点子：

心理游戏

儿童和青少年

制作一份艺术礼物

邀请你的孩子们制作卡片、设计书签、画一幅画或制作一些其他的表示感谢的东西，送给邮递员、垃圾车司机或社区中其他为你们提供有偿服务的人。

儿童和青少年

秘密的艺术活动

我的大儿子有一天自发地画了很多画。他把那些画放在他的自行车筐里，然后骑着车在我家附近扮演"邮递员"，偷偷地把那些画送到邻居家。他没有写明这些画是谁画的。他喜欢这样的想法：当人们从一个身份不明的发件人那里得到这些画时，他们会感到困惑、惊讶和喜悦。你可以邀请年龄大一点的儿童或青少年参加秘密的艺术活动：晚上在家附近散步，用粉笔在人行道上写下积极的信息，比如"你让某人快乐"。第二天早上，路人会发现这些信息的。

公园里的艺术活动

在家门外或公园里拿出一桶人行道粉笔。邀请其他孩子和你家的孩子一起装饰人行道、篮球场或其他建筑物的表面。你甚至可以想出一个统一的主题，例如"深海""外太空""友谊"或"让我感到快乐的事情"。鼓励你的孩子告诉其他孩子和家长与活动相关的信息："我们正在创造一个巨大的外太空场景！我们需要尽可能多的人来帮忙。你愿意帮忙吗？"年龄大一些的孩子可以为他们的主题（比如："请支持我们的学校：投票赞成措施 A!"）配上图片和文字说明，以此来找到艺术和意义之间的关联。

用艺术活动连接世界

有许多在线项目可以帮助儿童通过艺术活动与社区或世界各地的其他儿童进行联系。从"设计玩偶并将其邮寄到国外"到"亲自参加世界各地的艺术展",互联网上到处都可以找到能帮助你的孩子发展自己作为世界公民身份的活动。在孩子们开始上网寻找这些活动和组织之前,一定要和他们谈谈网络安全的问题,并检查他们所访问的网站是否合法。更简单的做法是,你可以帮助你的孩子与另一个州或国家的朋友建立艺术笔友的关系。首先让这个小笔友的家长加入,然后邀请你的孩子画一张画,以邮寄或电子邮件的方式发送给这个笔友,然后他将通过发回他自己的绘画作品来回应。

当孩子与他人联结遇到困难时

一名被诊断为自闭症的青少年想要与他人建立联结，但他却对此感到焦虑。他的大脑常常会陷入自己的想法之中，使得他的注意力很容易被分散。我们俩的工作是从户外开始的。我邀请他画出任何他感兴趣的东西。他选择了道边的排水沟。他只对那个排水沟看了一眼就开始动手画了。然后，他的视线就再也没有从纸上抬起来过。我鼓励他在画画的时候回头看看那个排水沟以便收集到更多的信息，我要求他与外部的世界保持联结。我想培养他进行双向互动的能力，而不是完全陷入自己的想法之中。比起与他人进行面对面的交流来说，让他关注排水沟是一种更轻松的开始。我要在他的地盘与他会面。随着时间的推移，通过这个办法，他保持对外部世界关注的能力逐渐增强了。有一天，他决定画我。他反复地看我以收集视觉信息，然后画出了他观察到的细节。这一过程是他与我及他身边的人们建立联结和沟通的关键性的一步。

在孩子的地盘与他们会面

孩子可能会因为各种原因而难以与他人联结。有些孩子可能会因为在社交环境中天生害羞或焦虑而难以与他人沟通，有些孩子可能会不适应环境的调整（比如与新的继父母或继兄弟姐妹住在一起），还有些孩子可能正在处理因童年受到创伤或发育迟缓而造成的严重损害（例如与学习障碍或自闭症谱系障碍有关的损害）。随着科技的普及和其带来的便利，这些孩子似乎更难与他人联结，因为他们可以躲入网络空间、聊天室、视频游戏或社交媒体中。

根据劳伦斯·科恩在他的《游戏力》一书中的说法，当孩子难以与他人建立联结时，父母需要坚持与孩子保持联结，但联结的条件由孩子来决定。如果你尝试联结的次数超过了孩子准备好要处理的次数，或者你尝试联结的方法是孩子不想要的联结类型，那么你们之间的距离可能反而会增加。你需要做的是：在孩子的地盘与他们汇合，然后，从那里开始。

我的一名高中生客户马上就要毕业了，但他对老师和校长的不满让他很难健康地与他们告别。他在学校惹了很多麻烦，他讨厌那些麻烦。随着毕业时间的临近，他开始表现出对将要离校的恐惧，他与学校工作人员的冲突越来越多了。坚持让他向老师和校长道歉是行不通的。他不明白为什么要这么做。于是，我建议由我来帮他制作一本个人年鉴。我们从他感到舒服的地方开始。我同意我们只放入他想放进去的内容。我们用建筑纸做了一本简单的书，然后用相机拍摄他在学校的日常。他为了这本年鉴忙碌了好几个星期。最终，他拍下了与他发生冲突的老师的照片，他甚至还和校长友好地合了影。当他忙于这件事情时，他处理了自己离别的情绪，并与那位他曾经多次与之发生过冲突的老师建立了沟通的桥梁。

突破电子产品的屏障

在孩子的地盘与他们沟通的另一种方式是通过能让他们感觉最舒适的媒介去接触他们。在本章最初的部分，我们探讨了儿童是天生的隐喻制造者；他们通过艺术活动和游戏的方式（而不是通过与人交谈）去学习知识并与世界进行更多的交流。孩子们非常熟悉的另一种交流方式是科技。这听起来似乎有些反常，但即使是那些被科技放大了孤独感的孩子，我们也可以通过"那一种"令他们保持与人隔离的"东西"来接触到他们。这种方法也许是最容易的方法。

乔纳森花在电子设备上的时间可能比他花在任何其他校外活动（包括睡觉）上的时间都要多。他的母亲曾经试图与他讨论关于责任的话题。她尝试过约儿子和她一起骑自行车，还尝试过对儿子发脾气，但是儿子都不感兴趣。在我与乔纳森的沟通中，我打印出了他最喜欢的电子游戏中的人物图片，并鼓励他将那些人物的故事画出来。随着时间的推移，我们融进了他个人生活的主题，将他那充满乐趣和冒险的科技世界与他在现实世界中遇到的困难慢慢地连接了起来。乔纳森的妈妈非常厌恶那些令儿子与她疏远的电子游戏。但是，我鼓励她对儿子的电子游戏表现出兴趣："你可以请教他关于那些游戏的事情。"我建议道："不要在他玩电子游戏的时候去洗衣服或给别人回电话，要坐在他的身边，为他加油鼓劲。你可以问问他是否也能让你试试去玩那个游戏。要把玩电子游戏变成一项你们俩可以共享的活动。"我继续解释说，虽然他玩电子游戏是因为他喜欢，但过度地玩是因为他需要远离担忧和烦恼，包括与母亲发生的冲突。如果他能感觉到更多的母子联结，他就不需要退缩得那么远，也不需要退缩得那么久了。事实上，在母亲对他玩的电子游戏表现出兴趣的日子里，乔纳森会更愿意关上游戏机并与母亲进行联结。

科技与育儿的关系是一个复杂的问题。一方面，当孩子使用电子设备时，我们自己的生活会变得轻松一些。他们要求的东西更少、与他人的争吵更少并且更加能够自娱自乐（而且，他们可能偶尔也会学到一些有用的东西）。然而，更多的科技应用也可能意味着孩子对家庭作业和家务的关注减少、冲动和攻击性增加、沟通能力下降以及自尊心和情商下降。因此，通过科技与孩子进行联结需要在爱孩子和限制孩子之间进行深思熟虑的平衡。为孩子制定明确的科技产品使用指南是很重要的（例如：在可以访问哪些内容以及可以在什么时间、什么地点使用电子设备方面对孩子加以"限制"），而同样重要的是要找到创造性的方式，在那个科技的世界里与孩子进行"爱"的沟通和联结。

在上面的例子中，乔纳森需要更一致的电子设备使用限制，但这还不够。为了不那么激烈地对抗限制，他还需要感到被理解。就像儿童艺术作品中的隐喻一样，视频图形和人物往往反映出有意义的主题，如权力、爱、冲突、团队合作或探索。与你的孩子一起找出这些主题的意义会让你窥见他的内心生活。其结果是，他可能会开始感觉到更多地被理解以及更多的亲子联结。

儿童和青少年

画出电子游戏中的人物

留意你家的幼儿或青少年在玩电子游戏时常常选择什么样的角色。认真研究这些动画图像，就好像它们是由你孩子自己创造出来的。对你看到的主题也表现出好奇："哪一个是领头人？成为领头人是什么感觉？"或者："所以，这个角色必须完全独立完成任务吗？他的感觉如何呢？"认真倾听那些可能与孩子自身生活有关的游戏人物的故事。这可能正是一场有趣对话的开始。

与其他有创造力的媒介一样，科技也是多功能的。除了对孩子们的电子游戏、社交媒体账号或其他在线活动表现出兴趣外，创造性地使用科技还可以将一个被孤立的孩子与周围的人联结起来。即使是我们之中那些被认为不太懂科技的人，也可以从科技的可及性以及它吸引孩子兴趣的能力中受益。

在第三个孩子出生后，尽管我尽了最大的努力去与两个大孩子沟通，但他们还是会很自然地感到被疏远、被冷落和被忽视。我试着让他们离开我，自己去玩。我试着在和他们玩棋盘游戏的同时兼顾给老三喂奶。我感到崩溃和不知所措，感到自己在被孩子们向不同的方向拉扯。有一天，当我感到自己就快要扛不住了的时候，我突然想到了一个有创意的点子："嘿，你们想记录我是怎么照顾老三的吗？"当我把手机递给他们，请他们给我拍照时，他们立刻觉得自己重要了起来，而且觉得自己掌控了局面。连续好几个月，他们都持续不断地热衷于艺术化地记录老三尿布上的变化以及我如何给老三喂奶和拍奶嗝，等等。

在上述情形中，我手机上方便的摄像头功能在紧要关头充当了一个有效的、创造性的工具。我的大孩子们所需要的不仅仅是用一项活动来让他们有事情做。新生儿侵占了我很多的时间和精力，他们不仅想引起我对他们的注意，而且还需要感觉到他们自己对我来说很重要。负责记录我的育儿实况以及获得允许使用我的手机去做这种记录满足了这一双重的需求。我将更多的方法列在下面，让你能在儿童和青少年特别难以被接近时使用科技与他们联结：

根据感受选择表情包

　　表情包不能代替真实的情绪表达、同理心表达或冲突的解决。然而，年轻人却会觉得你发送的那些小笑脸和其他图标与这些事情是有关的。你可以试着使用表情包图片来帮助孩子与他人接触并表达情绪。如果一个孩子情绪低落，不愿意说话，你可以在你的手机上调出一个表情包菜单，邀请他点击一个可以代表他感受的表情符号。然后告诉孩子，你非常想知道如果他要把那个表情符号发给别人的话，他可能会给那张图片配上哪些词语。想要更有创意一些吗？你可以帮助大一点的孩子以他们喜欢的或可能与他们相关的表情包为灵感去设计 T 恤、帽子或笔记本的封面，还可以同时加上一句话或名人名言。如果孩子的年龄比较小，你可以制作一个受表情包启发的面具或木偶。如果孩子拒绝了，你可以自己去尝试一下，然后和他分享你所做的物品，邀请他提出建议。请孩子给那个面具或木偶起个名字，并告诉你它在说什么。木偶和面具的使用可以为儿童提供一种舒适的方式，让他能与成年人交流他们的想法和感受。

儿童和青少年

拍张照片，然后聊一聊上面的内容

鼓励你的孩子拍摄对他们来说很重要的人、宠物、物体和环境的照片。如上面的示例中所描述的那样，拍照可以帮助孩子在难以与他人联结的时候（或者当他们不想让别人知道他们想与对方联结的时候）与他人互动。相机能给孩子们提供一种距离感和对互动的控制感，同时也具有引发进一步对话和交流的潜能。你可以询问孩子是否可以让你看看他们拍摄的照片，或者在流行的照片共享社交媒体应用上去关注孩子。你可以询问孩子在他拍摄或发布的照片中最喜欢哪一张以及他会给那张照片起什么标题。艺术治疗师罗伯特·沃尔夫曾提供了额外的摄影练习，让客户实现情感的自我表达和社交联结。

学会使用艺术类应用程序

　　网上有很多培养创造力的在线应用程序。你可以通过邀请孩子和你一起玩网上的艺术应用来缩小你们之间的差距。甚至还有一些应用程序可以将你的作品变得更为生动。我的一位同事分享说，她那即将进入青春期的女儿用某个艺术类的应用程序做了一套她自己和母亲的头像。孩子给母亲的头像配上了傻乎乎的声音，生动地表现出了母亲的唠叨。这不仅很幽默，而且还带来了一个重要的动态，即：那个孩子无法只通过口头交谈来表达自己。这种创造画像并分享给他人的方式，让母亲和女儿都感到更舒适了一些。

成为虚拟"偶像"

孩子们可能不想向你敞开心扉，但他们可能愿意与数百万虚拟在线的观众交谈。你们可以玩一个虚拟的游戏，你是一位制作人而你的孩子是一位"偶像"。邀请你的孩子为他的虚拟频道起一个名字。使用手机上的视频功能拍摄孩子面对他的"粉丝观众"谈论某些温和的话题，例如"我生日的时候想要得到什么礼物"。拍摄中，你还可以插入更多的私人话题，例如"你正在努力解决的问题是什么以及你将如何解决它"。你可以通过提示来让孩子更多地参与其中，比如："我猜想你的观众会很想知道你不得不去克服某种困难的故事。我打赌这个故事会对所有正在处理类似事情的其他孩子有所帮助。"

虽然有很多方法可以通过在家里进行艺术活动来与孩子们联结，不过，有时，向值得信赖的专业人士寻求支持也是很有用的（甚至是必要的）。如果你经常感到与孩子无法联结，如果你的孩子很难交到朋友，如果兄弟姐妹之间的竞争变成了兄弟姐妹之间的霸凌，或者，你的孩子经常使用科技和网络逃离现实的世界，那么你可能需要去寻求训练有素的治疗师的帮助了。

1
少说、多画、
多舞、多唱

2

3

那些把家弄得
一团糟的艺术活动

不要与孩子
"熬过一天"

4

艺术活动，建立更
牢固的亲子关系

5

6

养育出
快乐的孩子

7

用艺术培养出
学业成功的孩子

认识你身体
里的艺术家

"我不知道发生了什么事，"我对因为心情不好而向我发火的儿子说，"但我很确定这与我没有任何关系。你为什么不去把它画出来呢？"让我感到有点儿惊讶的是，他竟然接受了这个建议。他走到书桌前开始画画，画了一页又一页。开始只是胡乱地画，然后他画了悲伤的脸，最后他画了外星人、公主和海洋生物。他的精力已经转移了。愤怒的浪潮已经过去了。

我始终没有弄明白当时是什么事情让我儿子感到难过。我甚至也不认为他知道自己因为什么而生气。但是通过艺术创作，他能够用自己的那些感觉做一些事情。他把愤怒转向了纸，而不是我。他愤怒的涂鸦和能量的释放为他内心深处的悲伤提供了更温柔的出口。用5岁孩子的方式画出悲伤的脸，让我的儿子明白了他自己的感受，同时也将那个感受与他本人分开了。在这个简单的过程中，他应对了自己的感受，并体验到了足够的解脱，放松地进入到一个更有趣的外星人和公主的世界。

艺术活动会在很多方面帮助我们感觉更好。它可以帮助我们放松。对37项研究的汇总表明：制作艺术品、听音乐和跳舞对压力的管理和预防是有效的。对艺术活动的积极参与会占据大脑中很大的部分，以至于其中关于压力的空间会被挤掉。艺术活动可以为强烈的情绪提供一个安全的出口。当我们感受到强烈的情绪时，揉黏土、涂鸦或击鼓等体验可以帮助我们释放体内的能量。总而言之，艺术活动为我们提供了一个特殊的场所，让我们可以在那里做出选择并且感觉自己可以控制那些原本可能会失控的事情。当我们完成了一些让我们感到自豪的、有创造力的作品时，它们会让我们对自己感觉良好。它们还为我们提供了一种新的语言，用来表达可能难以用语言表达的体验和经历。因为孩子们主要是通过感官和亲身体验（而不是通过交谈和倾听）来理解世界的，所以当孩子们处于混乱之中时，艺术活动可以成为他们的"救生衣"。

这些艺术活动不仅有助于孩子们感觉更好，而且有助于培养孩子的情商或者理解情绪和管理情绪的能力。例如，艺术活动能帮助孩子学习如何识别自己和他人的感受。当孩子们描述绘画作品中呈现出的情感或者他们被某段音乐唤起的情感时，他们就学会了如何识别自己和艺术家内心的情绪。这有助于培养孩子的同理心。艺术活动还通过给孩子们一些他们可以看到甚至可以操控的东西来帮助他们更真实地思考自己的情绪问题。这些能力至关重要。许多研究人员认为，情商的提升会提高工作绩效、社交质量和领导力。艺术活动可以帮助我们通过以上这些以及其他更多的方式去培养情绪健康、处事灵活和幸福快乐的孩子。让我们来详细了解一下吧。

容忍具有挑战性的情绪

平的孙女还不到两岁。有一天，平抱着孙女坐在摇椅上。孙女一边踢着双腿一边大声地尖叫。平感到自己极度的疲惫和伤心。她抱着孙女，就像抱着一只又大又不情愿被抱着的猫。孙女一直在号啕大哭、乱踢乱打、扭来扭去，丝毫没有要舒缓的迹象，更不用说睡觉了。再多的摇晃、安慰、轻轻拍打或让她在平的腿上弹跳都没有产生任何效果。最后，平即兴创作了一段旋律，开始演唱她们在那一天一起经历过的所有事情（想象一下：假装在唱歌剧）。这首歌吸引了孙女的注意力。她立即停止了哭泣，专心地倾听起来，然后就睡着了。在这种情况下，歌曲使人们能够将注意力集中在白天发生的积极的事情上，这是一种情绪应对工具。向孩子传授调整情绪的工具永远都不会为时过早。

我走进儿子的房间向他道晚安。他躺在床上，身体紧绷，呼吸急促。他握着拳，咬着牙。他没有按要求打扫房间，所以他失去了一种特权。他生我的气，也生他自己的气。当然，他也很生他的妹妹和弟弟的气。每个人都讨厌他。他恨所有的人。他的情绪非常非常糟糕。

我开始唱一首充满爱意的歌《小星星》。我边唱边改编歌词："请你好好待自己。情绪就像海浪起。你现在感觉很糟糕,糟糕的感觉会跑掉。"他开始放松自己的身体。"有时人类会难过。难过原因有很多。不管你有多生气,我们始终都爱你。"他的呼吸变慢了,变长了。"你刚才忘了冲马桶,"(他现在笑了,因为我说了"马桶"这两个字)"擦完鼻涕纸乱扔。每种情绪都会飞走,请你一定要记心中。"他现在很放松了。事实上,他的坏情绪已经飞走了。"谢谢你,妈妈。"他笑了。

当孩子脾气暴躁、喜怒无常、浑不讲理或倔强固执时,家里的每个人都很难接受。然而,为了给未来和成长做好准备,孩子们需要体验和走出他们的情绪。尽管大多数人会信誓旦旦地说他们想要培养快乐的孩子,但他们实际上可能更想要培养情绪健康的孩子。情绪健康并不意味着每时每刻都快乐。

当我们培养孩子的目标是让他快乐时,我们可能会去鼓励不健康的情绪习惯,比如否定或压抑不那么快乐的情绪。《养育高情商的孩子》一书的作者约翰·戈特曼指出,即使是最难容忍的情绪,如嫉妒或恐惧,也是孩子更好地理解自己和"长大成人"的机会。它们会促使我们去关注重要的时刻并评估我们的体验。具有挑战性的情绪是生活的一部分，所以我们不妨欢迎它们进入我们的家，而不是将它们拒之门外。

与令人讨厌的客人一样，那些不受欢迎的情绪可能会不断地"敲门"，直到它们被承认并且它们的需求得到满足为止。实际上，忽视负面情绪可能会增加压力和导致健康问题，这就是为什么以写作方式去表达负面情绪也会对健康产生积极影响的原因。养育情绪健康的孩子意味着当这些负面情绪来访时，通过工具让孩子安全地体验所有的感受。如果我们能够这样做，那么我们的孩子长大后大概率会常常感到快乐和满足，但也许更重要的是，他们能顽强而坚韧地度过他们生活中的艰难时期。

正如古老的谚语所的说，需求是发明之母。最需要我们创新的时刻就是那些孩子们表达强烈情绪（即：行为失控、发脾气、发牢骚、挑衅或生闷气）的时刻。那些情绪不仅对孩子而且对父母来说都是重要的成长机会。这正是我们要去实验用创造性的方法帮助孩子忍受不断"敲门"的负面情绪的时刻。毕竟孩子们不会说："嗨，爸爸，当你说'该睡觉了'的时候，我跺脚、交叉双臂的原因是因为我在房间里感到很孤独。我想你。但感到孤独和害怕会让我觉得自己太脆弱了。所以，愤怒会帮助我摆脱困境。它会让我感觉自己更加有控制力和更加有力量。愤怒似乎也会让我有更多的时间和你在一起，因为你会跟我交谈我的行为。"不，孩子们不会这样说，他们只会在房子里跺着脚转圈。

当情绪来敲门

想象一下：你刚刚回到家。你要准备晚餐并且让孩子们去做各自的家庭作业。你期待着稍后可以看你最喜欢的电视节目。你还需要给一些人回电话。你刚把一大堆衣服扔进洗衣机就听到有人在敲你家的大门。咚，咚，咚！是谁在这个你如此不方便待客的时候敲门呢？咚，咚，咚！敲了又敲，没完没了地敲。这真不是个来访的好时候。砰，砰，砰！你凝视窗外。敲门的是你愤怒的邻居，是你需要情感帮助的表亲，或者，是一个烦人的推销员。无论是谁，你都不希望这个人在你感觉良好的时候出现在这里，更不要说现在了。深呼吸，做好创造性思考的准备吧。

为了解决孩子的负面情绪，你可以想象自己正在家门口与一个不受欢迎的客人打交道。如果我们能够将那种情绪重新想象成访客，那么他们离开之前所作的短暂停留就显得微不足道了，我们甚至可能会感觉不到他们的存在。这个隐喻给了我们一些可以动手处理的有形的东西。理解和处理既看不见也摸不着的情绪是很难的，而把它们想象成不受欢迎的客人就容易多了。

想要理解孩子通过负面情绪表达了什么潜在需求，我们就需要与孩子合作去认识他们的情绪访客。在这些访客带着报复之心去而复返（负面情绪和不受欢迎的客人往往会那样做的）之前，我们要弄清楚他们需要什么。你可以尝试以下这些创造性的策略：

儿童和青少年

让负面情绪成为我们的客人

与其说："你为什么这么生气？"不如尝试一种非评判性的心理观察和询问方式："我注意到门被'砰'的一声撞上了，还看到书被扔得到处都是。我想知道'生气'先生是不是来找你了？我感到好奇，他想要什么呢？"这是在用"暂时"的角度来看待情绪，认为情绪只是短暂的拜访。这也将孩子与他自己的情绪分开了，让他不会过度认同这些情绪（我们本人不等于我们的情绪，我们只是在体验它们）。此外，这还有助于孩子说出自己的情绪，从而使大脑的情绪中心平静下来并刺激控制思想、情绪和行为的部分。这样做可以使孩子更容易理解和处理自己的情绪。

将"情绪访客"画出来

邀请你的孩子用纸和笔或在他的脑海中画一张来访者的图像。通过好奇式的提问帮助孩子做出想象:"它看起来像是什么人或什么东西吗? 它是什么颜色的呢? 它有多大? 它看起来是吓人的还是友好的?"你也可以选择在孩子描述时自己动手来画。对于青少年来说,也可以使用浏览器的图片搜索功能去找出"愤怒的动物"或只是"愤怒"的图片,然后满怀好奇心地问:"那么,如果你的愤怒是一张图片,它看起来和这些图片中的哪张更像呢?"(见下页图)

儿童和青少年

认识并了解 "情绪访客"

让孩子给访客赋予人性化的特征。这种做法提供了一种舒适的方式让孩子揭示他们内心深处的想法和担忧："它吃什么或喝什么吗？它住在哪里？它穿什么衣服？它和谁或什么东西在一起？它与谁有亲戚关系？它住的房间里还有什么东西？它喜欢做什么？它不喜欢做什么？"答案可以是直白的（例如，因为吃了凉鸡蛋和融化的冰淇淋而失望），也可以是比喻的（例如：因为吃了自己说的话或者吃了喷气燃料和火柴而愤怒）。对问题的回答没有对错之分，越古怪越好。你可以帮助那些自己还不会写字和画画的孩子，或者那些只有大声说话才能让思想更自由流动的孩子，把他们说的内容画下来，写下来。青少年也可能会更喜欢由他们自己来提出问题。

图注：将"来访者"视觉化（"沮
丧先生来拜访我。"）

现在是早晨 4:55

弄清楚 "情绪访客" 的需求

对孩子说 "你累了" (即使你知道这是真的) 只会得到一句: "不, 我不累!" 你可以请孩子去问他自己的情绪需要是什么: "如果你问 '生气' 先生现在需要什么的话, 他会怎么说呢?" 或者 "他想说些什么呢?" 或者 "他想让你说些什么呢?" 你也可以用幽默的方式来问: "他是来把我所有的脏衣服都吃掉的吗? 他是来偷巧克力蛋糕的吗? 都不是吗? ……你觉得他在这里想要做什么呢? 我们能想想办法帮帮他吗?"

给"情绪访客"一封感谢信

一旦你们两人都对哪种情绪正在拜访孩子以及为什么会来拜访孩子产生了直觉，你们就可以用善意来更好地对待那种情绪了。这是给孩子的一个机会，让他可以告诉那个"来访者"她自己想说些什么。你们可以一起试着给来访的情绪写一张纸条，确认：

①它想要做什么？

②你和孩子都能理解它想提供帮助。

③可能有其他更好的方法用来解决这个问题。

例如："亲爱的'嫉妒'女士，谢谢你让我知道我是多么怀念我妹妹出生前的时光。我知道，当你认为我应该把奶嘴藏起来的时候，你只是想帮助我。但是，我不想这样做。我会直接问问爸爸，我们俩是否可以一起度过一些特别的时光。不管怎样，还是要谢谢你。"如果你的孩子是青少年，那么你可以在他同意的情况下给他的情绪写一封信。例如："亲爱的'生气'先生，我知道你今天真的很想让杰西卡和她的朋友们出去玩。你甚至可以保护她，让她不会因为错过这次外出而感到太难过。谢谢你努力帮她出去。我希望你能退后一步，让杰西卡有机会平静地和我们谈谈。爱你，杰西卡的爸爸。"

图注：写给某种情绪的感谢信

亲爱的"悲伤"，

　　谢谢你来看我。你帮助我跑开，藏起来不让我的妹妹找到。我现在没事了。你可以离开了。谢谢你在我需要的时候陪着我。

　　　　　　　　　　　　　　爱你，C.

亲爱的C.，

　　谢谢你给我写信。你需要我的时候我一定会陪着你的。很高兴你现在感觉好些了。

　　　　　　　　　　　　　　爱你，悲伤。

对抗激烈的情绪

将不受欢迎的"访客"请进家门并不意味着允许他为所欲为。"访客"也需要接受明确的限制。你可以这样告诉孩子:"你可以感受愤怒,但你不可以摔门。这不安全。"你还可以教孩子去对抗他们自己的情绪。你可以邀请孩子画出一种可以帮助他对抗那种负面情绪的情绪(可以画成动物也可以画成人)。你可以在那个情绪图像的旁边加上一个"对话气泡",然后问孩子:"它会对'生气'先生说些什么呢?"孩子的回答也许会是:"它说'谢谢,但我选择不听你的建议'。"青少年也许会在对话气泡中写下:"嘿,'失望',我不会让你毁了我的周末。我会和我最好的朋友一起制订计划!"如果孩子还不会写字,你可以帮他画出他的回答。

儿童和青少年

在情绪释放后反思

如果你的孩子处于激烈的情绪中，对有趣、有创意的方法不能做出响应的话，那么你可以在当天之后的某个时刻漫不经心地提起这件事。例如：还记得今天早晨"生气"先生来拜访你的时候我们想不出它想要的东西是什么吗？然后我们发现原来你是想在离开家去上学之前读完那本书的那一章，而"生气"先生告诉我们，它觉得"不让你读完"这件事是不公平的。你觉得是什么事情帮助了"生气"先生，让他感觉好些了呢？如果你的孩子已经是青少年了，你可以漫不经心地说："嘿，你有没有想过自己今天早上为什么会在上学前生气呢？是什么帮助了你呢？"

当然，有时无论你采取了什么样的措施也无法安抚一位难缠的"客人"。正如你将在下一节中看到的，有时孩子们的状态不好只是因为他们在这一点上的认知飞跃了。不要为了分析孩子的行为而让自己发疯。你不一定总能准确地指出问题，更不用说解决它了。在这些时候，我们必须接受那位不被欢迎的"客人"，并为它提供一个舒适的地方和安全的边界，直到它准备好自行离开为止。你可以请孩子画出当这种情绪来访时，他需要什么东西才能感到自在一些。也许是一个舒适的休息场所，也许是一个拥抱。当我们以这种方式容忍孩子的激烈情绪时，他们也将同时学会容忍自己激烈的情绪。

成长的烦恼

每年春天，我的孩子总要经历几次情绪崩溃。头一天，他们还是平静而快乐的孩子，而第二天，嘭！他们变身成了爱挑剔、爱发牢骚和爱钻牛角尖的孩子。每年，大约都是在那个时候，我总会不

知所措地摇头："这是怎么回事啊?！是因为月亮圆了吗?¹他们是不
是要组团和我一较高下呢?"然后，我想起来了："啊，是的，现在
正是不平衡的时间。"由于我几个孩子的生日日期很接近，所以他们
每年都会在同一时间段进入新的发育阶段。

　　社交功能和情绪功能的发育不是一个稳步前进的过程，
而是一个先向前一步再退后两步，之后迎来一个巨大飞跃的
过程。路易丝·贝茨·埃姆斯在其开创性的儿童发展系列书
籍/《你的 N 岁孩子》中指出，虽然这些进进退退的脚步以
及飞跃发生的时间点因人而异，但在儿童期却有着惊人的一
致性。从出生到 5 岁，孩子在每个整岁时间（2 岁、3 岁、4
岁和 5 岁）的特点都是自信心强、情绪轻松和行为较平静。
在专家们所说的这些"平衡时期"里，对父母来说，孩子们
是比较容易养育的。另一方面，孩子在每个半岁时间（1 岁
半、2 岁半、3 岁半、4 岁半和 5 岁半）的特点都是不平衡的，
他们表现得更为敏感、固执、不安、紧张和焦虑（这通常
等同于较为不良的行为）。5 岁半之后，平衡年龄时间大多
是 6 岁半、8 岁和 10 岁，失衡年龄时间大多是 7 岁、9 岁和

11 岁左右。

"失衡时期"是儿童学习新技能和实现认知飞跃的快速成长和变化的时期。他们不是靠已经掌握了的技能在生活的长河中畅游，而是在新的发育任务中努力保持漂浮。他们对事物的理解更多了，但他们的情绪功能还承受不了；他们想做的事情更多了，但他们的生理发育还实现不了；他们在学习公平和不公平；他们的想象力在爆发，让他们相信自己的确应该担心床下有怪物或者壁橱里有老鼠（就像我儿子的情况一样）。毫无疑问，对孩子们来说，度过这些"失衡时期"是有些不容易的。成长本身就不是一件容易的事情。

由于儿童在"失衡时期"通常会感到不满，因此我们可能更难确定他们情绪表达背后的具体需求是什么。好消息是，你不必非要弄清楚孩子为什么不高兴之后才能帮助他处理情绪。在这些时候，轻松的活动、舒适的"避难所"或转移能量的身体运动都会对孩子有所帮助。

儿童和青少年

放松一下

有些创造性的活动具有放松的效果。绘画、涂鸦、涂色、玩黏土、针织或钩编都可以帮助孩子放松。你可以尝试将其中任意一个与舒缓或欢快的音乐搭配起来进行。在本章稍后的"帮孩子减压"一节中，我们将更加深入地探讨那些能帮助儿童放松的活动。

与大自然联结

　　研究表明，与大自然联结的感觉会让人快乐并保持身心健康。你可以邀请你的孩子在岩石或树叶上作画、用树上掉下来的树枝创作一个户外雕塑、用黏土制作树叶的版画或用速写方式为大自然画像。网上有很多引入大自然元素的手工艺品的制作方法。你可以上网搜索"自然工艺品""儿童和青少年创作的自然工艺品"或"受自然启发的工艺品"。

图注：与大自然联结（"我的树"）

营造一处舒适的空间

你可以请孩子和你一起创造一个舒适的区域。当孩子情绪过于激动的时候，他可以去那里，让自己感觉舒服一些或享受他自己独立的空间。你们可以使用毯子、枕头、家具或纸板箱来装饰那个区域。如果用纸板箱，可以给孩子提供蜡笔或马克笔，让他为自己这个舒适空间的"墙壁"做些装饰。想让孩子参与进来，你可以说："我想为你做一个独特的、舒适的地方。这样你在需要一些空间或想自己一个人安静一段时间的时候就可以去那里了。我们应该把这个地方安排在哪里呢？我们需要用什么东西来搭建这个区域呢？"对于青少年来说，你可以邀请他们把自己房间的一角布置成舒适的情绪释放区，可以摆上有意义的图片和能让人放松的活动用品（如书籍、艺术材料或音乐）。

儿童和青少年

解压哼唱

研究结果表明哼唱对身体和情绪都有好处。哼唱能减缓人的呼吸速度并降低人的血压，这可以提升一个人整体的平静感。它还能减少人脑海中的想法并降低与抑郁相关的大脑部位的活跃度。当我最小的孩子小时候在车里哭时，我会哼唱鲍比·麦克费林的 *Don't Worry Be Happy*（别担心，要快乐）。我的另外两个孩子也会加入进来一起唱，于是我们所有人都得到了情绪释放。在孩子感受到压力的时候，你可以自己先哼唱起来，给孩子做个示范。你还可以向年龄比较大的孩子和青少年解释哼唱解压背后的科学原理。

跳舞、涂鸦、揉捏黏土

身体动作可以转移情绪的能量。例如，跳舞、击鼓、涂鸦或捏黏土可以帮助孩子或青少年从目前负面的情绪状态转变为更平衡的状态。我们将在本章稍后的"释放"一节中探讨使用身体动作来转移情绪的好处。

你还可以使用艺术创作来帮助孩子探索成长过程中愉快或艰难的部分。

儿童和青少年

试试这个有趣的活动
（制作"我能行""艰难时刻"海报）

让孩子把他的年龄大大地写在一张纸的中央。接下来，帮助他选择分别能代表"我能行"和"艰难时刻"两个主题的杂志图片或从网上下载的剪贴画。请孩子在纸上排列那些图片。做好的粘贴画要放在孩子很容易看到的地方。当孩子感到纠结难过或对某件事有很大的情绪时，你可以问："我想知道现在是不是你的一个'艰难的时刻'。我们应该再加上一张图片吗？"当孩子解决了一个问题、很好地应对了失望、表现出了灵活应变或者做了一些更具体的事情（比如第一次拼好了一个很难完成的拼图）时，你可以请孩子在那张剪贴画中添加上一张"我可以"的图片。通过这一过程，你将强化每一个年龄段都有艰难的时期和轻松的时期。之后，你们可以一起反思过去觉得很困难但现在变得比较容易了的事情。你可以尝试将这个活动调整为标志性的生日，如 13 岁、15 岁或让人期待的 16 岁。

释放和压抑情绪

一个十几岁的女孩坐在我对面，正在画一幅自画像。我请她告诉我当她压抑自己的情绪时会发生什么。她画了一根被消极和崩溃的想法点燃的火柴。她从那根火柴处画出了一条线，一直延长伸入到了她的身体之中。在那里，情绪就像烟花一样爆炸开来。她画出情绪的火花直冲自己的喉咙，反过来助长了消极的想法。强化了的思想循环回来，点燃了情绪之火。在她所有这些发生在她身体深处的活动之下，她画了雨云。她说那些雨云象征着悲伤。

在家和在学校的大部分时间里，这个女孩都保持着一贯的良好状态（好成绩、好女儿、好朋友）。但在过去的一年里，她变得沮丧和暴躁。她像烟花一样喷射而出，但在哭泣的时候她又觉得很伤心。她的负面情绪已经饱和而且被压抑得太久了，它们想要自己被别人听到。它们在寻找一条出路。

图注：压抑情绪

和成年人一样，孩子们也会试图压抑情绪，因为他们觉得压抑情绪比释放情绪更安全。我们可能会因为强烈的负面情绪而崩溃，也可能会因为表达了强烈的情绪而崩溃。但是，对情绪的忽视会引火烧身。未被表达的情绪将以不健康的方式表现出来：头痛或胃痛、行为不稳定、回避某些人或某些场所、入睡困难、与他人发生冲突、嗜睡或对其他快乐的活动失去兴趣、易怒、忧心忡忡和无法集中注意力、喜怒无常，等等。

与孩子谈论他们的感受会有所帮助。仅仅是给某种情绪起个名字就可以减少大脑情感中心杏仁核的活动并减少痛苦。让孩子说出他们的情绪能增加孩子大脑中前额叶皮层的活动。前额叶皮层是控制决策和社会行为等执行功能的部分。精神病学家丹尼尔·西格尔将大脑的感觉和思维部分的这种整合描述为情绪调节的"具名以驯服"原则，它能带来更有效的情绪平衡。然而，有时仅靠口头谈话是不够的……甚至是不可能的。

口头谈话有时会太困难、太尴尬或太吓人。有时，孩子们没有足够的理解能力或足够的词汇量来阐述他们的情绪经历。由精神病学家和创伤专家贝塞尔·范德科尔克策划的脑成像研究表明，有时口头谈论情绪甚至是不可能的，因为压力反应不仅干扰了大脑的说话功能，而且也干扰了那些使身体能够感觉到自己感受的功能。这是一种生存反应，因为如果你在森林里被熊追赶，你可不想停下来谈论你自己的感受是什么。幸运的是，在压力增加的时候，非语言渠道仍然畅通，我们仍然可以通过视觉图像、声音和动作进行交流。本节将探讨非语言方法是如何帮助我们在压力下进行沟通交流的。

放松情绪

我和两岁的女儿正在等着接她哥哥放学。一位老师误以为我女儿也是学生，就很突然地对我女儿说，她站的地方不对，她应该和其他孩子站在一起。在那一刻，我的小女儿无法用语言形容自己的感觉。她一反常态地开始号啕大哭。她的身体颤抖，几乎喘不过气来了。她需要释放这些情绪，但她却不知道应该怎么做。我抱着她，轻轻地用歌曲"小星星"的旋律唱到："妈妈在这小亲亲，你很安全别担心。"她的呼吸逐渐变得规律了。她的身体放松了。此时，她才能够告诉我老师的话让她产生了什么样的感觉："有些人不喜欢我。"

在这个例子中，当我们没有太多选择时，音乐为我们提供了帮助。虽然给孩子们的情绪贴标签有助于缓和情绪风暴，但我不确定女儿当时的感觉如何。我甚至直到她的情绪结束都不知道是什么点燃了她的情绪。"你真的很难过"这句话似乎不足以安慰她痛哭的状态。我需要一种能代替口头谈话的方式，所以我使用了一种已被证实过有效的减压方法：歌唱。

那些旋律熟悉的歌曲特别能令他们感到安慰。这些歌曲在吸引听者注意力的同时能有效地让他们体会自己的情绪。通过唱用"小星星"旋律改编的这首歌，我既可以让我的女儿感到安心，又不会打断她的情绪表达。知道自己安全地坐在"救生筏"上这件事让她可以驾驭自己情绪的波浪。抱着女儿给她唱歌也帮助了我自己，让我看到女儿通过剧烈颤抖、急促呼吸和大声哭泣将身体内的巨大情绪释放出来时控制住了自己。

神经科学研究人员和心理学家的研究发现，即使我们不理解某种情绪，也有必要将那种情绪释放掉。为了生存，面对威胁的动物会反抗、逃跑或僵住。著名的创伤专家莱文指出，有些动物实际上会通过摇晃身体来释放它们装死后剩余在体内的、未被使用的或战或逃的能量。和动物一样，我们人类在面对真实或想象的威胁时也会经历反抗、逃跑或僵住的反应。但是，与动物不同的是，我们通常不会给自己一个机会去释放之前积聚起来的压力，而这种压力是需要被释放的，以防止它给我们的情绪、人际关系、行为或健康带来不良的后果。我们需要有创造性的策略来释放未使用的情绪能量。

"你可以敲鼓，你不可以敲门，"我一边把儿子带到玩具鼓前一边说。他用力敲起来。咚，咚，咚！砰，砰，砰！……噗，噗，噗！他敲得轻了。几分钟后，他的脸放松下来了，双臂垂向了身体的两侧。他长长地呼了一口气。

"让我看看你有多生气，"我对一位客户说，同时递给她一张纸和一些马克笔。她紧握着拳头，手臂快速而有节奏地来回摆动，直到纸上全都被涂满了，几乎看不到一点儿空白为止。她抓着马克笔的手松开了。她的身体放松。她向后仰坐在了椅子上。

过去的惯例是靠打枕头来发泄愤怒。如今，暴力视频游戏据说可以缓解愤怒、压力和沮丧。但是，我们现在已经知道了，这两种方法其实都不太有效，而且，简直就是适得其反。事实证明，击打某件物品或玩暴力视频游戏实际上会增加有攻击性的思想、情绪和行为，而不是解决强烈的情绪。打枕头（或虚拟的坏人）不是解决问题的正确方法，活动身体才是。

除了跑步、打篮球或在蹦床上跳跃之外，我们还可以利用艺术活动所需要的身体运动来帮助孩子们度过情绪上的风暴期。对于不喜欢体育运动或没有机会参加体育运动的儿童来说，创造性的艺术活动可能会特别有用。

把情绪摇出去

你可以鼓励孩子伸展、舞动、跳跃、旋转或以任何他们觉得好的方式活动他们的身体。如果他们不愿意做，你可以播放一些音乐，自己先跳起来或原地旋转，也许他们很快就会加入你的。或者，你可以直接说："有时跳舞会让我感觉更好。也许你想和我一起试试。我们放点音乐吧。"

心理游戏

儿童和青少年

涂鸦、泼洒颜料

涂鸦、泼洒颜料或揉搓黏土这样的活动会像压力球那样帮助孩子释放情绪能量。这些艺术活动的能量出口也可以演变成创造性的和有趣的表达方式，帮助孩子们走出负面情绪，进入另一种新的情绪状态中去。

敲鼓

　　虽然打枕头可能会增加攻击性的情绪，但敲鼓可以分散这种情绪或将敲鼓本身转化为一种娱乐活动。研究表明，与他人同步玩耍会激活大脑的奖励中心，并增加积极的社交行为。与他人一起击鼓可以减轻压力，改善免疫功能并有助于全面改善儿童和青少年的社交情绪行为。你可以引导孩子在感到沮丧时去敲鼓，也可以坐在孩子的旁边，拿起自己的鼓槌去敲。如果你没有自己的鼓，就用"能找到的声音"来打出一些节奏，比如一个塑料水罐、大的桶或大号的食品储藏容器。

制造"轰隆隆"的声音

想要以一种比较克制的方式来释放情绪能量的话，可以在鼓、桌子或其他物体上（沙发垫或抱枕都可以）用左右手快速拍击。这种动作也是充电和重新集中注意力的一种有趣且有效的方法。即便它是在空中无声地完成也仍然有效！当孩子们制造轰隆隆的声音时，你可以像管弦乐队的指挥那样举起手臂提示他们发出更大的声音，放下手臂提示他们发出更柔和的声音。你可以发出增强的信号看看他们能制造出多大的隆隆声，也可以发出停止的信号：4-3-2-1- 停！来看看他们能多快地停下来。你们可以轮流来做指挥。

将情绪"装进容器"

12 岁的艾拉对谈论情绪和用艺术创作来表达自己的情绪感到犹豫不决。但是，当她被邀请为那些情绪制作一个收纳容器时，她却很配合。她用鞋盒和绳子设计了一扇"锁着的门"，她的情绪被囚禁在门的后面。接着，她加上回形针作挂锁，又用扭扭棒做了激光传感器（以防有的情绪会逃走）。做完了这些，她就像是获得了自由似的开始表达自己的感受了。她用黏土和颜料，给一种又一种的情绪赋予了生命，给它们起了名字，定义了它们的个性、需求和欲望。然后，让它们一个个走进了鞋盒门的后面。控制一切的是她，而不是那些讨厌的情绪。通过将情绪做成看得见摸得着的"物体"，她将身体中不健康的情绪压抑状态转换成了盒子中健康的情绪收纳状态。

释放情绪固然很重要，但这样做也会令人感到恐惧。孩子们可能会认为别人是无法容忍他们的情绪的。他们可能会因为自己拥有那些情绪而感到羞愧或感觉自己犯了错误。情绪通常会像波浪一样连绵起伏，所以，孩子很难相信波浪会破裂。大多数孩子从未被教过如何驾驭这种情绪的波浪，因此，他们害怕失去控制。然而，通过帮助孩子以一种将情绪

"装入容器"的方式去释放情绪，他们就可以相信自己具有处理情绪的能力了。

在上面的例子中，艺术活动为这个女孩提供了帮助，隐喻地"保存"了她的情绪，使她不必自己一个人去面对。盒子为情绪的表达提供了物理上的形式，而她添加的安全保障功能则确保了她既不会被自己那些已经有了形状的情绪淹没，也不会让那些情绪流露出来。通过制作和把玩自己的作品，她还练习了如何管理这些情绪，即何时放它们出来，何时又将它们锁回去。通过这个过程，她努力掌握了释放情绪和控制情绪的平衡。在取出自己的情绪并与之互动的过程中，她了解到自己不必用忽视自己情绪的方式来控制自己的情绪。

将情绪"装入容器"可以控制情绪的释放，一次只释放一点，或者在安全的边界内一次性释放大量的情绪能量。以下是一些可以帮助孩子将他们的激烈情绪"装入容器"的艺术创意，这些方法会让他们觉得释放情绪是足够安全的。

儿童和青少年

把情绪按字面意思 "装起来"

瓶子、盒子、碗、珍宝箱和信封都可以很好地 "收纳" 情绪。写下一种情绪，把它放进盒子里，然后盖上盖子。这样做比大声表达出来要容易得多。我在工作中经常看到这种做法。青少年可能不会口头说出自己在想什么，但他们会把自己的想法写下来，然后把这张纸折叠成一个小小的正方形。儿童可能会害怕大声分享自己的感受，但他们会把它画出来，装进信封里，然后用胶带黏住。"我不需要知道它是什么，" 我说，"重要的是，你知道它是什么，并且，你找到了一种释放它的方法。" 孩子们会觉得他们的情绪好像是匿名的，而且被安全地藏了起来，而实际上，把情绪转化为物理形式的过程就已经在释放它们了。

图注：把情绪"装起来"

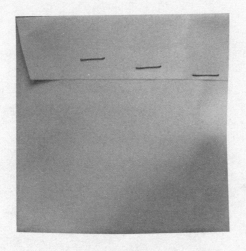

让孩子描述周围的事物

当孩子感到自己没有被任何人、任何事物约束而不知所措的时候，你可以通过帮助他与自己的身体及周围的环境建立联结来为他提供"约束"。比如，指明你们在周围看到的东西是什么颜色和什么形状的。这是一种让孩子感觉更"接地气"的方式。首先说："我看到了蓝色的天空、绿色的草地、紫色的衬衫。"看看他是否能跟上你。如果没有，你可以接着问："你看到了什么颜色（或形状）呢？"对幼儿来说，可以把这当成一种游戏。对于年龄较大的儿童和青少年来说，你可以向他们解释这个过程有助于平静情绪。你也可以通过感受来表达："我听到鸟儿在唱歌，洗衣机在咯吱咯吱地响。你听到了什么吗？"

剧烈的情绪需要更大的容器

一张纸的四边或一个鞋盒的四壁可以为创造性的表达提供可操作的范围边界，但有时，这样的空间是不够的。当剧烈的情绪需要更大的空间时，我们应该给孩子提供一个更大的容器。你可以在户外铺上大号的纸，让孩子们把蘸上颜料的球往纸上扔；你可以提供大卷的胶带和大卷的报纸，让孩子把它们粘在一起；你可以展开一卷长长的牛皮纸，允许孩子先把脚浸在可洗掉的颜料里，然后在纸上跑跑跳跳；你还可以在卧室的墙上铺上牛皮纸，邀请孩子在上面画一幅涂鸦风格的壁画。这些活动都是在更大的范围内允许剧烈的、身体上的表达。

喜怒无常的时刻

12 岁的利亚姆被推荐接受治疗，因为（正如他的老师和父母所说的）他表现得喜怒无常，可以在一秒钟内情绪从 0 上升到 100。上一秒，他看起来很好，下一秒他突然就无缘无故地大发雷霆起来。"当时好像并没有发生什么让他难过的事情。"他的老师说，"他的暴怒真不知是从哪里来的。"看起来确实如此，但爆炸性的情绪并非空穴来风。我们只是错过了孩子出现问题的早期预警信号罢了。

咱们都知道，一秒钟内情绪从 0 上升到 100 是很快的。然而，在艺术的世界中，一秒的动画需要 24 帧画面才能完成。要想了解一秒钟内孩子为什么会从"一切都很好"升级到"一切都很令人崩溃"，我们需要一帧一帧地去看。有了艺术的帮忙，我们真的能做到这一点。

回到上面的故事中来。我与利亚姆合作，通过创作一张图表来表述他情绪升级的各个阶段。他选择了用不同的颜色来代表升级的每个阶段。他从"平静和放松"的蓝色开始。他在每种颜色上添加了动物的图片，代表他身体中每个阶段的感觉。他以一只"请挠挠我的肚子，我感觉很放松"的小狗开始，以一只"露出獠牙，紧绷身体，我马上就要咬你"

的老虎结束。通过反复参考这个最低和最高的状态，也随着时间的推移，他越来越能够识别出自己的身体在不同阶段之间的细微变化了。当他注意到自己的身体正在发出他不再处于平静状态的信号时，他学会了做一些事情（比如休息、寻求帮助或深呼吸）让自己回到放松的状态中。

随着我们越来越能察觉出孩子感到不安的早期迹象，我们也可以用艺术的方法来解释是什么原因点燃了孩子不安的情绪。当那个"罪魁祸首"无法被我们"看见"时（就像利亚姆的情况一样），它往往只会是一种想法。从很小的时候起，孩子们就开始通过创造关于自己和周围世界的故事来理解自己的经历。即使一个孩子从未被别人称为"坏孩子"，他也可能错误地将内心的不良感觉解释为自己是个坏孩子。孩子们可能会认为自己对自己无法控制的事件负有责任。在前面的一个例子中，我的女儿在认定"有些人不喜欢我"时产生了巨大的情绪反应（因为老师严厉地告诉她，她站在了错误的地方）。这些最初助长孩子情绪的想法很强大，它们会留在孩子们的心里并持续不断地影响他们。正因如此，我们有必要更进一步地把它们找出来。

通过使用"思想泡泡"（见 P300 图"思想泡泡"），利亚姆和我确定了引发他情绪快速升级的是什么想法。他写道："我很笨，我永远做不到这个。"然后，我们用"坐在我肩膀上的朋友"（见 P302 图"我肩膀上的朋友"）来营造一种更友好的、更有支持力的声音。我画了一个男孩，在我的提示下，他画了一位坐在男孩肩膀上的"小伙伴"。我添加了一个空的对话气泡来获得有用的想法。我们把这张图复印了几份，放在他可以很容易拿到的地方，以便他能随时查看自己的想法并向肩膀上的"小伙伴"寻求鼓励的话语。使用这些创造性的方法可以让利亚姆在情绪失控之前及时阻止情绪升级。几个月后，他在学校的情绪爆发现象完全消失了。

孩子们对"某些事情不对劲"的早期信号觉察得越多，他们就越能够在感觉和想法变得不知所措之前应对它们。这种识别情绪和调节情绪的能力将伴随他们进入青少年和成年期。有很多简单的方法可以让你教会孩子去识别那些"某些事情不对劲"的早期信号：

画个思想泡泡

当我的孩子们不告诉我他们在想什么时（或者当他们自己还不确定时），思想泡泡通常会发挥出作用。在一张纸或便利贴上画一个人物（简笔画就可以）和一个空的思想泡泡。你可能想要添加一个简单的、有区别的细节来暗示这个人物是你的孩子，例如她戴的帽子、眼镜或穿的裙子。把一支笔和那幅画递给孩子说："我想知道这个人在想些什么。"或者，画一个代表你自己的人物，上面有一个思想泡泡，里面写着："我希望我知道 ×××（孩子的名字）怎么了。"然后画一个带有空思想泡泡的儿童形象。给孩子提供纸和笔，邀请孩子完成她的思想泡泡（见下页图）。

图注：思想泡泡

写下我的想法

画出孩子肩膀上的朋友

　　请你的孩子描述或画出一个坐在他肩膀上的、能悄悄鼓励他的小伙伴或想象中的形象。你们也可以拿出一些材料，把它做成立体模型。你可以和孩子一起进行头脑风暴，想一想那位小伙伴喜欢说哪些鼓励的单词和短语。它有喜欢的口号或主题曲吗？如果没有，那就现编一个吧！如果孩子是青少年，你可以问孩子他们的朋友或偶像在困境中会说些什么。你也可以在孩子喜爱的音乐家或运动员的照片上添加一句鼓励性的短语，或者，帮助你的孩子在项链上、帽子上、石头上或帆布包上用鼓励性的提示词作装饰，如"呼吸""感恩"或"值得去做"（见下页图）。

心理游戏

儿童和青少年

你是怎么知道自己有这种情绪的？

通过让孩子描述他们身体上的感受，帮助他们将身体的感觉与情绪信号联系起来。你可以先问孩子："你怎么知道自己什么时候饿了或者什么时候疼呢？你的身体在那个时候有什么感觉呢？"一旦他们弄清楚了身体的感觉是什么，你就可以转向情绪了："你怎么知道自己什么时候感到快乐，什么时候感到悲伤呢？你的身体在那个时候有什么感觉呢？"如果年幼的孩子只从字面上刻板地理解快乐就是"笑脸"，悲伤就是"哭脸"，请不要感到惊讶。你可以鼓励孩子用颜色、大小、纹理或运动来描述他们自己的体验。你可以用自己来举例。你还可以给孩子提供一张身体轮廓图，让孩子通过涂色来表达他的感觉。最好在一天之中情绪平稳的时间段或者在回想当天某件令人难过的事时进行这项活动。当孩子们没有处于激烈的情绪时，做这项活动可能会更容易一些（见下页图）。

图注：你是怎么知道自己有这种情绪的?
　　　（"当我的身体感到生气时"）

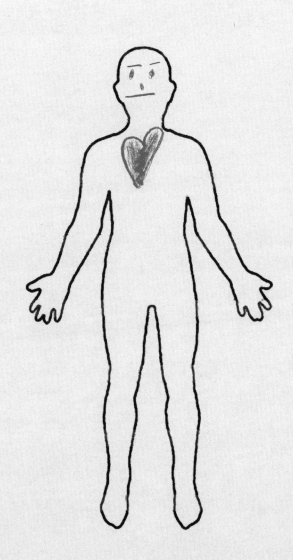

"啊哦警报器"

你可以向孩子解释说，他的身体有一个内置警报器。当某些事情感觉不太对劲时，这个警报器就会向大脑发送信息。对于年龄较小的孩子，你可以将其称为"啊哦警报器"。让你的孩子知道内部警报对他是有帮助的，倾听警报器的警报信号很重要。邀请孩子画出他自己的"啊哦警报器"的样子（或者用盒子、纸、扭扭棒或其他材料制作一个立体的警报器）。如果你的孩子被难住了，你可以给他提供一些建议，说明这个内置警报器有可能会是什么样子的，然后允许孩子继续做他自己想象中的警报器（见下页图）。

心理游戏

儿童和青少年

带着情绪做动作

当你的孩子正在体验情绪时，问问他觉得那种情绪是怎样的动作。举例来说，如果孩子生气了，你可以问："你的生气感觉像是这样的吗？"（例如：捏紧拳头用力把脸向中间挤）"或者，是这样的吗？"（例如，原地快跑，同时快速晃动手臂和头部）。如果你是向一位青少年讲述他的焦虑体验，你可以问他感觉那个情绪在身体里的哪个部位。以及，那种情绪感觉起来更像一块硬硬的东西（例如：紧握的拳头）呢，还是更像一种摇摆不定的东西（例如：摇动的手）。

帮孩子进行自我反思

我儿子差不多六岁了。我问他在学校最好的朋友是谁。他说了几个孩子的名字，然后，停下来说："等等，不。我第一个最好的朋友是我自己。"

人们对待别人往往比对待自己更友善。我们花在教孩子如何与自己交朋友上的时间远不如教他们如何与他人交朋友的时间多。正如自我关怀研究先驱克里斯汀·内夫所指出的那样，自我批评已经成为社会认可的事情。我们相信它会带来动力，但它实际上它只会阻碍我们发挥自己的潜能。我们有必要提醒孩子要成为自己最好的朋友，尤其是当他们犯了错误或感到情绪低落的时候。

想要帮助孩子成为他自己"第一个最好的朋友"，我们首先要成为孩子的榜样。在我们自己犯错的时候，我们要积极热情，而不要自我贬低。我们还可以提醒孩子们在犯错的时候要对自己说鼓励的话，而不要对自己说沮丧的话（例如，提醒他们去说"没关系，可以修正好"，而不是"真蠢，现在完蛋了"）。然而，练习说富有同情心的话只是一种有局限性的方法。为了最大限度地培养孩子和他自己之间的友善关系，求助于艺术活动来提供具体的、与孩子有关的自我关怀经验是值得的。

"我就是懒，"卡米拉实事求是地说。我不确定她是自己得出的这个结论，还是她在生活中被某个成年人给贴上了"懒惰"的标签。无论是哪一种原因，我都不会接受。我想更好地理解卡米拉在课堂上缺乏动力的真正原因。更重要的是，我希望她能看见自己那些不太理想的、能让她做白日梦的部分。我想让她和自己那些不太理想的部分交朋友。

我漫不经心地把一盒马克笔推到了桌子的对面，问卡米拉："让我看看在你应该专心听课的时候是谁走进'教室'里来了？你内心有什么声音让你不去学习吗？"她画了两个长着尖牙的人物角色。事实证明，这两个人物角色是彼此勾结的："分心"和"无聊"。我添加了一些空白的对话气泡，邀请这些角色进行对话。"无聊"先生说："你先分散了她的注意力，然后我就能让她感到无聊了。""分心"先生说："好极了，你让她感到无聊，然后我就去分散她的注意力。"

"所以，你是个懒惰的人吗？"我问。

她抬起头看着我说："我想我不是。"

通过将内在的东西转化为外在的东西，艺术活动使模糊和抽象的自我感觉变得更加具体了。无论这种自我感觉是"早上不想起床"还是"喜欢拥抱"或者是"容易崩溃"，当它们被彩绘、线描或雕塑时，我们就可以从字面意思上"看到"（并改变）自己的不同部分。在2015年迪士尼公司和皮克斯动画工作室联合出品的3D动画电影《头脑特工队》中，主角女孩的情绪是通过具有自己性格、需求、愿望和欲望的角色来表达的。与此相同，孩子们可以通过艺术活动来了解构成"我"这个人的不同部分并且和它们成为朋友。

就像上面的例子那样，当我们帮助孩子将自己的一部分情绪和状态外在化时，他们就有机会发展出更准确、更友善的自我理解。我们可能都没有意识到这有多重要。在成长的过程中，那些基于成绩、外貌和他人的认可（这些都太常见了）来评价自己的孩子往往会表现出更高水平的压力、愤怒以及学业和人际关系方面的问题。而另一方面，那些学会将自己珍视为"人类"的孩子（比如欣赏自己的善良、品德或体贴），在大学里的学习成绩往往会更好一些，而且，他们也不太可能吸毒和酗酒。我们理应将时间和兴趣投入到帮助儿童与他人建立联结并重视他们自己的活动中。以下是一些可以帮助你开始这样去做的创意：

儿童和青少年

你是哪种超级英雄?

帮助你的孩子设计另一个自我。问孩子:"如果你是一个超级英雄,你会是什么样子呢?你会有什么超能力呢?你是一直都有超能力呢还是有时你只是一个普通人?你曾经是个坏人吗?那个坏人是什么样的?"你也可以用孩子喜爱的电视节目中的知名角色来问:"在_____(此处填上孩子最喜欢的电视节目)中你是哪个角色呢?当你感到难过或生气的时候,你又是哪个角色呢?"通过探索角色的需求、希望和愿望来帮助孩子认识那些角色。通过鼓励孩子为那些角色创作故事或创作歌曲来更好地了解他们。对于青少年来说,你可以抓住他们观看电视节目、听音乐或观看网上有影响力的人做演讲的时刻问他们:"你最喜欢的角色是哪个?"或者"给我讲讲这个人物/歌曲吧。"以及"你最喜欢这个角色/人物/歌曲的什么?"询问你的孩子是否有办法以及如何才能与那些人联系,或者她是否认识这样的人。

创作一种杂交动物

用不同动物的部分身体拼凑成一只新的动物。"如果你是一只用不同动物的不同身体部位拼出来的动物，你会长成什么样呢？"通过提出创造性的问题来详细说明这项活动，例如："这种动物擅长做什么？这种动物如何保护自己？它与其他动物相处得好吗？有没有和它长得一样的其他动物？还是，它这种动物只有它这唯一的一只？"对于年龄较大的儿童和青少年，你可以要求他们去创造一种最适合应对环境挑战的杂交生物（见下页图）。

图注：混搭型动物（"我和我的妹妹"）

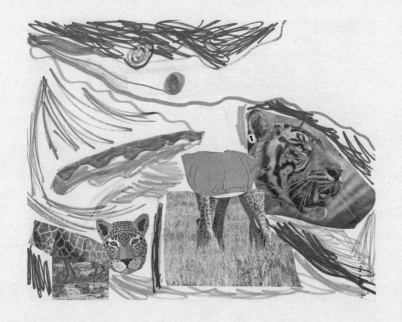

制作"我"图片

邀请你的孩子选择他喜欢的任何数字或杂志图片（你可以预先选择和剪好各种图片备用）黏贴到纸板或比较厚的纸上，并为这张图片命名。接下来，让它通过"'我是'诗"的方式来"说话"。这种诗句的结构使孩子们能够以一种完整的情感形式表达对他们来说重要的东西："我是……我想知道，我听到，我看到，我想要，我是……我假装，我感觉，我摸到，我担心，我哭泣，我是……我理解，我要说，我梦见，我尝试，我希望，我是……"心理治疗师南希·韦斯和资深教师简·拉斐尔在他们丰富多彩的《如何制作"我"卡片》（2013年）一书中用一些很有帮助的例子说明了这种活动应该如何进行。

儿童和青少年

内在的宝藏

　　邀请你的孩子收集能代表他们特殊部分的小物件。你可以给孩子们提供一些材料，如小宝石、纽扣或天然物体（如石头、贝壳和花朵）。你还可以提供各种容器供他们选择，如小盒子、瓶子或罐子。你可以向孩子解释："你身上的特殊之处就像珍宝一样。让我们找一些东西放到这个宝箱里，这些东西代表你对自己的喜爱或者你与他人的不同之处。"（见下页图）

图注：内在的宝藏

儿童和青少年

好话石

　　和孩子一起收集石头。按自己的喜好将收集来的石头涂上不同的颜色或者就让它们保持素色。问问孩子喜欢他自己的什么特质。如果孩子答不上来，可以问他觉得他的朋友们会怎么描述他。用细一些的马克笔，在每块石头上写一个单词。如果你们想给石头加一层光滑的饰面，可以涂上一层薄薄的手工胶或其他的保护剂（见下页图）。

拥抱自己

　　研究发现，舒缓的、慈爱的触摸会释放催产素，这是一种能够提升平静感、安全感和联结感的神经肽。当我们被别人拥抱、抱起或爱抚以及我们爱抚自己时都会发生同样的情况。你可以教孩子如何给自己一个拥抱。可以在站着的时候用手臂搂住胸部和肩膀，或者，在仰卧的时候在胸前环抱住膝盖。你也可以向他们展示如何将手放在心脏部位或带着爱意抚摸自己的手背。可以在家里养成大家每天睡前都自我拥抱的习惯。

在艺术活动中强化价值观和信念

现在是晚上，我儿子已经躺在了床上，等待我们进行每日必做的、漫长的互道晚安活动。我请他告诉我今天在学校发生的一件开心的事和一件令人沮丧的事。他讨价还价说，他想每种都说两件事。当他谈到自己有两件令人沮丧的事时，他开始讲述自己在课堂上与一个难以相处的同伴之间发生的事情。然后他停了下来问："我们能唱那首歌吗？就是那首在我想起某人的时候要唱的那首'有些事－有些事－有些事'的歌？"我很清楚他说的是哪首歌。"好吧，"我说。"想想一个很难相处的人。"（但他不需要我的指导，他已经想到那个同学了。）"想象一下那个人。准备好了吗？"然后，随着"小星星"的旋律，我们开始唱："我要祝你快乐，我要祝你坚强，我要祝你健康，还要祝你冷静。"儿子笑了。"我认为他特别需要冷静，"他温和地说。我报以微笑："是的，听起来是这样的。"

孩子不仅会通过了解自己的性格、偏好和能力来培养积极的自我意识，而且会通过发展价值观和信念来培养积极的自我意识。为了教导诸如"对他人要友善和同情""要做出健康的选择"和"要努力工作"等价值观，我们要与孩子谈论什么是错的或什么是对的，我们要做出不赞同的表情或赞同的微笑，还要指明错误会导致的不良后果或对孩子提出的表扬。当我们无法在孩子身边给他们"把关"时，我们只能寄希望于他们仍然能遵守那些价值观。

然而，为了实现这一希望，我们需要做的绝不仅仅是教导孩子们什么是"正确的"或在他们做了"错误的"事情时让他们承担后果。孩子们需要机会来将你教给他们的价值观和信仰变成他们自己的价值观和信仰，并在他们将这些价值观付诸行动时获得内在的回报。

艺术活动通过行动帮助儿童身体力行自己的价值观，它们为儿童直接反思和体验自己的价值观提供了肥沃的土壤，从而有助于将这些价值观融入儿童的身份。通过艺术活动，孩子们可以歌颂、重述或声明我们希望他们长大后奉行的价值观和思想。在上面的例子中，我没有要求儿子去考虑他那位同学行为背后可能隐藏着难处。但是儿子却通过我们唱的歌曲将他自己与"同情心"这一价值观联系了起来，并且受到了仁爱冥想的启发。唱这首歌不仅强化了我们的价值观，也为儿子提供了一个具体的（且朗朗上口的）工具来实践它。

积极地探索、解读和演练价值观及信念有助于孩子们在内心深处接受那些可能是由别人来制定的规则。通过艺术活动，孩子们可以开始拥有一种自己的信念或价值观。让他们能够缩小"我应该成为什么样的人"和"我现在是个什么样的人"之间的差距。虽然创造性的自我表达并不能保证孩子们不会做出糟糕的选择或尝试不健康的习惯，但它为孩子们提供了一个机会，让孩子们可以接受重要的价值观并使其成为自己的一部分，这使得孩子们更有可能在未来做出健康的选择。

把你的价值观挂在门上

当我还是个孩子的时候，我和我的朋友们会模仿我们在社区里所看到的那样，将"禁止吸烟"的标志画在学校的课桌上。通过我们自己的艺术活动，我们感到自己与禁烟事业紧密地相连了。你可以邀请你的孩子为他房间的门做一个图形标志，说明他认为重要的价值观。无论是不吸烟、不抠鼻子，还是不打架，制作和展示标志都会向孩子强调这些价值观对他（而不仅仅是对你）的重要性（见下页图）。

禁止打架区

请带着善良
进入本区域

儿童和青少年

把你的价值观戴在袖子上

你可以通过设计 T 恤衫、贴纸、纽扣或其他可穿戴的物品，将价值观变成孩子可用的东西。例如，在我工作的一所学校里，我们用 T 恤衫设计大赛来抵制校园霸凌。获胜的反霸凌的标志会被印在衬衫上，由学生和工作人员穿着。你并不一定要在全校范围内开展大型的活动，做些简单的事情也是可以的。你可以允许你的孩子在他们的鞋子上、牛仔裤上或身体上（如果你同意的话）写上或画上与价值观相关的信息、格言和图案。或者，邀请你的孩子在他们的鞋底上画画，或者买一双便宜的鞋子或一条便宜的牛仔裤专门用来画画。网上有很多专业的服务可供选择。你们可以将图片打印到衬衫上、马克杯上、手提包上，等等。

把自己喜欢的价值观送给别人

你不必非等到生日或假期才给孩子机会让他们送礼物给别人。有一天，我的孩子们在每个卧室前都摆上了小盒子，宣布这些盒子是"邮箱"。刚开始，他们偷偷地往对方的盒子里放一些胡乱画的涂鸦画和纸屑。他们觉得这很搞笑。我抓住了这个机会去强化我们慷慨、体贴和感恩的家庭价值观。我加入进来，偷偷地往他们的"邮箱"里放入表达爱的纸条、手绘的图片和感谢信。他们跟了上来。在接下来的几个星期里孩子们不断热情地彼此"发送邮件"（后来，发展到互相赠送小物件和珠子）。年长的孩子和青少年可能会想要装饰一个善良罐，让家庭成员把表达善意的字条或自己观察到的他人的善良举动写下来放到罐子里（见下页图）。或者，全家一致同意将零钱放入善良罐中，并在指定期限结束时将其捐赠给当地的慈善机构。

把美好的愿望唱出来

　　就像上面的例子那样，创作一首歌，向他人表达对幸福、健康和平安的祝愿。睡觉前，请你的孩子唱这首歌，同时想想他们自己、他们爱的人、他们不熟悉的人、他们觉得不太愿意接近的人。可以只想着一个人，也可以想着以上所有人！

艺术活动为孩子提供安全的冒险

在上七年级的时候，我的一个朋友每天都穿着不同风格的衣服来学校上学。她通过自己对服装和珠宝的选择呈现出与众不同的青少年形象：摇滚歌手、激烈的学者、自然倡导者和政治活动家。第一天，她穿了一条格子长裙和一件纽扣衬衫；第二天，她穿了印有和平标志的破洞牛仔裤，脖子上挂着一条绳子，绳子上拴着回收来的易拉罐。她展示了身份体验的各个阶段。她对服装和手工珠宝的选择是对她自己不同部分的有形的艺术表达，展示出了她本人、她扮演的角色和她希望成为的人的不同样子。她不像某些青少年那样去尝试冒险的行为，而是通过创造性的表达承担了安全的风险，突破了自己身份的界限。

当孩子们长到了青春期，他们必然会想要冒更多的风险、尝试新的角色、想象新的生活方式。当他们褪去儿童的身份时，他们开始想要弄清楚自己是谁，自己属于什么群体。尽管有些冒险是不可取的甚至是危险的，但安全的冒险可能会带来有益的成长机会。例如，穿一套时髦的衣服去上学或者勇敢地面对一个对别人不友好的朋友等行为可能会带来社交方面的不良后果，但这种风险是值得承担的。

　　我们不需要等到孩子十几岁时才支持他们尝试安全的冒险。我们为孩子提供的安全体验自我意识的机会越多，他们就有越多的工具来避免潜在的有害经历。早一些让孩子对角色和身份进行创造性的探索，可以在孩子进入青春期后对其自我身份发展的要求变高时帮他们建立起自信。然而，这样做并不容易。提供这些机会可能需要权衡社交风险的短期成本和提升自信的长期收益。下面我们来举例说明一下。

　　我那时正处于这样一个时刻："哦，天哪，我给孩子买的鞋小了两个码。我是怎么当妈妈的啊？！"我把儿子拖进了鞋店。儿子意外地发现了霓虹粉色的鞋子。他很开心，他想要那种鞋。我犹豫了。我通常避免让孩子有"不同的性别要使用不同的颜色和主题"的这种概念。但现实是，我儿子的同龄人已经清楚地区分了男孩和女孩的物品。我担心如果我给儿子买这些"女孩穿的"鞋的话，他有可能会被同学取笑。我想要撒谎说鞋店没有儿子的尺码。然后，我意识到他自我表达的好处远远超过了社交的风险。我想培养一个自信的孩子，而不是害怕他人反应的孩子。我给儿子买了那双鞋。我告诉儿子我喜欢他多样化的选择，并且漫不经心地插上了一句话，说某些孩子会认为粉色只适合女孩子（但显然不是的）。我们回到家里，爸爸指出了他自己拥有粉色的衬衫。第二天，有个孩子嘲笑我儿子说："你为什么穿女孩穿的鞋？"我为儿子感到担忧。正当我准备要介入时，儿子大笑着自信地说："这不是女孩穿的鞋。"当那个孩子刚刚回答了一声"哦"时，我儿子就毫不理睬地跑开了。

无论是通过选择鞋子的颜色、服装、音乐偏好、发型、房间装饰或昵称，儿童和青少年都会自然地倾向于通过创造性的自我表达来探索自己的身份。因此，为了满足他们的试验需求，我们可能只需要认识并利用这种倾向就可以了。至少，我们可以容忍他们对鞋子的选择和对音乐的选择（至少偶尔一次），并在选择衣服时给予他们合理的发言权（当然，在安全和学校期望的范围内）。我们要抑制自己因害怕别人会怎么想或怎么说而阻碍孩子自我表达的欲望。相反，我们要像上面的例子一样，去指导孩子如何处理不太友好的社交环境。我们也要支持孩子的创造性表达，而不是嘲笑或贬低他们那些有时会造成尴尬的反复尝试的身份探索过程。如果你想给孩子们一些额外鼓励的话，那么这里还有一些其他的方法让你可以利用艺术活动来帮助孩子安全地探索新的生存方式：

我的身体，我的画布

　　为你的孩子画一个人体轮廓图，用代表他们是谁或想成为谁的符号和颜色来做填充。你可以打印出一个小号的人形的轮廓或者在一张大尺寸的牛皮纸上画出孩子身体的轮廓，然后让孩子自己去装饰。对于青少年，你可以考虑建议他们设计一个理论上的纹身图案。虽然你会明确指出孩子不能真的去纹身，但这项活动仍然可以让孩子象征性地探索什么对他来说是真正重要的以及他想向世界表达什么。你可以把这项活动变成一个持续的项目，鼓励你的孩子每周或每月添加上新的单词或图片。你可以与孩子一起探索他加上去的图像和文字是如何随着时间而变化的，或者有哪些主题是后来被加进去的。

做个纸娃娃

与我一起工作的一个即将进入青春期的孩子用彩色铅笔和从时尚杂志上剪下来的图片制作了一个纸娃娃。与上面提到的我上七年级时的那位朋友对着装风格进行的实验类似，这项艺术活动让我的这位客户探索了各种角色和身份，包括她通过给纸娃娃穿低胸上衣和紧身短裙来对自己正在发育的性取向做出了安全的表达。这些既不是她想穿的衣服，也不是她父母允许她穿的衣服。但是，通过给这些纸娃娃设计服装，她能够安全地探索衣服所代表的感觉和想法。你可以帮助你的幼儿或准备进入青春期的孩子去设计服装、发型和配饰。可以照着杂志上衣服的图片自己画，也可以描摹或直接把图片剪下来，然后重新排列它们以制作新的衣服款式。做这项活动甚至可以打开关于学校社交动态的重要对话，例如，学校孩子的着装都有哪些不同的派系，以及，你的孩子适合哪一种服装风格。

装饰我的空间

孩子的房间可以成为一个通过颜色、纹理和图像来探索及表达身份的空间,就像一个巨大的艺术装置那样。你不需要花很多钱。网上有很多低成本的办法可以将你的房间重新装修一下。你甚至都不需要重新装修,只需要让你的孩子选择他房间的一个角落重新设计一下就可以了。你可以首先鼓励孩子以"我的空间"为主题上网或浏览杂志以获得一些设计灵感。

儿童和青少年

我生活中的原创音乐

青少年对音乐流派、音乐团体和歌曲有强烈的认同感。你可以问孩子："如果你的生活是一部电影的话，主题曲会是什么呢？"你可以把歌词打印出来，鼓励孩子在歌词周围加上装饰性的图画。你还可以给孩子提供一个活页夹，让他可以用来保存装饰好的歌词并在之后添加上新的歌词。你也可以建议孩子为那些他尊敬的人、让他感到自己受其保护的人或让他感到自己被爱的人选一首主题歌。他可以把那些歌词也做些装饰。或者，你可以鼓励孩子制作一个歌曲播放列表来代表过去的一年、即将到来的一年或重要的事件。

帮孩子减压

一位父亲对儿子逃避做家庭作业的行为表示担忧……一位母亲来找我咨询，因为她女儿在练习钢琴时情绪崩溃了……一名青少年分享说，她为了应对自己所承受的压力而作弊了……一个孩子想到自己生病了几天之后要补回来的作业时，焦虑情绪立即飙升了。

关于孩子和压力的头条新闻并没有夸大其词。压力前所未有地影响着当前这一代的孩子们，我们需要特别关注这种情况导致的后果。如今，儿童面临的压力水平与成人不相上下，而大学生的情绪健康则处于历史的最低水平。根据美国加州的一项研究，70%的青少年"经常或总是感到课业压力"。在这项研究中，25%的人报告说他们在与抑郁症作斗争，7%的人因压力而自残，44%的人表示在过去一个月内出现了三种以上的生理压力症状，如头痛或胃痛。虽然他们的压力还有其他因素，包括父母关系不和、父母在外工作以及社会问题，但想要在学业上取得成功的欲望似乎是主要的原因。

过度的日程安排、过长的作业时间和严格的考试都会给儿童和青少年带来有害的压力。如果不加以管理的话，高水平的长期压力会导致不快乐、没有安全感和学习困难以及更严重的情绪、行为和健康方面的问题。虽然我们可以积极努力去减少一些压力源（例如：确保孩子在一周内有足够的休息时间以及观察我们自己对成功的态度），但还是会有很多压力源是我们几乎无法控制或根本无法控制的。因此，除了减少压力源之外，我们还必须教会孩子如何减压。

当人们考虑到艺术活动在情绪方面能带来哪些益处时，往往会想到"可以减轻压力"。孩子们会将参与艺术活动的体验看作是一个他们可以自由做出选择、真正做自己的机会。你也许能想起某个时刻，当你唱歌、演奏乐器、画画、涂鸦或跳舞时，你感受到了快乐、自由或放松，也许那时你的思想从生活的烦恼中解脱出来了，也许那时你经历了一种"心流"的状态。"心流"是积极心理学专家米哈里·契克森米哈赖创造的一个术语，描述了处于"区域内"或完全沉浸在一项创造性任务中的狂喜。你获得的好处也许是紧张的情绪在击鼓、跳舞或捏黏土的过程中被从生理上释放了；或者是你的中枢神经系统通过唱歌或演奏管乐器等活动的深呼吸平静了下来；又或者是你在画静物写生时、在关注周围环境的美丽细节时经历的片刻的敬畏。也许当时你并没有注意到这些减压的功能，但是后来你感觉好多了。事实上，艺术活动在帮助我们减压这件事情上发挥的作用是不可估量的。

建议你下决心在家里（以及在你的家庭日程安排中）设定一个创造空间，让艺术活动成为一种常规的减压策略。比如：你可以在房间里设立一个半永久性的"创意角"，或者在客厅里腾出 5 分钟的时间来跳舞。你可以把一叠打印纸、一盒马克笔、工艺材料或钩编用品放在一个大家都方便拿取的地方。对于怎样使用以及什么时间使用艺术活动来帮助孩子减压，并没有一定之规。你可以积极主动地将自发的"创造性休息"融入孩子的一天或一周之中，或者当孩子在某项任务中挣扎时使用艺术活动作为一种休息的手段。通过这样做，你不仅在帮助你的孩子减压，也在向他们介绍一些工具，这些工具将帮助他们度过动荡的青春期，顺利进入成年时期。

创造性休息可以是开放式的，也可以通过更具体的艺术活动来减轻压力。以下是一些具体的做法：

给"当下"涂上颜色

　　当我们在不加判断的情况下将注意力集中在"当下"时，我们所感受到的压力就会降低。为了有效地将注意力集中在"当下"，现在，我们需要把注意力集中在一些具体的事情（而不是匆匆忙忙的想法、担忧、计划和生活的琐事）上。将注意力固定在呼吸或冥想练习时可以加强我们对"当下"的关注。不过，即使进行了适合不同年龄的调整，孩子们也很难去做这些练习，尤其是在经历了创伤和相关的侵入性意象之后。而艺术活动，如在设计好的图案中涂色（包括涂鸦）或绘制曼陀罗（包含同心图案的圆圈），则有助于实现"关注当下"的冥想状态。你可以鼓励你的孩子专注于绘画或给图案涂色之类的活动中那些令人开心或享受的事情，例如：他们双手的移动、他们选择的颜色，或者当他们添加图案时，画面如何变化，等等。艺术活动可以让孩子进入到这些体验中，将他们的注意力锚定在"当下"。（见下页图）

图注：给 "当下" 涂上颜色（曼陀罗）

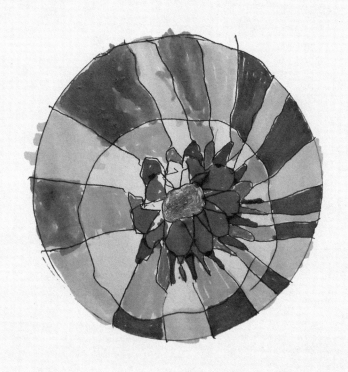

儿童和青少年

让我看看那种感觉

之前我们提到过丹尼尔·西格尔提出的"具名以驯服"的情绪调节原则。我们可以通过视觉表达帮助孩子命名他自己的压力，然后再疏解它。通过艺术的方法来描绘压力（无论是用扭曲的线条、形状和颜色来表达还是用从杂志中选择的图片来表达）能让孩子更容易识别和理解自己的压力。例如，你可以试着说"让我看看你有压力的时候是什么感觉"或者"让我看看你有一大堆作业等着做而且我又提醒你赶快去打扫你的房间时是什么感觉"。由这类问题引导孩子选择或自己做出的图片可以引发一场关于孩子感受的重要对话，同时也能阻断一些导致孩子压力的因素。

把你的压力写下来扔掉

把压力写下来是释放体内压力的一种简单的方法。书写是一种表达情感的方式，不仅如此，单是潦草随意地写或画这一身体行为本身就可以缓解压力引起的肌肉紧张。一旦孩子开始胡乱写些什么，你就可以邀请孩子用他写（或画）了字的那张纸去做更多的事情：撕掉它、把它揉成一团、扔掉或者当球玩。这些是让孩子身体活动和放松的额外的方法。或者，看看你的孩子是否想用不同的颜色去填充那些杂乱线条中间的形状或寻找其中出现的图案来将其变成一幅画。有时，将不舒服的感觉（如压力）转化为其他东西（无论是花、怪物还是抽象的绘画）的行为可以给人提供一种解脱放松的感觉。

儿童和青少年

用涂鸦把压力丢掉

无论是孩子很难清空思绪入睡，还是你想教孩子一种睡前放松的新方法，你都可以鼓励孩子通过 5 ~ 10 分钟的涂鸦来把他们脑子里任何沉重的东西都丢弃掉。你可以给他们提供一个小的素描本或一张纸，让他们把自己任何的想法、感受、担心或计划都画出来。当然，你也可以建议在一天中的任何时间进行这种用涂鸦减轻压力的活动。如果你的孩子正在为能否按时完成家庭作业而苦恼或者从学校回到家时感到很害怕，那么在孩子继续做其他活动、家务和任务之前，你可以宣布大家一起享受 5 分钟的涂鸦休息时间。

帮孩子直面恐惧

    我的一位朋友打来电话，说她自己很担心年幼的女儿米娅。米娅最近开始对陌生的人感到害怕。那位妈妈说，搞不清楚是什么事情导致米娅有这样的恐惧状态。这种恐惧似乎不知从何而来。"那是谁？他为什么站在那里？"米娅一边看着他们开车经过的一名男子一边问道。米娅的妈妈试图让她放心："他可能是在等人。"母女俩来到了一个公园。"我不认识那个人。"米娅指着一个人说。妈妈鼓励米娅留下来多玩一会："你很安全。我和你在一起呢。"然而，米娅下定了决心，她坚定地说："我想回家。"回到家里，米娅一直在谈论这件事，根本无法停下来。

    我的这位朋友叹气道："我对她说什么都没有用。她一直在讲这件事。"我建议朋友邀请米娅为自己的担忧画一张画。"这可能会帮助她意识到自己和自己的'担心'不是一回事。'担心'会让她相信自己不安全。她可以请'担心'帮助自己谨慎行事，同时，也可以告诉'担心'不要妨碍自己的快乐。"

后来，我收到朋友发来的一条短信："谢谢！我们做了你说的那件画画的事，之后她完全好了。"

恐惧可以很好地为我们服务。它提醒我们什么时候该注意重要的事情（无论是对我们的安全有威胁还是其他什么高风险的情况）。焦虑使我们的血液循环加快、氧气流动加快，这可以帮助我们在运动、考试和演讲中发挥出最佳的状态。恐惧使我们的身体系统在危险来临时能够战斗或逃跑。但是，这些焦虑或恐惧的感觉也会变得过于活跃，导致我们会去担心那些原本并不需要我们花费那么多精力和注意力的事情。如果孩子发生了这种情况，我们就要想办法去减轻他们的担忧。

我的儿子不愿意睡觉，因为他确信地鼠住在他的衣橱里。我开车送女儿上学时，她会在我们到了学校、她该下车跟我说再见时哭起来。孩子们害怕黑暗、狗和想象中的怪物。这些类型的担忧和焦虑是童年的正常现象。尽管大多数恐惧最终会自行消除，但经历高度焦虑的时期可能会给孩子和父母带来压力。

艺术活动能够让孩子们轻松地直面恐惧而不是试图逃避

这些恐惧。通过使用图片，我们可以教会孩子如何将恐惧转变为幽默。我们可以为他们配备假想的盾牌来对抗假想的野兽，或者把他们的恐惧变成可爱的朋友。通过图片和歌曲，我们不仅可以帮助孩子习惯生活中不熟悉的以及可怕的事物，还可以让他们感到自己很强大。本节将探讨如何做到这一点。

那些在夜里反复出现的恐怖"怪物"

我小的时候，有时晚上会在脑海里出现可怕的画面（大部分是怪物试图抓住我）。我母亲教我想像一个巨大的橡皮擦，从画面的一侧开始向另一侧移动，逐渐擦除那个画面。这很有用……直到我的橡皮擦到达了另一侧……那个刚刚被完全删除掉的画面立即"啪"的一声又出现了。我只能重新开始。我一遍又一遍地擦除，每次完成时它都能重新出现。尽管橡皮擦没有完全起到作用，但我母亲还是在某种程度上找到了一些办法。

当你不愿意让自己去想某件事时，你就无法不去想它。如果我对你说："不要去想黑猫"，你立刻就会想到黑猫。强迫自己去想其他的事情可能会在短时间内奏效，但造成麻烦的图像很可能会卷土重来。你可以告诉孩子："别担心，这不是真的。"但是，这么说其实一点儿都没用。理性的话语无法安抚非理性的想法。反复解释"地鼠是生活在地下而我们住在二楼"是无法让我儿子释怀的。儿子仍然坚持认为地鼠就住在他的衣橱里，这让他很担心。恐惧、担忧和焦虑来自大脑负责情绪的原始部分，用于保护我们免受"剑齿虎"的伤害。你无法让恐惧者相信造成恐惧的事物原本是不应该存在的。不，我们需要另一种策略。

为了克服恐惧，你需要用恐惧自己的语言来说话。我母亲是对的。你必须用火来对抗火（或者，更确切地说，用图像来对抗图像）。然而，橡皮擦技巧的问题是，一旦我清除了可怕的怪物，我就只能想象一个满是橡皮屑的空白的屏幕。然后，砰！怪物又回来了。但是，使用想象力来改变那个令人恐惧的画面（而不是擦除画面），则让孩子们能有一个机会与这些怪物（或者，对我儿子来说，是地鼠）作战。

为了消除想象中的恐惧，你要鼓励你的孩子去使用大脑的想象力，而不是试图摆脱大脑的想象力。以下是处理令人恐惧的心理图像的一些方法：

把恐怖的事物打跑

因为橡皮擦的把戏对作为小孩子的我不起作用，所以我用心理想象力发明了自己的策略。我躲在毯子下，想象在我的周围形成了很多的力场，就像一个保护泡泡。有一个尖尖的力场和一个橡胶的力场，它们会把怪物弹开；还有一个超级厚的金属力场，任何东西都无法穿透它，等等。我发明了无数的力场，直到自己感到安全和舒适之后就迷迷糊糊地睡着了。你可以和你的孩子们一起探索他们可以想象到的对抗可怕的假想访客的方法，比如想象某种力场或是想象超级英雄们猛烈攻击夜深人静时的入侵者。你甚至可以建议孩子们想象自己与某人（父母、兄弟姐妹、朋友或毛绒动物）合作共同去击败恐怖事物的画面。

儿童和青少年

把恐怖的事物变得可笑（见下图）

在《哈利·波特与阿兹卡班的囚徒》中，霍格沃茨的学生们正在练习抵御博格特的魔法。博格特是一种会变形的生物，会变成学生们最害怕的样子。学生们练习的咒语是："无稽之谈！"不过，光念咒语是不够的。为了打败这个怪物，学生们必须使它变成一种可笑的形式，这需要用到他们魔杖的力量以及……他们的想象力。真正的力量在于想象力。即使没有魔杖，你也可以教会你的孩子们通过把可怕的图像变得可笑来解除它的武装。当我的女儿在晚上害怕水下的海怪时，我鼓励她想象海怪戴着可笑的小帽子，穿着可笑的衣服。一想到海怪穿着可笑的鞋子，留着可笑的小胡子，女儿就笑了。而且，她还使怪物的嘴消失了。你可以鼓励你的孩子们打扮他们想象中的怪物或想象中可怕的动物。他们也可以给这些角色设定可笑的声音。如果想更进一步的话，可以帮助你的孩子画出让他害怕的事物，然后添加上一些值得发笑的细节或配饰。你甚至可以用毛毡、织物胶水和枕头填充物把孩子害怕的事物变成一个简单的毛绒玩具。

或者，把枕头填充物塞满一只长筒袜，再用纽扣眼睛和纱线头发去装饰它，用来代表那个原本是"可怕的"现在却是"可笑的"事物。如果你喜欢外包这样的项目让别人帮你做的话，网上可以找到很多能提供这类服务的公司，他们可以把你孩子画的画制作成毛绒动物玩具。你可以在网上搜索"把图画变成毛绒玩具"。你会发现有很多这类供应商可供选择（见下页图）。

图注：把恐怖的事物变得可笑

抵御邪恶的工具

用棍子和丝带制作魔杖或用黏土制作护身符可以帮助孩子感到自己受到保护、勇敢和有控制力。虽然像这样的"神奇"物品可能无法保护孩子免受现实生活中的痛苦或伤害，但它们对假想中的威胁却有完美的防御力（见下页图）。

图注：抵御邪恶（"魔杖"）

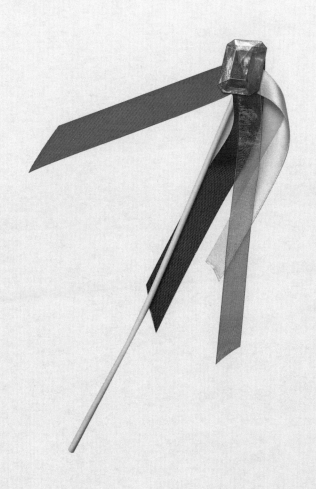

学校、狗和其他现实生活中可怕的东西

我女儿上幼儿园的第一天完全没有问题。她直接走了进去，毫不担心，也没有哭。她喜欢上幼儿园。直到……第二周。问题的严重性逐渐显现出来。女儿开始哭了。她开始恳求不去上学。她在幼儿园门口紧紧抓住我不让我走。一个星期就这样过去了，然后又过了一个星期。我认可她的感受。我提醒她说我们的日程安排是怎样的以及我什么时候会回来接她。我指出她在幼儿园里总是很开心。我试图逐步减轻女儿的反应。当我觉得自己已经竭尽全力、黔驴技穷的时候，我突然意识到自己还没有和女儿一起为这件事做过艺术活动。我停止说教并找到了一些有创造力的方法。

在每次接送女儿放学的时候，我们会给她和老师、朋友以及最喜欢的活动拍照。在家里，我们把这些照片打印出来，裁剪好贴在大号的纸上。我问她想用什么词来形容她在学校里喜欢的东西。她让我在每张照片下面写下的文字是："我爱妈妈。"我们一起做巧克力蛋糕，用糖果袋包装好，并附上我女儿制作的手绘纸条，然后送给老师。虽然我们是为老师做的这些，但其实更多地是为了女儿自己。通过在家里做些东西带到学校，女儿将体会到在她自己的两个世界之间有一座桥梁。最后，她的哥哥给她做了一个扭扭棒珠子手镯（见下图）。"当你想妈妈的时候，让这个手镯来帮你吧。"第二天，女儿带着手工绘本、给老师的礼物和魔法手镯去了学校。这是几周来她第一次毫不费力地跟我说再见。在那之后，上学这件事对我们俩来说很快就变得容易多了。

图注:"当你想妈妈的时候可以戴这个手镯"

帮助孩子消除对上学的焦虑与帮助她不再害怕床下的怪物是不同的。处理对狗的恐惧与处理对衣橱里有地鼠的恐惧也是不同的。虽然在上学时或与狗一起横穿马路时不太可能发生什么坏事，但是对现实生活的焦虑是来源于实际的、可怕的事件，例如远离主要看护人或遇到攻击性的吠叫。虽然孩子可能会对上一节中描述的视觉想象策略做出积极的反应，但是在偶遇一只可怕的狗时想象一个看不见的、保护性的泡泡也许是远远不够的。这种现实生活中的事件可能需要用不同类型的策略来应对。

　　提供安慰是帮助孩子应对现实生活中可怕事物的第一步，但除非你能发挥一些创造力，否则你不太可能完全令孩子信服。要说服人们摆脱烦恼是很困难的。即使他们知道没什么好担心的，但他们担心的感觉依然存在。焦虑是身体在警告我们："有点不对劲，你可要注意啊。"因此我们无法仅仅用一句鼓舞人心的话就轻轻松松地将那个警报信号消除。而另一方面，创造性策略所使用的语言是恐惧本身自带的情绪化的、可视化的、抑制理性思维的语言。因此，艺术活动可能更有机会帮助孩子应对现实生活中令他们感到恐惧的事物。以下是一些比较容易实施的创造性的方法：

用唱歌和自己对话

我们每天都在自言自语，以至于我们几乎不会注意到自己在做什么。建设性的自我对话（与消极的自我对话相反）可以通过提醒我们发生了什么以及如何度过这段时间来帮助我们应对焦虑的情况。然而，压倒一切的、令人担忧的想法却很难被令人安心的想法所抵消。歌曲则非常适合用来教孩子在困难的情况下进行积极的自我对话，因为它们易于记忆、朗朗上口、有趣好玩。例如，如果一个孩子对狗感到焦虑，除了和孩子谈论一般性的安全指南外，你还可以用《山谷里的农夫》这首歌的曲调来唱："狗狗在叫'汪'。狗狗在叫'汪'。汪，汪，汪，我在这里行路忙！"如果你的正值青春期的孩子焦急地等待着某个申请或工作面试的结果，你可以唱："今天会反馈？今天会反馈？我不知道但是我也无所谓。因为不管怎样我都很 OK！"还有一种办法，就是从一首流行歌曲的副歌中找到一句似乎合适的歌词。泰勒·斯威夫特的 Shake it off 在我的青少年客户中很受欢迎，可以帮助他们摆脱关于社交和考试的焦虑。

儿童和青少年

情感替代品

这些东西是情感的替代品。通常我们会想到那种当父母离开时帮助孩子自我安慰的"婴儿爱物"或"小毛毯"。不过，过渡用的东西实际上可以是任意事物，只要它能帮助儿童或青少年处理因变化、搬家或分离而造成的焦虑就可以了。这类物品可以提醒孩子与某个特别的人的联系，或者为孩子提供一种即使是在家园之外也能拥有的内在的安全感。在上面的例子中，对我女儿来说，制作巧克力蛋糕送给她的老师就是一个过渡物品。它将女儿在家与我待在一起的经历与她在学校与老师待在一起的经历联系了起来。我儿子为妹妹做的手镯也是一种过渡物品。几个月后，女儿还是继续把那个手镯放在自己饭盒包里带着去上学，以提醒她自己与家的联系。青少年和成年人也能受益于过渡物品：一块彩绘的石头或贝壳、一个挂在项链上的特殊图案、一张全家福照片。你可以与你的孩子或青少年一起工作，想出一些你们可以一起做的事情，让分离或改变的困难变得容易一些。

给图片加上细节

大脑的默认模式是专注于负面的东西，因为自古以来"记住环境中危险的细节"对我们"作为一个物种要生存下去"来说都是必要的。然而，今天这种先天的倾向可能会阻碍我们。那些令人不安的事件中原本有助于缓解焦虑的愉快或令人安心的细节可能会被我们的大脑从记忆中省略掉。如果你的孩子经历了一些可怕的事情，你可以请他回想一下那个场景，同时，你要帮助他回忆起一些积极的或令人安心的细节。如果孩子觉得很难想象那个场景的话，请帮助孩子将其画出来。包括现场的救援人员以及当时情况下的解决方案（"然后消防队员来灭火了"或者"然后拖车来帮忙了"或者"爷爷抱着我，大家都没事"）。你可以考虑写一本关于这一事件的书。添加些文字来强化对结果的积极信念，例如"然后我们都很安全和快乐"。如果你的孩子不愿意回忆当时的场景，你可以尝试创作一个包含类似主题的隐喻故事。在和儿子一起去了急诊室之后，我们画了一个故事，讲述了一列火车滑出了轨道，不得不去火车医生那里接受修理。医生帮助了火车，火车很快又能在轨道上来回穿梭了。在儿子的坚持下，我们读了好几遍这个故事，直到他似乎已经在脑海中解决了那次事故为止。

如果你的孩子在做以上任何一个活动时感到不知所措或退缩不愿意做的话，请不要强迫他继续。如果你担心某件事对孩子的影响，而孩子对你的帮助毫无反应的话，建议你去咨询训练有素的专业人士。

1

少说：多画、
多舞、多唱

2

3

那些把家弄得
一团糟的艺术活动

不要与孩子
"熬过一天"

4

5

艺术活动，建立更
牢固的亲子关系

养育出
快乐的孩子

6

7

认识你身体
里的艺术家

用艺术培养出
学业成功的孩子

研究表明，积极参与创造性的艺术活动对儿童的认知和学习成绩有正面的影响，并且可以提高学生完成学业的参与度、努力程度和勇气。高层管理人员们坚持认为，他们将要寻找的公司管理者是那种能创造性解决问题的人，而艺术活动是培养这一类型人才的关键。政府官员指出，艺术活动对教育、人类的理解力和成就来说是至关重要的。当我们谈到培养成功的孩子时，即使是偶尔的艺术活动也会对孩子有好处。

让艺术活动发挥最大的 "营养价值"

我正开车送我儿子去参加一场周末的活动。在接下来的 15 分钟里，他要被困在车里了。所以，我抓住了这个机会，就他即将进行的关于伽利略的课堂演讲向他提问。

"那么，是什么使伽利略成了英雄呢？" 我一边问儿子，一边回想他老师的提示。"嗯。我知道，但我不知道应该怎么解释。"

我试着进一步引导儿子。儿子变得越来越沮丧。他显然不想现在去考虑这个问题（暂且这么认为吧）。

受林－曼努尔·米兰达 2015 年的音乐剧《汉密尔顿》的启发，我尝试了另一种不同的方法：

"哟！哟！伽利－略！" 我开始说唱（我显然不是个合格的说唱歌手）。"哟！哟！哟！" 我继续说唱，但不知道接下来该说些什么。"伽利－略！教堂说地球在中心，哟！但是伽利略却说，错，错，错！"

"太可怕了，妈妈！" 我儿子笑着叫道。太好了，他现在注意到我了。

我继续说唱："伽利－略，他说错，错，错。太阳在中心，哟！

你错了，教皇。如果你不相信我，来看看我超级酷的……"我停下来，看看儿子是否会把剩下的歌词填上。

"望远镜！"他说出了结语。"你知道我为什么喜欢伽利略吗，妈妈？因为你编了这个傻傻的说唱。"

蔬菜的新鲜度和烹饪方式会显著地影响其实际的营养价值。我们如何给孩子提供艺术服务和我们如何让孩子获得蔬菜的最大营养一样，都是很重要的事情。"小小爱因斯坦"DVD 系列（包括"小小莫扎特"和"小小达芬奇"）就是一个很好的例子。1993 年，劳舍尔、基和肖恩进行了一项研究之后开发了这些受青少年欢迎的视频中的第一个。该研究报告称，成年人听 10 分钟莫扎特的音乐能暂时提高其智商测验的分数。基于这项研究的营销产品存在四个较大的问题：①受益最多只能维持 15 分钟；②智力的改善仅存在于一个狭义的领域；③这项研究不适用于儿童；④不支持提高一般智力。[1] 尽管如此，"莫扎特效应"还是受到了极大的追捧。一些政府部门开始要求在教室里每天播放莫扎特音乐，而新手妈妈在分娩后也会收到莫扎特音乐的 CD 盘。顺应这一趋势，"小小爱因斯坦"品牌诞生了。至 2009 年，虽然学术界严重怀疑莫扎特音乐是否真的能让孩子更聪明，但是该品牌的估值仍然达到了 4 亿美元左右。在 2007 年，华盛顿大学的一个研究团队发现，观看像"小小莫扎特"这样的 DVD 实际上会导致语言词汇发育速度的下降。有人因此提出了诉讼，并获得了退款。盲目相信这些 DVD 被炒作出来的好处就相当于给孩子们喂食了营养价值不高的、萎蔫的、煮过了头的蔬菜。

孩子的智力和学习成绩不会因为观看木偶随着古典音乐跳舞而提高，也不会因为被动地听不喜欢的音乐或者看印有文艺复兴时期绘画的抽认卡而提高。正如上面关于我儿子的伽利略演讲（以及我令人惊叹的说唱技巧）的故事中所展示的，为了最大限度地得到艺术的营养成分，我们需要用孩子的喜好和兴趣来"烹饪"，并与孩子的积极参与（而不是被动消费）相结合。如果能添加上讨论那就更有帮助了。瞧！这才是成功的秘诀。以下是一些真实的案例：

- 英国的一项研究发现，当 10 岁和 11 岁的孩子听喜欢的音乐时，他们在视觉空间任务上的表现会更好。让孩子听他们喜欢的流行音乐（而不是莫扎特），可以提高了他们的分数。

- 达纳艺术与认知联盟进行的几项研究（历时四年，在七所大学进行）揭示了积极参与音乐培训（即学习如何阅读乐谱和演奏乐器）可以获得积极和持久的成果：几何和地图阅读任务得分提高、阅读准确性和速度提高、语音意识提高（这是阅读和拼写的一项重要技能）。

- 一些低收入家庭的学龄前儿童参加了为期一年的、鼓励孩子积极参与和讨论的艺术拓展项目。项目结束后，这些孩子比其他参加了非艺术项目的同龄孩子表现出了更强的语言理解能力。甚至，参加该艺术课程两年的学生在识字、数学和科学技能方面的进步比只参加了一年的学生更大。

- 一些孩子被教授了如何去听古典音乐会。听完之后，他们还就自己所听到的内容进行了讨论。结果显示，这些孩子在课堂上认真听讲和遵循指令方面都有改善。

当我们用可以最大化其营养价值的方式为孩子提供艺术活动时，我们不仅能在学术和认知领域看到可衡量的进步，而且在支持学习的相关领域也能看到提高。艺术活动可以磨炼注意力技能、缓解对个人问题的分心情绪、增强驱动力、培养批判性思维和提升观察技能、促进信息的保留和检索、发展创造性思维，等等。本章的其余部分将探讨如何通过艺术活动培养这些技能从而让孩子获得成功。

艺术活动中重要的创造力和思考力

"我们的女儿不是很有创造力。也许你可以在这方面帮帮她。"我的一个朋友在我和她女儿及我儿子一起坐下来做贴纸书(有场景页面、贴纸和一些指明贴纸应该贴在哪里的数字)的时候说。"这张贴纸应该贴在哪里?"女孩问我。"好吧!"我开始说,"建议你把它贴在这一页上,但这只是一个建议。你可以按照自己的想法把它贴在任何你想贴的地方。"我给她举了例子。没过多久,她就把"属于第 5 页"的贴纸贴到了第 8 页上,把"属于第 3 页"的贴纸贴到了第 1 页上,这样就创造了她自己独特的场景。与孩子父母的印象相反,这个小女孩很有创造力。她只需要得到允许就可以了。当孩子父母回来接她时,他们对我们以如此不同的方式完成了任务感到敬畏:"我们从来没有想过能这样做。"我从来没有想过不能这样做。

创造力是一个涉及技能的过程,例如创新的技能(跳出"盒子"思考如何以新的方式达成任务或处理事物）和冒险的技能（不怕犯错或失误）。它还能培养批判性思维（通过观察和分析做出深思熟虑的判断）和促使问题解决（这可能涉及识别模式和抽象思维）。虽然艺术活动并不是锻炼创造力的唯一途径，但它们在培养创造力所需的技能方面发挥着关键的作用。而且，这些提高创造力的技能可以方便地应用于任何事情：科学、数学、写作、工程、育儿、烹饪、教学。因此，艺术活动是培养孩子在任何职业、爱好或兴趣上取得成功的主要竞技场。

教育和商业创新专家肯·罗宾森爵士断言，创造力对个人的成功和社会的未来都是至关重要的。那种"努力学习然后获得大学学位，即使不满意也能保证找到工作和财务稳定"的日子已经一去不复返了。获得学士学位现在是一件很平常的事，不再像以前那样重要了。即使是拥有硕士学位的年轻人也可能很难找到有价值的工作。要想有竞争力，求职者需要的不仅仅是顶尖大学的好成绩和高学历，他们需要成为有创造力的思想者才能获得必要的优势。肯·罗宾森爵士警告说，企业和社会需要有创造力的思想家来解决日益增长的经济、技术和环境问题，这些问题将决定我们世界的未来。年轻人需要创造力才能成功，社会需要有创造力的年轻人才能生存。创造性思维很重要……非常重要。

每个人都有创造力，但不是每个人都知道如何培养创造力。上文中我朋友和她女儿玩贴纸书的故事就是一个很好的例子。我们中的许多人都被父母、学校、工作或社会教导成了规则的追随者。当谈到制作艺术作品时，我们中的许多人都被教导要复制模型、要遵循指导或努力让作品看起来像它"应该有的样子"。当我们自己曾被这样教导时，我们往往就会把同样的方法传授给自己的孩子和其他人。

平正在参加她三岁孙女的学前班举办的年度儿童艺术展。除了展示和销售儿童和工作人员制作的艺术作品外，这个活动还为儿童及其兄弟姐妹提供了一些现场制作艺术作品的桌子。平静静地看着孙女和另一个小女孩坐在一起。她们每人都有一套同样的材料，包括一个鸡蛋托，一些带自黏胶的卡通眼睛和一些扭扭棒。那个女孩大刀阔斧地在鸡蛋托的三个隆起处黏上了很多（大概有十二个）卡通眼睛。与此同时，平的孙女权衡了自己有的材料，然后在鸡蛋托的三个隆起处给每个隆起贴上了一只卡通眼睛。过了一会儿，一位好心的课堂助理收走了那个女孩的"十二只眼睛"的作品，对她说

"不是这样的"。然后，"扑通"一声摔下了一个只有两只眼睛的毛毛虫原型（女孩们在动手做之前没有看到那个模型）。"哦，这才是它应该看起来的样子！"平的孙女尖叫起来。平默默地哀叹：孩子们失去了一次强化创造性思维及风险承受力、强化独立决策以及形成创造性身份的机会。

当然，对孩子们来说，学习如何遵循指导是很重要的事情。我可能会刻意选择一个需要仔细遵循每一步指导的艺术项目去帮助那些难以遵循多步骤指导或难以将大任务分解为小块工作的儿童，这样他们就可以专门练习这些技能了。然而，对于大多数孩子来说，更为相关的、广泛需要的技能是未来将服务他们一生的创造性思维方式。大多数孩子都能学会如何遵循指示，他们不需要我们坚持说贴纸要贴在指定的位置上；大多数孩子都能知道动物该有的颜色，他们不需要我们坚持说要用正确的颜色去涂色。艺术活动是生活中为数不多的舞台之一，在那里孩子们可以打破规则并锻炼他们的创造力。有时这仅仅意味着我们成年人在孩子玩的时候要离孩子远一点。而在其他时候，刻意地引导孩子朝着培养创造力的方向前进可能会是有益的。

根据活动的结构或开放性的不同，我们可能需要用不同类型的指导方式来培养创造力。太多的结构或太多的自由是同样有害的。虽然很多活动的结构会让孩子养成总是遵循预制说明的"不良"习惯，但过多的自由则会让孩子感到不知所措，难以开始。我们的任务是帮助孩子找到这两者之间的最佳平衡点，在那里创造力可以蓬勃地发展。以下是一些针对给定活动的结构或开放程度需要记住的提示。

如何开展高度结构化的活动

高度结构化的活动包括带有步骤说明、颜色编码或最终产品图片的项目。它们在促进创造性思维方面很有用，因为它们提供了打破规则的机会。当你牢记以下提示时，结构化的活动可以教会孩子和青少年："你可以同时既参考他人的想法又偏离他人的想法。"结构化的活动还可以告诉我们："完成同一个任务的方法有很多。"

- **说明书只是一种建议**（见下图）。你可以大声对孩子说："这是他们的建议，但你可以提出自己的想法。你想使用他们建议的颜色，还是想使用不同的颜色呢？如果你想使用不同的颜色，可以选择金色或绿色，或者，什么颜色也不用，留着不涂也可以。这都取决于你。你想怎么做呢？"如果你的孩子想遵循说明书或者照着样本去做，你也不要对抗他的想法。只需要说

"听起来你喜欢他们的想法"就可以了。

- **给孩子做出"打破规则"的榜样**。如果你正在和孩子一起做相同或类似的活动，你可以向孩子展示出自己是如何偏离别人建议的方法、准则或程序的。你可以描述自己正在做的事情："我想我更愿意把这张贴纸贴在这个地方，而不是他们建议我们贴的那个地方。我觉得这看起来很不错……你打算把你的贴纸贴在哪里呢？"

- **如果需要举例说明的话，请多举几个例子**。通常，在做艺术活动的时候，孩子们会得到一个最终的产品模型，特别是在学校里或在正式的艺术课上。许多手工材料包还会附有孩子将要制作的物品的照片。如果必须给孩子提供一个模型（或材料包已经提供了一个模型）的话，请在口头或视觉上再给出其他几个范例。这将教会孩子"能完成项目的方法是很多的"。

- **引入其他的艺术材料**。你可以与孩子一起探索项目原配材料之外的、其他的艺术材料。例如，如果你们在玩贴纸书，可以从其他的贴纸板或贴纸书上找一些贴纸加进来玩。如果孩子们在给一辆木制汽车刷漆，你们可以去找一些丝带、扭扭棒、五金件或其他可以黏在上面的物品。

- **避免说"应该"这个词。** 如果你听到自己开始说"应当""不应当"或"应该""不应该",请立即停止!这些都是阻止创意和探索的百试百灵的方法:"贴纸应该贴在那里"……"你不应该用剪刀剪黏土"……"你应该使用黑色以外的颜色,因为黑色会让你的画面变得浑浊。"如果你想给孩子提供一些温和的艺术指导的话,建议你使用"我看到了"或"我注意到了"和"我想知道"等非判断性的短语来强调孩子拥有自己做出选择的能力:"我看到你把颜色混合在一起,变成了棕色。我想知道你是喜欢这种混合的颜色呢还是喜欢各种分开的颜色?由你来决定吧。"(有关非评判性语言的更多讨论和示例,请参见附录一:如何在生活中谈论艺术。)

多一些开放式的活动

只有新的或不寻常的材料才能激发出想象力。例如,你可以给孩子提供魔法黏土(一种轻质的、不易破碎掉渣、风干即可成型的黏土)、手指画颜料、捡来的物品或可回收的物品(如旧钥匙、卷纸芯或树叶)等材料。有的时候,材料本身就可以提供足够丰富的结构让孩子产生创意。但是其他的时间里，你的孩子可能会需要一点点推动力。即使是使用熟悉的材料（如铅笔和马克笔），你的孩子或青少年也可能会需要更多的引导才能开始。一张白纸常常会让人望而生畏。

- **大声表示出对艺术材料的好奇**。"我发现了这个，而且我觉得这种材料很酷。我想知道我们能用它做出些什么呢？"你可以和孩子一起研究那个材料。它让你和你的孩子想到了什么吗？你们一起合作应该能想出一个独特的艺术活动。

- **为孩子做出勇于冒险的榜样**。让你的孩子知道：在头脑中尝试任何特别的计划都是可以的。当你摆弄某种材料时，你可以大声谈论你的体验过程。例如，你可以开始滚动一个黏土球，然后说："我不确定我会做出什么，但是我要先试试，看看会发生什么。"

- **上网搜索**。如果你和你的孩子都没什么想法，那么就一起上网搜索吧，看看有哪些手工制作使用了你们手头现有的这种材料。你们可以直接搜索"用卫生纸芯做手工"或"用树叶做手工"。搜索出来的结果就能让你们入门了。

- **设置一个挑战**。想要使用开放式材料展示更多创意的话，可以试试发起一项挑战。你可以建议说："让我们看看是否可以用这些材料建造有史以来最高的塔。"另一种办法是：用某个主题来命名活动，比如"秋天"或"冬天"。

- **停止帮孩子做修复**（见下页图）。在生活中，我们会忍不住为孩子提供解决问题的方法。在艺术活动中，我们也常常会这样做："绑带不起作用，我们需要使用订书机"……"来吧，我可以解决这个问题"……"为了做这个，我们需要……"虽然我们的出发点也许是好的，但是直接给孩子提供答案会剥夺他们探索、试验和从错误中学习的机会。有时，给孩子提供帮助或提出建议对孩子来说是有好处的，但是在这样做之前，首先要请孩子与你一起解决问题："嗯，我注意到没黏住。你觉得我们是不是要试试其他的办法呢？"通过这种方式，你将帮助孩子锻炼创造性解决问题的能力，这是一种适用于生活各个方面的技能。

图注：停止帮孩子做修复

不要这样做：

试试这样做：

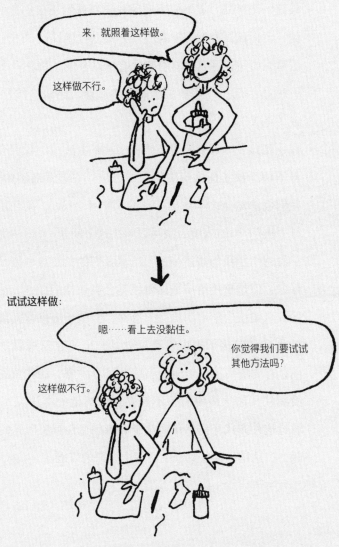

- **把艺术活动当成游戏**。游戏的想法会带来乐趣并缓解压力。把艺术活动当成游戏，可以鼓励循规蹈矩的孩子放松，也可以鼓励对艺术创作感到恐惧的孩子去做一次尝试。

  - 涂鸦绘画（见下页图）。"我学会了一个新的画画游戏：首先把一张纸随便画满。然后，看看你画的形状和线条。在这些线条和形状中寻找图形或物体。加上颜色和细节，这样就画完了一张画！"年长的孩子和青少年可能更愿意交换彼此的草图，看看他们能用对方的涂鸦画成什么画。

  - 轮流画画。"这就是我们的玩法：谁也不能开口说话，我们将轮流在一张纸上画形状或线条，一起画成一幅画。"因为你们都不知道对方在想什么，所以这幅画会随着时间的推移而演变。这不仅锻炼了创造性思维，还锻炼了创造性协作！

图注：涂鸦绘画（"海马"）

从幼儿园到研究生院

　　任何一位优秀的学前班教师都可以告诉你，当孩子们制作艺术作品时，他们就是在发展上学前需要掌握的技能。着色、串珠或使用剪刀可以让孩子的精细运动和眼手协调能力得到锻炼，这是他们上学后写字所需要的技能；绘制线条和形状来代表人或树木，是用符号代表事物的早期表达形式，它可以为另一种形式的符号交流（阅读）做好准备；敲击节拍器打拍子的能力可以预测孩子大脑追踪音节的能力如何，因此，参与有节奏的活动也可以促进语言的学习和阅读；当孩子们画画的时候，他们就学习到了与数学相关的形状；当孩子们跳舞的时候，他们就获得了空间的意识；当孩子们混合颜料的时候，他们就学习了色彩和可以实验的科学知识。孩子们还能通过艺术创作去学习如何做出选择和解决问题。

　　让学龄前儿童制作艺术作品是大家都认同的。那么高中生或者大学生、研究生呢？我们很少听说他们会通过制作艺术作品来提高认知和学术研究能力的。然而，越来越多的顶尖研究生课程开始欣赏艺术在培养某些被传统教学方法忽视的关键技能方面的作用了。事实证明，从幼儿园到研究生院，艺术活动都能提供独特的机会，让学生发展未来成功所需要的认知技能。

艺术活动可以提高认知技能和专业技能。一个显著例子是艺术课被纳入医学院的课程之中。从历史上看，医学生上绘画课也许是为了学习人体解剖学。不过，今天他们上艺术课是为了打磨一系列复杂的认知技能，使自己成为更好的医生。在美国，包括耶鲁大学、哈佛大学、康奈尔大学和布朗大学在内的 20 多所医学院已经将精心设计的艺术课纳入了他们的课程之中。其原因如下：

观察的能力

艺术活动可以磨炼观察的技能。无论是亲自动手画些什么，还是观看他人的绘画，你都是在发展一种更准确地观察事物的能力。这是许多成年人在从事自己的职业和承担其他社会角色时所需要的基本技能。无论是要做出准确的诊断、可行的假设还是对需求做出适当的评估，观察的技能都是至关重要的。我们目不转睛紧盯着电子设备的状态，阻碍了我们观察周围世界的能力。

观察的技能包括通过感官收集关于物体、人或事件的信息。虽然这听起来很简单，但想成为一名敏锐的观察者实际上并不容易，因为大脑要通过不断地编辑、预测和抽象所看到的东西来工作。大脑也倾向于以过去汲取到的经验来解释眼前看到的东西，从而更容易错过明显的细节。这就是为什么两个人可以对同一个事件做出完全不同的描述。医生在给病人做诊断时无法承受这种常见的观察不准问题。这就是为什么医学院要开设美术课程的原因之一：美术课程有助于把"第一手观察"这项技能带回给学生们。

研究表明，艺术家能以敏锐的观察力对事物进行观察。眼睛扫描显示，当不同的人观看同一幅图像时，艺术家往往会花更多的时间去观察整个场景（包括看似空旷的空间），而未受过艺术训练的人则会花更多的时间去观看物体，尤其是人。这表明艺术家们会花更多的时间去看眼前的一切，而其他人则试图对他们所看到的东西进行分类并赋予意义，但却不太关注细节和背景。因此，训练有素的艺术家能够更好地回忆细节也就毫不奇怪了。"将视觉信息快速翻译成熟悉的类别"这一行为虽然对日常生活很重要，但却可能会导致我们错过那些一直盯着我们的脸看的关键信息。

有多种方法可以让我们培养出艺术家的大脑：

拍下不怎么关注的东西

邀请你的孩子在一个月内每天为他之前从未注意到的东西拍照
（见下页图）。在月底用这些照片制作一张纸版的或数码的拼贴画。

图注：我以前从未注意到的东西

玩"我是间谍"的游戏

不仅描述物体的颜色，而且也描述物体的纹理、形状、线条、图案、光影。

心理游戏

儿童

和孩子一起从云彩里寻找图案

儿童和青少年

请孩子复制一个上下颠倒的图像

或者，邀请孩子在某个物体周围的空间画出阴影，而不是直接画那个物体本身。

心理游戏

儿童和青少年

让孩子仔细观察一幅画

然后把那幅画拿开，让他画出或回忆出尽可能多的细节。

让孩子参加正式的绘画课程

让孩子自己选择一个物体来画

邀请孩子自己选择一个物体来画。任何东西都可以：一个人、一棵树、一个最喜欢的毛绒玩具、一个苹果或其他任何东西。你甚至可以让孩子坐在镜子前画他自己的脸。给孩子提供一张纸和一支铅笔或钢笔。孩子的任务是：在不把视线从物体上移开以及不把铅笔从纸上提起的情况下画出物体。这种画画的方法被称为轮廓盲画（见下页图）。指导孩子将目光慢慢地沿着物体移动，同时，慢慢地贴着纸移动铅笔，画出他所看到的东西。孩子要忍住低头看纸的冲动和抬起铅笔的冲动。画完之后他才能看！提醒你的孩子，这个活动的重点不是让自己画得像。这个活动更像是一场结果通常又有趣又令人惊讶的游戏。你可以和孩子一起做这项活动，以便额外收获更多的亲子联结时间。

图注：轮廓盲画（一名青少年的自画像）

解决问题的能力和批判性思考的能力

想象一下：200 多名五年级学生聚在一起，每人拿着一袋杂七杂八的东西，他们要花 15 分钟的时间制作一把自己的椅子。对他们唯一的要求是：至少要使用提供给他们的三种以上的不同的材料。开始！这是美国教育部和纽约古根海姆博物馆在过去的四年里发起的活动。其目的是要衡量艺术培训是否对解决问题的能力有影响。这个活动的结果是很喜人的。参加上述古根海姆艺术学习计划的学生表现出他们在很多方面的能力均得到了加强，比如：做出慎重的选择、提前计划、使用多种方法去解决问题、识别除他们容易获得的资源之外的资源并以专注和探索的态度完成挑战。简而言之，他们变得更善于解决问题了。

我们每天都会遇到需要解决的问题，无论是在学校、家庭还是工作中。有些问题相对来说很琐碎（"我如何才能及时把三个孩子送去参加他们各自的活动同时自己做好上班的准备？"或者"家里食材这么少，我们晚餐能吃什么呀？"），而有些问题则具有更"宏大"的意义（"我们能做些什么来净化空气呢？"）。然而，我们很少会去考虑哪些工具可以有效地解决问题以及要如何获得这些工具。

与大多数人的想法相反，解决问题并不意味着尽快找到正确的解决方案。当我们急于找出一个正确的答案时，我们可能会错过其他的可能性。我们可能会失去灵活思考的能力，变得沮丧或永远陷于困境之中。这就是为什么某些医学院要训练学生多人在一起思考问题并鼓励每个人表达不同的甚至相互冲突的观点。这些医学院意识到，与他人合作（而不是独自一人去寻求正确答案）是诊断和治疗疾病的更有效的途径。那么，顶级医学院是如何培养未来的医生以这种方式去工作的呢？他们让学生多人一起讨论绘画。

视觉思维策略联合创始人阿比盖尔·豪森说："艺术讨论可能是教授批判性思考技能的最肥沃的土壤之一，因为这种讨论没有所谓正确的答案。"阿比盖尔几十年来一直在研究解决问题的方法，而她研究出的成果支持了她的主张。视觉思维策略是一个精心设计的过程，用于促进关于艺术的小组讨论，帮助孩子们利用现有的技能和知识，从他们所看到的东西中找出意义。学生们学习识别绘画作品中那些支持他们想法的线索、倾听彼此的意见并寻找额外的细节来扩展或改变他们的想法。这一过程能培养孩子尊重他人的观点、增强自己的信心并提升自己公众演讲的能力。视觉思维策略还能提高孩子进行批判性思考的能力以及在数学、科学和语言艺术方面的学术成就。

儿童和青少年

在博物馆、广告牌和电影海报旁提问

　　虽然视觉思维策略通常由博物馆和学校里那些训练有素的辅导员来实施，但你完全可以对自家孩子使用类似的策略来提高他们批判性思考的能力。下一次，当你和孩子一起观看艺术作品时，无论你们是在博物馆里、广告牌下还是在街头看电影海报，你都可以像视觉思维策略课程常常会做的那样提出以下三个问题：

　　1. 这张画里有什么？

　　2. 你看到了什么让你这样说呢？

　　3. 你还能找到更多的信息吗？

　　认真听孩子是怎么说的。重复孩子对你说的话。你自己也可以这样玩，还可以让孩子的兄弟姐妹或朋友也参与进来。要允许孩子说"不知道"或说出多个不同的答案。即使你知道艺术家想要传达什么，也不要纠正孩子或引导他走向所谓"正确的答案"。还有一个办法是，将视觉思维策略应用于音乐。下一次，当你们在车上或在家里听音乐时，可以玩一个游戏——问孩子以下三个问题：

　　①这首歌唱的是什么？

　　②你听到了什么让你这么说呢？

　　③这首歌还唱了什么？

正念的力量

正念最初与佛教有关，传统上是通过冥想练习来培养的。现在，正念练习已成为流行的生活方式，被教授给学生和老师、员工和高管以及高水平的运动员。正念是一种对现实中存在的任何事物进行非判断性接受的实践，它不仅仅与个人的满足和内心的平静有关，它还能让人在分心、混乱和紧张的情况下增强注意力、专注力和保持冷静。正念提高了我们对那些影响我们思考和选择的"内部杂音"（我们大脑中经常出现的、没有意识到的声音）的意识，同时，也有助于我们以开放的心态面对当下的、有可能会错过的细节。难怪医学院在将艺术课纳入学校课程时所阐述的原因之一就是要培养学生的正念。

就像冥想时人们会专注于呼吸或祷告词一样，创造性表达也是一条通往正念的道路，无论是按照自己的喜好给画面涂色、抽象地表达情感或是将音乐转化为运动。创造性的表达需要注意各种细节，如线条、阴影、颜色、形状或手臂、手腕、手掌和手指的细微动作。通过关注这些体验，我们可以停在当下，与实际正在发生的事情待在一起，而不去思考过去或者未来。对于医学生来说，这些技能将转化为使他们更有能力在与患者会面时，全神贯注地倾听和观察这一位患者，而不是一边听一边走神去想前一个患者或预测下一个患者。

正念教学有很多种形式，包括呼吸练习、行走冥想和身体扫描，在做这些活动的过程中，注意力会被带到身体的各个部位。然而，对于某些人来说，这些更为传统的正念切入点是比较难以掌握的。特别是儿童，他们也许会觉得更加困难。

我躺在地板上，为我正在学习的课程做"冥想作业"。一段录音提示我要把注意力集中在呼吸上。我儿子决定加入和我一起练习。他也仰面朝天躺了下来（实际是躺在了我的身上），开始用嘴巴大声地吸气和呼气。录音中柔和的声音继续说道："现在，把注意力转移到脚趾上。你在那里注意到了什么呢？你不需要扭动脚趾就可以感受到它们。"

我儿子打断了我的冥想。他说："妈妈，她说要'扭动你的脚趾'。你怎么不扭啊？"

"嘘……"我无声地回应试图引导他回到沉默中去（或者，更确切地说，想要让他达到某种程度的沉默）。录音继续说道："也许你感觉到了脚趾上凉凉的空气，或者，有刺痛的感觉。你不需要感觉你的脚趾就可以感受到那里有什么。让你的感觉进入你的脚趾。"我儿子伸手向下抓住了他自己的脚趾。"她说要感觉你的脚趾，妈妈！快感觉你的脚趾啊！"我突然爆发出一阵大笑："是啊，我的宝贝。"

我的冥想尝试失败了，但这次"事故"给我提供了一个用心育儿的机会，让我对眼前的一切进行了不加评判的接受：我那摇摆不定、注意力不集中的儿子正在努力冥想。他显然需要另一种不同的方法。

当孩子们被引导冥想时，他们通常会被基于视觉和想象的提示所引导，这并不奇怪。对孩子们来说，"想象自己正在吹气球"或者"关注肚子上毛绒玩具的升降"比"关注自己的呼吸本身"更容易引起他们共鸣和理解。同样，物理的、感官的和想象的艺术世界可以帮助孩子们更容易地将注意力锚定在当下，而不必去把握他们很难捕捉到的体验（比如上述例子中的"感受脚趾的感觉"）。我们只需要用心一点，就能帮助孩子从艺术可以提升正念的这个特点中最大限度地获得收益。下面来看看我们可以怎样去做。

当思绪徘徊不定时，正念练习能够让人重新集中注意力，这是正念练习的特点之一。和呼吸或对身体进行扫描时一样，在艺术创作的过程中，人的思绪也会飘忽不定。因此，艺术活动本身并不会自动引起对当下的非评判性的关注。相反，艺术活动有唤起自我批评的倾向。它会激起不满意、沮丧和不耐烦的情绪。如果没有一个特定的关注点，那么这些判断很快就会占据主导地位。当你想要利用艺术活动来促进正念时，请记住以下两个策略：

- 在艺术活动的过程中，将注意力转向视觉、触觉或运动元素：例如，某种明亮的颜色，铅笔轻松自如来回移动的重复动作，或黏土那种黏黏糊糊的感觉。

- 参加没有预先计划的绘画、舞蹈或音乐活动。把每一刻都当作能带来一个又一个创造性时刻的惊喜。这就是即兴创作：从每一刻到下一刻都需要做出创造性的决策。即兴创作增加了大脑中自我表达区域的活动，同时也减少了自我监控（或"害怕犯错"）区域的活动。本书前面讨论的研究表明，减少对犯错的恐惧会有助于建立起一种成长型心态，而成长型心态与提高学术成就是有相关性的。

你可以用下面这个活动来和你的孩子一起尝试使用这些策略。

用心体会绘画的过程

这项活动需要给孩子准备一张大尺寸的纸、油彩和一把刷子。如果你没有油彩，也可以使用记号笔、蜡笔或铅笔代替。在活动开始之前，你可以向孩子说明：游戏是将注意力集中在画笔（或绘图工具）的运动上，而不是思考自己将要画什么。在孩子将刷子蘸上颜料后，你可以对孩子发出提示："让我们从移动手指开始。注意手指是如何移动的以及这种移动是如何画出线条的。"鼓励孩子慢慢地体会。接下来你可以说："尝试将注意力集中在手的移动方式上。它与移动手指有什么相同或不同之处呢？你现在注意到那些线条了吗？"以此类推，一步一步地让孩子将注意力集中在手腕、手肘、肩膀，最终是整个手臂的运动上："注意使用整个手臂的感觉。那种感觉是怎样的呢？线条现在是什么样子的呢？"如果刷子上没有颜料了，可以让孩子重新再蘸上一些颜料。鼓励孩子尝试和玩耍："如果你用另一只手握着刷子，去做同样的步骤发生什么呢？"让孩子注意他在绘画时脑海中出现的任何想法，然后让他的注意力回到身体的运动及其产生的不同之处上。

帮助理解、记住和回忆

"六个土鸡蛋，一块茶点糕，一磅大鸭梨，培根别忘了……六条肥腿大，一件斗篷小，一截楼梯高，培根别忘了……六个晾衣夹，一个树叶耙，一堆椅子倒，培根别忘了。"在帕特·哈钦斯创作的 *Don't Forget the Bacon*（别忘了培根）这本经典的绘本中，主人公小男孩试图用儿歌的方式记住购物清单！但是，最后，他还是忘记了培根。

我们中的许多人都有自己学习和记住信息的方法，比如：在脑海中一遍又一遍地重复信息或大声说出信息。然而，像这种死记硬背的方法是最无效的，因为它忽略了记忆形成的重要组成部分，即：与先前存储的信息和情感意义的关联。长期记忆的关键在于理解大脑如何通过故事、图像、情感联系和感官体验来回忆、记忆并创造意义。这些都是可以用艺术活动来探索的。

图像、运动和音乐特别适合帮助大脑理解、存储和回忆信息。案例研究表明，患有阿尔茨海默症和其他类型的痴呆症患者在做拼贴或绘画的过程中看到相关图像时，会自发地唤醒记忆，并且，在听到其生活中熟悉的音乐后，可以回忆起最长六个月内的个人经历。记忆受损的人在唱歌（而不是说话）时也能更容易地记住新的信息。并且，他们在接受了基于图像的记忆技术的训练后，在信息回忆方面也表现得更好。

魔术师和世界记忆锦标赛的冠军们会使用生动的心理图像和故事来快速记住信息。例如，这种方法可以让他们表演出记住一副纸牌或数千个数字排列顺序的戏法。这些增强信息记忆的认知工具并不神奇，大多数外行人都可以使用。根据德雷斯勒等人的研究，使用强化记忆的可视化工具来进行训练，实际上重塑了大脑区域内部及区域之间的连接，使大脑的记忆模式转变为与记忆冠军相似的记忆模式。在这项研究中，受试者在接受了"记忆宫殿的可视化策略"（如下所述）的训练之后，能记住的单词数量是其训练前能记住的单词数量的两倍多。如果我们的小孩在"别忘了培根"这个故事中能想象出一块头顶放了六个煎蛋的油腻腻的培根梨子蛋糕的话，也许他就会记得清单上的所有内容了。

适用于孩子的基于图像、运动和音乐的学习、存储和回忆信息的方法有很多。以下这些方法很值得你去试一试：

儿童和青少年

把要记住的信息当成一个比喻

有些研究生课程要求学生在展示他们对新的学习材料的理解时，不仅要使用文字书写的方式，而且要使用图画创作的方式。学生们被要求使用图像来表达抽象的概念，这就使得他们超越了用文字对思想进行反复推敲的过程，进一步通过隐喻联想对新的学习材料建立起更坚实的理解。除了提升理解力外，图像比单词更容易记忆。你可以通过鼓励孩子想出一个比喻的方法来帮助孩子学习新的信息，特别是抽象的概念。你可以问孩子："你正在学习的这个新东西让你想起了什么吗？它像是什么呢？"当孩子想到了一个比喻时，你可以鼓励孩子把它画出来，把那个新的概念锚定在孩子的脑海中。心理学家瓦姆斯、米德和费尔南德斯的一项研究发现，画单词比写单词能让人更有效地记住单词。

绘制一幅心理图像

研究表明，心理图像越陌生、想象越生动，人对它的回忆就会越强烈。挑战你的孩子想象或画出一个奇怪的场景，里面包括有他们想要自己记住并且在未来能够想起来的信息。例如，如果你的孩子需要记住在去学校之前把关于大象的报告放进背包里，那么他可以画一只大象一边用鼻子摆动背包一边撞进了家门，或者他可以幻想一只大象背着巨大的背包走出了家门。这样，当你的孩子早上走到家门口或看到他自己的背包时，他的大脑很可能会将大门或背包与大象的惊人形象联系起来，从而触发他的大脑记住他需要做的是什么事情。

讲一个故事

回忆通过某种形式的互动或因果关系联系在一起的信息比回忆碎片化的信息要容易一些。如果你的孩子需要记住某种信息，你可以帮助他想出一个故事（甚至是一个荒谬的故事）来将这些信息联系在一起。画画、图像化或编故事可以进一步支持信息的保存和回忆（见下页图）。

不要这样做：

试试这样做：

建造一座记忆宫殿

在古罗马时代，记忆宫殿或称"位置记忆法"，会被用来记忆
和传递大量的信息。最近，这种方法已被证明对信息的保存和回忆
超过了普通方法的一倍。其中一个原因是，当我们回忆一个地方甚
至一个虚拟空间（空间记忆法）时，来自该地方的相关记忆也会浮
出水面（情景记忆法）。长期以来，这两种记忆形式（空间记忆和情
景记忆）都存在于大脑的同一个海马区。研究人员乔纳森·米勒和
同事们还证明了这两者之间存在着紧密的联系。下面我们来说明一
下如何去建造一座记忆的宫殿：

鼓励你的孩子想象一个可以去到并且可以在那里存储信息的地
方。这个地方可以是一座城堡、一栋房子、一所学校或其他空间。
然后，帮助孩子绘制平面图。邀请孩子想象他自己走进了那个地方
并看到自己想要记住的信息正在那里展示着。这些信息的展示方式
可以是与要学习的信息相关的文字、隐喻或视觉故事。不同的房间
可以容纳特定类别或类型的信息。在此之后，每当他需要回忆这些

信息的时候，他可以在脑海中穿过想象的空间回到那个地方去。当他进入了想象中的每个房间时，他会将那个房间与房间中的视觉呈现联系起来，从而回忆出他所需要的信息。

儿童和青少年

使用节奏和韵律记忆

　　口口相传的讲故事方式依赖于节奏和押韵。我在学习"1492 这一年，哥伦布航行在蓝色海天"或"密西西比"一词更容易被拼写为"M-I-s-s-I-s-s-I-p-p-I"的时候，我也是用的这种方法。吟唱、说唱、节奏和押韵都是已被证实的、可以有效学习和记忆信息的方法，它们在大多数的记忆法中排名前十。你可以帮助你的孩子为他们需要记住的信息或每日必做的事情发明一套他们自己的押韵打油诗。为了给这件事情增添更多的趣味，你还可以邀请你的孩子一起鼓掌、打响指、敲桌子或敲鼓。

让身体说话帮你记忆

研究表明，在说话时用肢体语言做手势的孩子比不做手势的孩子能更好地学习和回忆信息。此外，在被教导时观察老师或家长的手势也可以提高孩子的学习效果和记忆力。在给孩子讲故事、教授概念或辅导孩子做家庭作业时，你应该以身作则并鼓励孩子使用手势语言。你也可以教你的孩子将信息或概念与身体的动作配对。例如，在学习一门外语时，可以将一个不熟悉的单词与一个相关的动作进行配对（而不是简单地根据单词的意思来琢磨这个词）。用动作把新的词汇"做出来"已被证明可以改善人们对新词汇的记忆和应用能力。

写一首歌

孩子们是通过唱歌学会了 ABC 的，那么为什么不也用唱歌来学习其他的信息呢？你可以将单词更改为孩子熟悉的曲调（例如歌曲"划啊，划啊，划船啊"）或其他流行的新歌，以此来让孩子捕捉到他们要记住的信息。

心理游戏

把信息表演出来

演员们通过扮演其他角色来唤起观众的情绪及讲述故事，而许多人没有意识到的是，演员们将自己代入角色实际上会有助于他们记住和回忆起台词。多语言学家（会说 3 种或 3 种以上语言的人）在学习新语言时也会使用类似的方法。通过扮演一个说特定语言的人物形象，他们能够记住和回忆起更多的词汇。秘诀可能在于他们对所学的资料进行了情感互动。这种互动一旦完成，对学习资料的记忆就会自动跟进。无论表演的是文学、历史事件、数学方程式还是科学概念，你都要鼓励孩子用个性化的真情实感来表演，以便帮助他们记住相关的学习内容。

正如不同的人偏爱不同的学习风格一样，不同的人也会偏爱不同的记忆线索。你可以问问你的孩子哪种记忆方法最适合他们。在心情愉快时去学习某种记忆方法是更有效果的。如果某种方法第一次不起作用的话，请提醒孩子：新的学习方法与体育运动或其他爱好一样，都需要多加练习才能掌握。

可我正在集中注意力呀!

在我工作的学校里,我穿过礼堂过道,走近一名高中生。他正忙着画鞋底。他周围的孩子们聚精会神地坐着,看着集会舞台上的演讲者。这名高中生看起来一点也不专心。我蹲下身子,小声地问道:

"这有助于你集中注意力吗?"

"什么?"他明显被我的问题搞糊涂了。

"这是在帮助你认真听吗?如果是,那就太好了!如果不是,我会帮你拿着笔,直到演讲者讲完,这样,它就不会分散你的注意力了。"他看起来很震惊。

"是的。这对我是有帮助的。谢谢!"

某人看起来很专注并不能代表他在真正地专注。事实上,有时当人们看起来最投入的时候,他们的思想却远在天边。而另一方面,那些看起来心不在焉的人可能比他们看起来的样子更关注正在发生的事情。我经常邀请来听我演讲的参会者在听我说话的同时画画、涂鸦或编织东西。有些人会对我的这种邀请感到惊讶。但很多人都会因为我这个邀请而松一口气。原因如下：

无聊的克星

爱涂鸦的人是开心的人！不管老师或老板曾经说过什么，研究结果是涂鸦能帮助涂鸦者集中注意力。一边涂鸦一边听讲比单独坐着听更有助于记住和回忆信息。涂鸦能与大脑充分互动，防止它陷入做白日梦的状态，同时又不会干扰我们的注意力。涂鸦者具体画的是什么并不重要，即使他们画的只是一些简单的形状轮廓（比如正方形和圆形）也被证实可以帮助他们比同在现场的非涂鸦者们记住更多的信息。

苹果公司的创始人史蒂夫·乔布斯曾经是个涂鸦者。据说阿尔伯特·爱因斯坦也曾经是个涂鸦者。约翰·F·肯尼迪曾经涂鸦过单词（一遍又一遍地描摹它们）。涂鸦可以帮助大脑保持在线的状态，让它不会在一次无聊的讲座中飘走得太远。有目的的涂鸦（包括用简单的符号和文字去捕捉关键的想法）则有更多的优势。这种涂鸦有助于我们思考和处理被呈现出来的素材。研究生院的学生能够从这种涂鸦中获益，从而更容易掌握新的学习材料。顶级公司中的内部小组在普通会议和头脑风暴会议上涂鸦，以促进员工之间的有效协作和创造性思考。在这些公司的会议和谈判中，他们甚至会雇佣专业的涂鸦者（业内称为"视觉辅助师"）把重要的想法用视觉化的方式记录下来。如果你的孩子在随意涂鸦时记不住信息，那么这种将关键信息转化为图形的更加结构化的涂鸦方法可能会让他从中受益。

尽管涂鸦有着众所周知的好处，但鼓励你的孩子在课堂上涂鸦可要三思而后行。因为大多数老师都会对这种行为皱眉头的。"边听边涂鸦"对一名坐在大礼堂里听讲座的大学生是一回事，对一名坐在只有三十个人的小教室里听讲的小学生则完全是另一回事。即使你的孩子明显在涂鸦时能更好地处理和记住听到的信息，他的老师也可能仍然不接受这个想法。尽管如此，你还是可以帮助你的孩子在"不会在学校遇到麻烦"的情况下从涂鸦中获得终身的好处。

儿童和青少年

与老师沟通艺术活动时间

如果你的孩子能从涂鸦中受益，那么你可以去了解一下孩子的老师对学生在课堂上或集会中涂鸦的看法。你可以询问老师是否可以既满足孩子的需求也满足老师自己的需求。如果学生在一张单独的纸上涂鸦（而不是在作业本上涂鸦），或者，学生涂鸦与课堂内容直接相关的符号和单词（而不是心形和星星）的话，老师会对此持包容的态度吗？是否能有特定的课堂时间允许孩子进行涂鸦呢？

分辨涂鸦是不是影响了学习专注力

让你的孩子知道你了解涂鸦的好处。问问孩子，当他涂鸦时，是更容易集中注意力呢还是更难集中注意力。你的孩子可能已经在把边听边涂鸦当作他的一种学习方法了，只是他自己还没有意识到这一点。特别是老师有可能曾要求孩子不要乱画，并给孩子造成了一种错误的印象，即认为自己是一个"白日梦者"或"不善于"在课堂上集中注意力的人。正是这些对自己的负面看法（而不是涂鸦行为本身）导致了孩子的学习成绩不佳。你可以向孩子解释：虽然涂鸦没什么错，但如果老师不希望他在听课时涂鸦的话，那么他也许必须想出一个其他的学习方法或能让自己保持专注的方法。

在家里涂鸦

如果学校不允许学生上课时涂鸦的话，你仍然可以鼓励孩子在家里发展这项技能。涂鸦可以帮助孩子完成家庭作业、创造性地解决问题，最终，考上大学和找到适合的职业。

- 把涂鸦和家庭作业融合在一起。不要让你的孩子费力地阅读一段又一段枯燥无聊的教科书章节，要在孩子做家庭作业的时候将涂鸦和作业合二为一。由你大声为孩子朗读某个章节的内容，同时，由孩子将该章节的主要概念涂鸦成画。仅仅是这种对日常活动的创造性改变就可以提升孩子学习的兴趣和动机，从而对孩子的学习起到强化的作用。

- 密信游戏。通过给彼此留下用符号写成的字条来帮助孩子发展涂鸦的技能。你们可以把这项活动做成一个"需要解码对方所说的话"的游戏。例如，你可以通过画一只眼睛、一颗

1 英文“眼睛”（eye）一词的发音与“我”字的发音相同；“你”字的发音与字母“U”的发音相同。——译者注

心和字母“U”来留下一张“我爱你”的纸条[1]。

- 家庭会议（见下图）。无论是在讨论周末的家庭计划、协商新的就寝时间，或是解决兄弟姐妹之间的争吵，你们都可以通过涂鸦来抓住讨论的要点，并创造性地解决问题。拿出一张大号的纸，以便大家都能看得到。要么安排一个人扮演“涂鸦大师”的角色，要么大家轮流担任涂鸦者。当家人交谈时，负责涂鸦的人要用符号和单词将大家发言的主要内容记下来。讨论结束后，你们可以使用最终的涂鸦成品来回顾大家谈话的要点并画出解决方案。

图注：家庭会议的涂鸦（"每日家庭计划"）

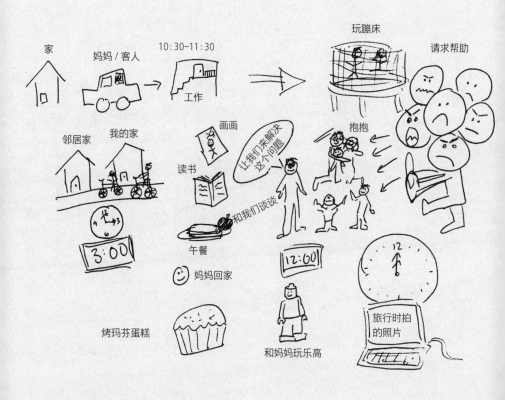

锻炼集中注意力的能力

　　艺术训练需要大量的注意力。例如，表演一系列正确的音符或舞步时需要同时与环境互动、做情绪方面的控制和审美上的表达。正如出租车司机（在人类进入卫星导航时代之前）能通过反复使用相关的大脑区域开发出更强大的记忆中心一样，那些反复地、严格地从事艺术活动的人可能会开发出更强大、更有效的注意力网络。学者们认为，这些注意力网络也能积极地影响其他的认知技能。

　　练习一种艺术形式不仅可以提高艺术创作上的成就，还可以为其他领域的学习提供更强大的神经连接。然而练习并不总是容易的，孩子们不太可能被所谓的"好处"（即：专注于艺术方面的练习可以获得长期及广泛的益处）激励。"我们该练习了"这句话经常会遇到"我必须做吗？"这样的回应。我们首先要做的是让孩子们觉得某种艺术形式很有趣，这是非常重要的。为了激励孩子练习，我们要帮助孩子发现一种他们感到有热情去做或能让他们感到兴奋的艺术形式。不喜欢唱歌的孩子可能喜欢打鼓，不喜欢画画的孩子可能喜欢捏黏土，不喜欢踢踏舞的孩子可能喜欢街舞。可供孩子选择的艺术形式很多。你可以通过工作坊、在线渠道、指导书目或定期在家中接触某种艺术形式来帮助孩子找到他们想要追求的艺术出口。

孩子真正喜欢某项艺术活动的内在动机可能足以让他们在练习的时候集中注意力。然而，你可能会发现，孩子的兴趣和动机有时很强烈有时又会减弱。下面是一些应对孩子动力不足的小技巧：

- **迎合孩子的目标**。儿童和青少年会更愿意将精力投入到他们能获益（即那些他们所关心的利益）的活动中。说"我知道拥有健康的牙齿对你有多重要"比说"我需要你现在去刷牙"更可能让我的孩子马上伸手去拿牙刷，而后者通常会导致"啊，妈妈，等一下"的拖延和更多次的提醒。同样的原则也适用于帮助你的孩子练习乐器、复习舞蹈套路、背台词或为特殊场合、比赛或学校的项目创作艺术作品。以下是一些可以迎合孩子的需求、兴趣和目标的方法：

  ▲ "我注意到你并不喜欢练习。但是，你希不希望让

一首歌曲成为你的拿手曲目呢？"

▲ "我听见你说你真的很想在下周的舞蹈表演中表现
出色。"

▲ "我注意到你放学后想要去玩，而且，我也知道，
你还很想参加下周的艺术比赛。"

- **设定期望值和每日常规活动**。让你的孩子制订一个练
习乐器、舞蹈或其他艺术形式的计划。什么时候是练
习的最佳时间？多久练一次？每次练多长时间？你们
可以一起提出具体的期望值。你的孩子放学后会先休
息 20 分钟然后在做其他事情之前练习 30 分钟吗？你
的孩子放学后会先吃一些零食然后跳三遍舞吗？你可
以邀请孩子画出他的计划并张贴在家中显眼的位置
上。孩子可能还想添上一张图片来说明自己的长期目
标。你要帮助孩子坚持执行既定的计划："你原计划看
完一个电视节目后马上进行练习。现在你已经看完了
一个节目，我们关掉电视吧，这样你就可以坚持你的
练习计划了。练完了之后，如果你愿意的话，你可以
再看一个节目。"或者："你计划在放学回家后完成你
的艺术项目。我注意到你还没有完成。我知道邻居的

孩子们很快就要出去玩了。让我们现在就开始按你的计划去做吧，这样，一会儿你也可以出去玩了。"

- **做个观众**。当有人接受他们的创造性努力时，儿童和青少年可能会更多地投入到他们的练习中。当我坐下来亲自听（而不是设定一个计时器，让他们单独练习）时，我的孩子们更有可能去练习演奏他们的乐器，而且他们练习的时间也可能会更长。任何行为艺术甚至视觉艺术也是如此。与孩子一起创作艺术作品或者在孩子创作时，待在他们身边会让我们得到第二个收获：特殊的亲子联结时间。

- **解决潜在的影响因素**。激励孩子解决在听讲和练习时会遇到许多无形的障碍：挫折、疲劳、厌倦、与同伴或老师发生的不愉快事件、即将到来的感冒、分离焦虑、兴趣转移，等等。

我女儿喜欢上舞蹈课。每天课程结束时，她都会问我什么时候她还能再回去上课。有一周，出乎我的意料，女儿突然说自己不想去上舞蹈课了。我坚持说我们要去上。我最终同意女儿和我一起通过观察窗观看别的孩子上课，而她自己不参与。接下来的一周，她还是不想进去上课。

我问："发生了什么事吗？"

"我就是不想去。"

"你厌倦跳舞了吗？"

"我不知道。我就是不想去。"

有时，孩子们无法清楚地说出他们为什么要停止一项活动。他们需要我们的帮助才能找到合适的词语进行表达。为了避免做过度的解读，我提供了几种可能性，最后我终于发现了一些东西：

"我想知道你班上发生了什么让你不安的事吗？……是不是另一个孩子发生了什么事？"

"是的！她们不听老师讲话，她们还一直靠着栏杆。然后，在下课的时候，我们就都没有拿到贴画。"

搞定了。我和女儿一起做了个计划，我们要去找老师谈谈我女儿的不满。

女儿同意了。

当你的孩子抗拒练习或上课时，你应该带着同情和好奇去接近他，了解他的经历。你可以就"为什么'有些孩子'偶尔不想练习或上课"提出建议。如果你做了这些还找不到原因的话，可以试试和孩子玩一个游戏，即"说出自己一天中发生的最好的事情和最坏的事情"，然后问孩子"在练习中、上课的路上或上课过程中发生的最好的事情和最坏的事情"。或者，玩一轮"两句真话和一句假话"的游戏。让孩子说出他不想练习的两个真实原因和一个虚假原因。由你来猜哪一句是谎言。

- **对孩子转移了兴趣表示尊重。**在孩子失去兴趣后，不同的父母会对孩子"是否应该坚持练习乐器或艺术活动"表现出不同的重视程度。有些孩子会自然而然地一直投入自己的兴趣，而另一些孩子则会浅尝辄止。我儿子对自己选择的活动一直保持着高度的专注和努力，而我女儿则"做什么事都半途而废"。这两种风格都有优点。你如何处理孩子兴趣的转变取决于你自己的个性以及孩子要求"转换"的时机，这与孩子的年龄大小无关。如果孩子参加的是一个需要在最后进行表演的演出团队，那么期望他在中断前完成练习活动是合理的。你们可以一起制订一个计划：孩子在恢复现在这个活动之前是否需要短暂的休息？她是想要去探索一种新的舞蹈风格或学习另一种乐器吗？还是她既想停止现在的活动又想转换为别的活动？

当我儿子要求休息时，他通常只是为了暂停一周，因为他累了，想要玩一玩，或者，想测试我和他之间谁能控制这件事。有时我们允许他自己做主。但是，通常情况下，我们会鼓励他去上课，会通过指出他在上课时总是很开心来迎合他的动机。当我女儿要求"转换"时，通常是因为她对当前的活动失去了兴趣，或者，她现在对其他什么事情感到了兴奋。我们会让她知道，她还要继续目前的活动多少周，同时，我们也承诺在这几周完成之后会将她的课程转移到她感兴趣的新领域。

- **不要将孩子的日程表安排得太满**。儿童和青少年都需要充足的空闲时间，在无须大人的"正式指导"下去玩耍和发挥创造力。然而，每个孩子在"充实"和"过度安排"之间的界限可能会有所不同。你需要考虑的是：孩子有足够的时间睡觉、做家庭作业、与朋友或家人一起玩耍吗？孩子抱怨他没有足够的休息时间吗？或者，孩子吵着让你在一周内多给他安排一些活动吗？当孩子表现出不愿意从事创造性努力的时候，请检查一下孩子的整个时间表是怎么安排的。

- **避免权力之争**。权力的斗争会导致亲子联结的断开和亲子之间的相互怨恨。如果你发现自己在孩子进行练习或让孩子走出家门去上课的问题上与孩子处于权力之争的状态，那么请及时按下重置按钮。你可以在情绪比较平和的时候对孩子说："我注意到你最近出门上课比较困难。我想知道你是否能帮助我更好地去理解这件事。"如果孩子必须继续参与那个活动，那么虽然孩子自己希望停止，但你作为父母要向他解释你为他设立的长期目标以及为什么你认为他坚持去做这件事很重要。你可以问问孩子是否有办法让上课或练习这件事变得对你们俩来说都更容易一些。如果你们能发现并解决导致冲突的潜在原因，孩子也许能重新振作起来，坚持下去。(有关避免权力之争的更多信息，请参阅"附录一：如何在生活中谈论艺术")。

影响学习成绩的隐形障碍

一位老师在大厅里匆匆地拦住了我。他向我问了"早上好"之后继续说道:"我的学生们没有上学动力。他们不愿意做他们应该做的工作。他们也不专心听讲。有些孩子在霸凌其他的孩子。请你帮帮我。"我同意去帮忙。我与一位艺术治疗师同事合作对这位老师的班级进行了干预。在一年的时间里,每周有一天,我们会和这些学生一起在学校的院子里画一幅壁画。

这个项目是需要很多人一起合作的。它会教授社交技能并鼓励合作者之间建立友谊。这个项目是长期的,它可以通过将一个大项目分解成若干小的部分来引导孩子们如何坚持不懈地去完成困难的任务。对学校庭院的美化能够提高学生对校园社区的情感投入。学生们的参与得到了教职员工和学生的积极反馈。对于这些曾被贴上"冷漠"或"麻烦制造者"标签的学生们来说,这是一个积极的变化过程。现在,他们感到自豪,觉得自己是有用的人。他们对"上学"这件事的总体投入也有了改善。他们比之前更愿意参与课堂活动了,在校园里同学彼此之间的关系也更友好了。

除了注意力涣散和学习困难外，学习成功的两个重要障碍是动机不足和情绪困扰。在学校里或做家庭作业时持续不断地感到挫败、被归类为某种类型的学生（如"爱搞破坏的学生"或"懒惰的学生"）或者老师的教学风格与学生的学习风格之间不匹配，都会对孩子的情绪世界和动机水平产生负面的影响。常见的生活环境问题也会影响孩子集中注意力或关心课堂上所发生的事情的能力。生活环境问题不仅限于消极的事件（如失去家人、家庭冲突、父母离婚、同伴问题或疾病），也包括破坏稳定的积极的事件（如搬家、家庭有新生儿或毕业之日即将到来）。在这些时候，记忆技巧或注意力的培养不是我们要追求的东西。相反，我们要解决的是动机降低或情绪困扰的根本问题。

在某些情况下，如上面的例子所示，我们有机会将艺术活动融入课堂中去，从而排除学生学习成功的潜在障碍。教育工作者也许愿意了解一些"以艺术为基础对学校进行干预"的研究，如罗塞尔、麦卡洛克－维利塞尔和尼斯的研究工作：他们将视觉艺术和创造性写作整合到了九年级的英语课程中，并取得了令人印象深刻的成果。通过将文学人物和主题与基于艺术的自我形象、个人优势和家族史的探索相结合，学生们表现出了更好的成绩，他们对学校、家庭和自己的态度也更好了。或者，教育工作者也许会想要了解一些"以艺术为基础对学校进行干预"的项目，比如约翰·肯尼迪中心的"通过艺术改变教育"这个项目。该项目调查了华盛顿特区的 32 所学校，发现接受艺术融合课程教育的学生比没有接受艺术融合课程教育的同龄人更专注于学业。

当然，虽然取得了这些惊人的成果，但将艺术融入学校所需的后勤工作也许是很复杂的。家长和教育工作者可能很难找到时间、影响力或资源将艺术活动纳入学校的课程。幸运的是，艺术活动的力量可以在家庭里实现类似的目标：

- **确定问题的根源。**不要停留在"孩子需要的只是更加努力"的心态。如果孩子学习状况不佳，那么在这种表面现象之下几乎总是存在着一些深层的原因，比如在情绪或社交方面有困扰、在注意力集中或学习上有困难、感到无聊或有其他事情的干扰，等等。如果你的孩子不愿谈论或他自己还没有能力识别出这些原因，那么有时答案可能会通过艺术活动而浮出水面。以下这些活动也许能为你提供一些线索：

  ▲ 邀请孩子分享一首他目前最感兴趣或最常听的歌曲。

  ▲ 请孩子用图片或比喻来描述他在学校或家里的情

况。如果他愿意的话，你们可以一起用杂志上的
图片拼贴出"我现在生活中最大的问题"。

▲ 邀请孩子拍摄一张照片来代表他最害怕的学校科
目（如课本）。使用照片滤镜的编辑功能来修饰那
张图片。

▲ 给孩子看几首年轻人写的诗歌。诗歌的主题是关
于友谊、自信或压力等孩子可能会联想到他个人
感受的内容。请孩子圈出任何能代表他自己的单
词或短语。青少年可能会想要使用其中一些能代
表他们的单词或短语来创作出更多的诗句。

- **减压**。有些孩子可以静下心来一次性完成所有的工
作，而其他人则会觉得学校和家庭作业让人难以忍
受。有充分的证据表明，把长时间的工作分成阶段性
的工作实际上可以提高注意力和生产力。你可以邀请
你的孩子在做家庭作业期间休息一下（即使是很短的
时间），比如，可以去编织、串珠、打鼓或参与其他
有创意的活动（甚至可以将这个休息时间变为练习时
间）。用社交媒体来休息的方式会损害情绪健康。与
此不同的是，用艺术活动来休息可以恢复活力和减

轻压力。或者，你也可以邀请你的孩子用艺术作品和植物来装饰他的工作环境。这也可以提高孩子的学习效率。

- **音乐激励**。对某些孩子来说，在做作业时听音乐会分散注意力，而对其他孩子来说，这却是一个很大的帮助。研究表明，音乐可以在人们执行乏味或具有挑战性的任务时，将其注意力从任务的消极方面转移，从而激发出任务执行者的活力和动力。尽管在做家庭作业时播放音乐可能并不适用于每个孩子，但是你也许可以先尝试一下这个方法，然后再去让孩子在做家庭作业时保持安静。

- **花时间针对情感和生活的挑战进行艺术创作**。如果你认为孩子的学习困难来源于最近发生的或即将发生的影响孩子情绪的破坏性事件，那么请翻到第五章。

我们可以通过艺术活动保证孩子在家中的情绪健康，以便最大限度地提高孩子学习的动机和成绩，但这并不能代替对孩子的全面评估，也不能治愈严重或长期的情绪问题或厌学问题。如果你观察到孩子出现了明显或持续的行为变化（包括但不限于在学习成绩、社交、与家人的互动、睡眠模式、饮食习惯或情绪方面的变化），请寻求有资质的专业人士的帮助。你还要记住，有些孩子会通过"保持淡定"或"学习成绩超级好"来应对自己的困难。孩子看起来很好或者学习成绩很好，并不一定意味着他的内心也很好。如果你家最近经历过比较大的压力事件，那么无论那件事是积极的还是消极的，都请仔细审视孩子的各个方面。

1
少说、多画、
多舞、多唱

2

那些把家弄得
一团糟的艺术活动

3
不要与孩子
"熬过一天"

4

艺术活动，建立更
牢固的亲子关系

5
养育出
快乐的孩子

6

用艺术培养出
学业成功的孩子

7
认识你身体
里的艺术家

无论你是把自己想象成一位艺术家还是一听到"手账"这个词就觉得自己是"完全没有艺术细胞"的人（或者，两者兼而有之），你都可以在生活中注入更多的创造力。正如我们可以战略性地运用艺术活动来帮助孩子在社交、情感和智力上的成长一样，也可以为了我们自己的收益而利用艺术活动。

　　稍稍改变一下对生活中某些时刻的思考方式会使得我们对这些时刻的感受和反应发生巨大的变化。在生活中培养一种更具创造力的心态足以改变我们的育儿体验（培养这种心态不需要我们去做任何的房间布置或房间清理）。一旦拥有了这种心态，你将很容易获得艺术家般的视角。这种视角让我们对育儿过程中的任何体验都感到好奇，将其看作是一种挑战或者一种新的可能性并且做到"不忘初心"。让我们更仔细地了解一下吧。

发展创造性思维

      我给女儿掖好被子让她睡觉。一个小时后，她仍在不停地动来动去，偶尔还朝我的方向瞥一眼，以确保我还在这里。她抱怨道："可是，我不知道怎么才能闭上眼睛。"她已经上过两次厕所了。她太热了，太冷了，口渴了，找不到某个毛绒玩具了……事实上，我的女儿是个"夜间恶作剧的女王"。把她自己留在房间里是永远不会奏效的，因为她绝不会老老实实地待在房间里。我们尝试过讨论就寝时间的规定、明确了规则和破坏规则的后果，我们还尝试过让她看能令人放松的图画。所有这些尝试都无法长期有效。所以，我痛苦地忍受着每天晚上和她一起躺在她的房间里，有时要躺一个小时甚至更长的时间，直到她睡着了为止。在她房间里等着她睡着真是太让人沮丧了，我心里想着在自己上床睡觉之前还有哪些事情需要去做。然后，我注意到小夜灯从女儿的背后照亮了她的脸。沿着她额头的轮廓出现了一道金色的光芒，就像雨云中射出的银色光线那样。我像一位肖像画家那样看着女儿，仔细看她的面部和其他的身体细节。当我的思想转变时，我重新感受到了自己对女儿的爱，沮丧和怨恨消失了。能和女儿在一起我感到很幸运。我意识到，女儿长大之后，我会怀念这些时刻的。

　　日常生活中的创新意识与创作歌曲、绘画或舞蹈无关，而与我们如何看待这个世界有关。一般来说，艺术家和其他有创造力的人都有着类似的生活方式，他们的那些方法对我们的育儿体验来说是同样有用的。根据研究者兼作家的斯科特·巴里·考夫曼和卡罗琳·格雷戈瓦在《连线创造》一书中的说法，有创造力的人倾向于用美来包围自己，寻求新的体验，并保持对生活的好奇心。有创造力的人会观察一切……他们对他人的想法或感受感兴趣，并将其作为成长和创造性表达的机会。我们要从这一点出发去想象自己的育儿经历。

　　有趣的是，上面提到的许多创造性特质也被公认为是值得培养的、可以实现更幸福、更健康的生活及人际关系的好习惯。积极心理学领域的研究将体验美（例如自然或艺术）的敬畏感与更健康的免疫系统联系起来。同时，学者们也指出，保持好奇心是形成总体满意度、有意义的生活和成长导向型行为的关键习惯。事实上，对任何体验抱有友好的好奇心（即：以非评判性的兴趣接近我们的内部世界和外部世界）是基于正念的、可以减轻压力的一个关键原则。这是一种有益的实践，并且已经被证明了对生理健康、心理健康和情绪健康都有着巨大的好处。简而言之，艺术家看待和体验世界的方式对生活来说是有价值的。

当通过艺术家的视角来看待孩子时，我们或许能够以更多的敬畏和更少的判断来对待育儿这件事。通过简单的心理练习，我们可以培养出一种更具创造力的人生观，尤其是育儿观，而这些练习根本不需要进行艺术创作。

家长

像第一次见到你的孩子那样去看待他

你有没有试过像第一次见到他们似的去看你非常熟悉的某人？艺术家就是这样做的。他们追求新奇，而不是常规。他们专注于构成面前的物体或人的光、影、形状和线条之间的细微的相互作用。世俗的物品和熟悉的人通过艺术家的眼睛呈现出新的、丰富的含义。当我们看着我们的孩子时，也可以这样做。花点时间仔细看看构成孩子的那些细节：观察他们的皮肤、头发和衣服的线条、形状、颜色和纹理；欣赏他们面部的全貌；注意他们皱巴巴的衣服，蓬乱的头发或者脸颊上的污渍。任何时候你都可以这样去做：坐在餐桌旁看他们玩的时候或者给他们洗澡的时候。你可能会发现，自己是用充满了新的爱意和惊叹的眼光在看孩子。

记住一段令你难忘的时光

当我们对孩子或育儿这件事没有那么深的爱意时，可以通过回忆那些我们曾经体验到"爱的感觉"去有目的地唤起爱意、惊讶或感叹。也许当你的孩子刚出生或者你们一起参观某个美丽而令人赞叹的地方时，你曾有过这种感觉。记住那个地方和时间以及与之伴随的爱意、惊讶或感叹的感觉。如果需要的话，你可以闭上你的眼睛，把手放在你的心脏上。这个手势可以作为一个与舒缓的、爱的感觉联系起来的一个信号标志。你注意到了什么吗？既然你知道你可以随时唤起这些感受，那么当你停下来，看着孩子玩耍、吃饭、休息或睡觉时，试着用同样的手势唤起它们吧。你可以在自己感到快乐并与孩子产生链接时做这个练习。这会更容易一些。接下来，在你感到比较平和的时候尝试这个练习。这将使你做好准备去应对那些感到疲倦、愤怒、沮丧或挑衅的时刻。在这些艰难的时刻，用爱和惊叹的眼光去看待孩子是更具挑战性的。但通过练习，即使是在最艰难的时刻，你也有可能对这些小小的（也是大大的）生物产生好奇和惊叹的感觉。

保持好奇心

无论眼前的事物是平凡的还是奇特的，艺术家的任务都是相同的：思考、探索和留意。我们可以培养对孩子（及其行为）类似的好奇心，而不是屈从于自己对眼前所发生的事情感到的期望和沮丧。

事情发生在我女儿一岁生日的那天早晨。她扑倒在厨房的地板上，双腿乱踢，双拳乱捶。"嘿，亲爱的！"我既吃惊又兴致盎然地对我的丈夫说，"快过来。我想……她正在发脾气。"在我与儿童及他们的家庭合作的这些年里，我已经处理过很多比这糟糕的发脾气情况。然而，这是我女儿第一次这么做，我要用全新的眼光去看待它。我对此很感兴趣。

　　几年之后，女儿已经发过很多次脾气了，我对她偶尔再发脾气就失去了好奇心。我陷入了"好吧，她又来了"的心态。我当时的体验被女儿过去一次又一次发脾气的历史败坏了。多数情况下，我不再对女儿发脾气感到好奇了。我已经厌倦了它们。我能听到自己的声音中带着沮丧。我决定做出改变，问问自己："现在这里发生了什么？"我试着把每一次女儿的大发脾气当作是第一次。随着好奇心的回归，我的挫败感逐渐消退了。

　　保持好奇心是很重要的，因为它能让我们拥有注重当下的心态。即使是在那些最"让人崩溃"的时刻，它也能将我们的注意力吸引到孩子身上，因为我们真诚地希望了解孩子以及他们的行为。这让我们能够用正确的心态来选择如何应对正在发生的事情，而不是屈从自己那些基于假设、期望或熟悉模式的下意识反应。幸运的是，好奇心是一个可以培养的自觉的意识过程。当你厌倦了一种特定的行为或习惯时（就像我们经常做的那样），你可以通过问自己这样的问题来培养自己的好奇心：这里发生了什么事？我的孩子现在的感觉如何？我看到了什么让我得出这样的结论？孩子的身体在做些什么来回应他自己的感受？这对他来说可能是怎么样的？这些问题与第六章中所用到的问题相似，它们都可以用于探索艺术活动的意义。

从平凡的日常中寻找灵感

　　有时候，我觉得自己无聊得好像是在呆看着油彩变干似的。当时我第一个孩子还是个婴儿，而且，我正在把自己从一个每周需要工作 50 个小时的职业妇女调整为一个全职妈妈。这份新"工作"是光荣的，压力很大的，同时也是平凡的。我觉得自己既没有生产力也没有创造力。一天晚上，我向丈夫汇报说，我当天做得最值得一提的事情就是给自己修剪了指甲。就在那时，我突然之间明白了：有些事情必须要改变。

　　一天深夜接近凌晨的时候，当我凝视着我那仍然不肯睡觉的宝宝时，某些事情确实发生了变化。我想象宝宝大脑中的高速公路被蓝色和白色的灯照亮了。我想象那些高速公路纵横交错，彼此连接，而且在一张美丽的错综复杂的网络中还不断地生长出新的路径。"看看我今天做了什么。"我对自己说。我知道婴儿的大脑每秒钟会发育出超过 100 万个新的神经连接，但直到这幅画面出现时，我才从个人和情感层面上理解了这一统计数据。那时，我突然明白了："我正在拥有我生命中最有生产力的日子啊！"

为人父母这件事非常具有挑战性。它既有好处，有时也很无聊。喂奶、拍奶嗝、换尿布，从头开始再做一遍；擦屁股、洗澡、刷牙，从头开始再做一遍；唠叨、送上学、接放学，从头开始再做一遍……从婴儿期到青春期，许多家长至少偶尔会感到自己被日复一日按部就班的生活和孩子的需求困住了。在这项疯狂的工作中，带上创意的眼镜去看一切不仅能帮助我们应对平凡的"俗事"，还能让我们找到灵感、新的爱意和幸福。

斯蒂芬妮渴望给她的生活带来更多的灵感和创造力。她是一位忙碌的母亲和妻子，她自己的事业被搁置了。有一天她对我说："做饭是我想让自己表现出创造力的事情，但它让我感到很紧张。我做出来的东西从来都和我想象中的不一样。我最终总是会感到沮丧，因为没有什么值得展示的。"我向斯蒂芬妮提出了一个有创意的挑战："想象一下，你正在参加一个烹饪节目，你必须只能用密封盒子里的食材来制作食物。不能查阅菜谱，也不能去超市购买其他的东西。今晚，看看你的厨房里有什么你能用得上的。然后把其中的一些东西放在一起。创意并不是要使用花哨的食材和复杂的菜谱，而是从平凡中创造出一些特别的东西。"她照我说的办法去试了，然后向我汇报说："这不仅是我最近做得最好的饭菜之一，而且我真的很喜欢这样做。我感觉更快乐了。"

做饭、装饰家居环境、给孩子穿衣服、重新摆放家具、包装礼物、开展园艺工作以及将图片上传到社交媒体，所有这些事情都可以用创造力去做。然而，我们却忘记了这些事情具有被创造的潜力，因为它们已经成了我们习惯去做的事。我们甚至会怨恨它们，因为在我们做这些事的时候，我们总担心还有什么事情是我们需要做而没做的，或者我们更愿意去做什么别的事情。

创造力是指个性化地去表达某种事物、以一种新的方式将材料或知识结合起来，或者，将普通的东西变成特殊的东西。当我们有意识地将这些创造力原则应用于普通任务时，我们就可以改变我们的方法和态度。下一次，当你发现自己陷入了一成不变的生活之中，或者对日常生活感到不满时，可以挑战自己，将这些创造性的原则之一应用到你的日常生活中去。即使平凡的事情没有变成非凡的事情，至少你可以让这项任务更令人满意一些。以下的活动是一些可以启发你灵感的例子：

家长

表达一些与你自己、你的家庭或
你的生活有关的事情

　　当我开始计划自己的婚礼时，我感到要做的事情特别多，简直要把我压得喘不过气来了。然后，有个想法突然进入了我的脑海："但我确实知道如何制作艺术品啊！"于是，这项艰巨的任务突然就变成了一种通过多种方法去表达爱的事情。"计划婚礼"让人感到很有压力，而"表达我们的爱"则既有趣又富有创意。通过将任务视为一个表达自己、家人或生活的机会，你就可以改变自己对它的想法和感受。当然了，想要弄清楚如何把"开车送孩子上学"或"帮孩子刷牙"这类事情转变为"爱的表达"是不容易的。但是，如果你准备好了要迎接挑战的话，你也许就可以做到！也许，你会假装开车送孩子去学校就像是和孩子一起看相册。每当你看到一些能让你想起你们曾在一起的场景时，你就把它指出来："看那里，还记得我们一起骑自行车来过吗？快看，还记得你去实地考察后我们一起去那个餐厅吃饭吗？学校到了，还记得你上幼儿园的第一天吗？"或者，你可以试着在给孩子准备的学校午餐中加入自我表达的元素。不用在意是否有人能明白你用花生酱和果冻、奶酪棒或他们不爱吃的胡萝卜表达了什么，重要的是你自己对这个过程的体验。你还可以把其他的什么事转化为自我表达的行为呢？

以有创造力的方式
结合知识或材料，创造出新的东西

　　需求是发明之母。从使用遮阳帽防止洗头发时肥皂水进入孩子的眼睛，到将贴纸剪成两半分别放入两只鞋来让孩子分清左右脚，我们可以用创造性的方式去解决常见的育儿问题，使生活变得更轻松、更有趣。上面斯蒂芬妮的故事是以新颖的方式组合材料的另一个例子。通过使用厨房里的简单食材，她不仅节省了时间，而且还接受了创造性思维的挑战。考虑一下你自己的一些日常挑战，以及你如何以新颖的方式应对这些挑战。你的想法不必非得是复杂的或巧妙的，将事情简单化也是一种创意。

使普通的举动、普通的物体或
普通的手势变得特别

做出一些普通的举动并使其变得特别是一种基本的人类行为。自史前时代以来，人们就通过艺术来粉饰、装扮和改造具有重要意义的物品、场所和重大时刻。这种"制造特殊"的过程被认为是维系我们的力量，使我们能够聚在一起共同纪念某事，并帮助我们应对随着时间流逝而产生的变化。最容易被认为可以用艺术来联结、纪念或反思的时刻是生日、死亡、婚礼和假日，等等。但是，我们要如何把日常生活"变得特别"呢？你可以把午餐的食物摆放得像是一张滑稽的脸，也可以在洗澡前跳一段愚蠢的舞蹈（我的孩子们发明了"摇屁股"舞蹈来纪念洗澡时刻），甚至还可以在睡觉前编一个故事而不是看着书照本宣科。这些都是能让普通的时刻变得更加特别的好方法（见下页图）。

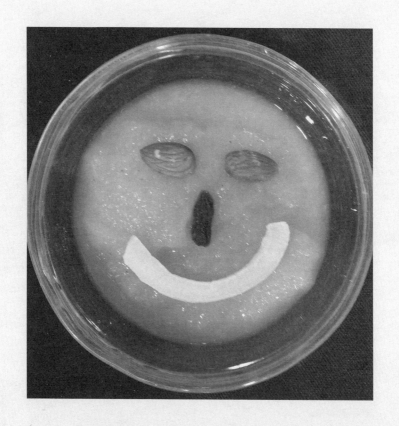

用心理想象获得养育突破

第二个孩子出生后，我的生活相比之前愉快了一些。我的大儿子对他的小妹妹表现得很有爱心，或者至少是中性的态度……直到妹妹自己能动了为止。妹妹开始会爬了，大哥哥的玩具不断受到小妹妹张大的、流着口水的嘴巴的攻击。一切都变了。哥哥对妹妹大喊大叫，把她推倒，抢走她手里的东西。我们试着把东西转移到妹妹够不着的地方，但没用。她似乎一夜之间就学会了如何站立……然后，她学会了往上爬。她会把所有东西都放进嘴里。大哥哥哭泣、推搡小妹妹并大声喊叫。小妹妹反过来又咬了大哥哥。大哥哥狂怒，小妹妹执着。日复一日，每天都会发生一模一样的事情。我陷入了困境，无计可施。

我喜欢告诉我的孩子们："如果这个办法不起作用的话，去尝试一下别的办法吧。"毕竟，一位不知名的作者将精神错乱定义为"一遍又一遍地做同样的事情却期待不同的结果"。然而，我自己却正是这样做的，一遍又一遍地做同样的事却根本没有效果："不，这个东西不能放嘴里。我们不推人。停！我们不推人！"女儿还是在尖叫，儿子还是在大喊。天啊！怎么做都没用吗？

孩子的行为反复并不一定意味着家长做的所有事都没有起到作用。孩子们需要反复提醒才能从中学习。他们会用同样的场景来掌握一项新的技能（衣服又掉在地板上了）、理解一个新的概念（扔沙子始终是不安全的）或者处理一次情感的体验。他们可能只是需要更多的练习。几年后，我的孩子们仍在每天互相练习着冲突管理的艺术（而且肯定会继续这样做）。不过，虽然孩子们需要重复，但也有很多时候，不同的处理方法会产生更好的结果。上面的例子就是其中之一。我们一会儿再回来说这件事情。

所有父母都会陷入困境。我们是因为遇到了新的状况才陷入困境的。我们并不总是能做好充足的准备去应对孩子第一次发脾气、第一次说"我恨你"或者第一次被磕伤。在其他时候，我们也许有一些常识，知道应该怎么做。不过，我们采取的行动只是反映出我们对当时状况的感受，而没有反映出我们对当时状况的理解。我们有工具，但却不去使用它们。在这样的时候，我们可能会变得不够灵活，会只是期望我们的孩子按照我们说的话去做，或者我们可能会因为沮丧、恐惧或愤怒而"精神错乱"。在这两个极端下（僵化的思考或混乱的情绪）的操作会干扰问题的解决。幸好，基于图像的策略有助于我们用平衡、体贴和有准备的方式去处理具有挑战性的情况。让我们来看看应该怎样去做吧：

心理想象是一种已被验证有效的可以改变行为或表现的策略。奥林匹克运动员用它来获得自己的巅峰成绩，音乐家用它来优化他们在音乐会上的表演。心理想象是如此的强大，甚至对此进行的专项研究也支持将其用于治疗我们的身体。此外，可视化方法还支持在意外或不可预见的情况下做出最佳的行动和反应。有意识地使用心理想象可以帮助我们做好准备去应对那些我们无法使用育儿工具并且陷入了困境的时刻。

因为大脑会对想象中的事件产生体验，就像它们是真实的那样，所以心理想象可能比只是计划我们想要如何回应孩子更有效。通过想象我们理想中的自己与孩子互动的方式（就像在我们的脑海中播放电影一样），我们可以排练自己最佳的育儿表现，并做好准备去冷静地处理那些我们不期望出现的情景。

在特别难以处理的情况下，通过心理想象发现某些隐喻也可以帮助我们发现新的解决方案并转移我们在那一时刻的感受，从而让我们能够做出更有效的反应。让我们回到前面的故事中去做进一步的了解吧：

我儿子的玩具又一次受到了小妹妹口水的威胁，我做好了迎接下一场兄妹大战的准备。我停下来问自己："如果我能为这个问题画一个隐喻场景的话，它会是什么样子的呢？"随着两个孩子之间冲突的升级，我既不可能真的动手去画，也没有兴趣动手去画。所以，我做了心理上的艺术创作。我的脑海中浮现出了砖墙的形象。的确是的，我感到自己被高墙隔开了，我感受到紧张，感受到亲子联结的断裂。然后我问自己："如果我能改变这个画面的话，我将怎么做呢？"这一次，砖墙的图像消失了，张开双臂的图像出现在了我的脑海中。这幅图像将我身体上的感觉转移了。我放松了下来并且意识到：问题并不出在我儿子对他妹妹的反应上，也没有出在妹妹的口水弄湿了哥哥的玩具上。问题出在我对儿子的不满上，因为他对还只是婴儿的妹妹缺乏耐心。我试图保护女儿，但这样做会把儿子拒之门外。这反过来又助长了儿子对妹妹的愤怒和不耐烦。这面砖墙向我展示了自己与儿子的关系有多么的疏远。张开双臂的形象才是我的解决方案（无论是按隐喻的意思去理解，还是按字面的意思去理解）。

这一次，我带着同情、爱和理解去看待儿子，而不再（带着厌恶的表情）提醒儿子不要再推妹妹，因为把玩具放远一点是他的责任（如果他不想让妹妹把它们放进嘴里的话）。我以"张开双臂"的态度去面对这种情况。我同情儿子的困境并拥抱了他。我这样做了之后，儿子也放松了。他更愿意接受我的建议了，对他的妹妹也更加宽容了。

在指导孩子之前表示同情和进行沟通并不是一种新的育儿方法，它一直以来就是最好的育儿方法。我很了解这个工具。但是，因为我陷入了困境，感到了沮丧，而且思维也不灵活了，所以在这种情况下我根本无法使用这种方法。通过隐喻和心理想象，我得以挖掘并运用这种智慧（下一节"利用你的内在资源"将进一步探讨这一点）。

我鼓励父母们想象出自己的心理图像（熟练的踢踏舞者，双手捧着宝石，轻抚一朵花，在大海中冲浪，等等）。在我自己做家长的角色时，我会继续保持张开双臂的想象。当我感到特别有压力、特别疲惫或特别恼怒时，我会调用这个心理图像。有了它，我就能更好地从关心孩子以及与孩子保持联结的出发点（而不是从要去控制孩子的出发点）去对孩子做出回应。有了这个图像，我们就更容易记住：当孩子最不可爱的时候，也是孩子最需要我们爱他们的时候。

想想自己的育儿困境、
想一个符合你体验的场景……

1. 在比较平静的时候，想想那个让你觉得自己陷入了困境的育儿时刻。想象一下那个画面，你的身体里有何感觉？它给你带来了什么样的情绪？

2. 想出一个符合你体验的隐喻场景。它是什么样子的？像是一堵砖墙吗？像是一个拼图游戏吗？像是海浪劈头盖脸地拍在你的身上吗？

3. 注意观察那幅呈现在你脑海里的图像。尽量不要想得过多。突然进入你脑海的是什么呢？如果你很难想出一幅图像，那就先想想你在那时的感受。它可能是什么颜色的呢？你能说出它的纹理或形状吗？如果你需要更多的帮助，请尝试在网上或杂志中去浏览，以便找到能引起你共鸣的图像。

4. 一旦有了自己的图像，你就可以问自己想在那幅图像上添加什么或改变什么。它需要什么吗？你怎样才能改变它？你想用什么来替换它？例如，站在海浪的上面是不是比站在海浪的下面更能让你感觉轻松一些呢？

5. 一旦脑海中出现了一个新的图像，你就可以留意当自己看着它时身体内有何感觉。有什么变化吗？这幅新的图像是否给你提供了线索，让你明白了自己是被什么东西困住了？这幅新的图像是否能让你对如何以不同的方式处理这个问题产生新的想法？你的隐喻策略如何才能转化为另一种与孩子相处的方法呢？（见下页图）

图注：用隐喻战胜育儿过程中的"困境"

利用你的内在资源

　　当你饿了的时候，你会去冰箱里找吃的；当你不开心的时候，你会给朋友打电话。朋友、家人、社区团体、老师、图书、金钱、食物、你拥有的东西……所有这些都是资源。我们可能会认为这些都是理所当然的，当你需要它们的时候，它们通常都是可以被你利用的。你知道它们在哪里，你知道怎么接近它们，而我们所说的"内在资源"则是不同的。它们很难被你看到，也很难被触及，尤其是当我们生气、疲惫或不知所措的时候。内在资源是我们内在的力量，比如创造力、解决问题的能力、洞察力、身体和情感的自我意识、沟通能力和育儿知识。我们有很多的内在资源，它们时刻准备着，等着我们去使用。问题是我们能不能在自己最需要的时候想起它们。

第一步：识别你的内在资源

我们需要知道自己拥有哪些内在资源可供支配，然后才能使用它们，就像你可能会有预见性地买一盒创可贴那样。你的创可贴总有一天会派上用场的，所以，明智的做法是：提前将你的"内部急救包"准备好，以应对育儿过程中的"艰难时刻"。当然，我们无法把"自我同情"放在心脏上方的架子上，也无法把"放轻松"放在肺部下方的柜子里。内在资源是看不见的，而且往往是无形的。这正是艺术可以大显身手的地方。

做一幅图片粘贴海报

为了熟悉你的内在资源，首先可以从杂志上剪下图片和短语，并把它们拼贴在一起。当你翻阅查找图片时，请思考一下这个问题："当我处于最佳状态时，我有什么技能或特长可以帮助我承担家长的角色呢？"你应该自发地去做这件事。有些图片可能会让你眼前一亮。先将中意的图片剪切下来堆在一起，稍后再对它们进行排序并做出最终取舍。当你整理好了一堆图片和单词后，把它们排列在一张纸上，然后用胶水黏住。看看你选择的图像。它们是怎么说你的？有什么东西让你感到惊讶吗？

还有一种做法：你可以放弃物理意义上的艺术制作，转而选择心理意义上的艺术制作。手边准备好纸笔，找一个安静的地方，然后闭上眼睛。如果你觉得闭上眼睛不太自在的话，温柔地凝视地板也是可以的。现在，回想一下你作为家长表现最好的那个时刻（也许不是和你自己的孩子在一起时）。如果你很难想起一段特定的记忆，那就试着创造一个理想的场景。将那个场景（无论是实际记忆中的场景还是想象中的场景）图形化。你在什么地方？你在做什么？孩子的反应如何？接下来，体会你的感受。你能分辨出那是什么情绪吗？你的身体感觉如何？你是否做到了放松、专注、有爱心、自信、博学、好玩，并且成为一个好的倾听者？如果是的话，你就是利用了你的内在资源。如果没有做到这些，你也可以试着想象一下你崇拜的人会如何与孩子互动。一旦你完成了可视化，记下（或涂鸦）你在其中发现的资源。

第二步：与你的内在资源互动

你感到压力大、疲惫、过度劳累或心烦意乱的时候，就是你最需要内在资源的时候……然而，这也是最难与它们互动的时候。除了深呼吸或给自己一段暂时停下来的时间外，我们中的许多人都不知道在育儿的过程中如何与自己的内在资源链接。创造性的艺术活动不仅能帮助我们识别自己的内在资源，而且能让我们在自己最需要的时候利用它们。当我们理性的自我离开了这座饱含内在资源的大厦时，艺术活动为我们提供了另一条再次找到它的途径。

像演员一样在心里设定一个角色

演员在他们对角色的刻画中会使用心理想象来创造真实性。我们也可以像演员们那样去做。现在，你已经确定了一些内在资源，那么，在具有挑战性的时刻，你可以通过想象自己或你的孩子正处于你最好的时刻这个办法来获得一个新的视角。

我正在参加儿子学校为家长组织的筹款活动。当我们观看孩子们的幻灯片时，伴随着在后台播放的关于成长的伤感的歌曲，我们中的许多人都有点哽咽。其中一位母亲是职业的喜剧演员，她开玩笑说："为什么直到我看见孩子被配了音乐的照片时才想起来要关心他？"我们爆发出笑声。她的话不仅有趣，而且引起了我们大家的共鸣。

当然，那位母亲和我们其他人一样也关心自己的孩子，但她说出了一种我们大家都熟悉的失去爱和亲子联结的经历。她还在不知不觉中发现了一个强大的、可以让我们在最困难的育儿时刻接触到我们心中美好部分的工具：音乐。的确，只是一首简单的歌曲就能够让人潸然泪下。

音乐可以减轻儿童和成人的压力、焦虑和痛苦。此外，音乐还提供了一个通向积极情感的途径。研究表明，即使是悲伤的音乐也会引起听众积极的反应，包括怀念过去、感到好奇与内心平静。听音乐（或诗歌）会引发"寒战"，这与大脑中的血流模式有关，类似于药物、性和巧克力等兴奋性刺激物引起的血流模式。此外，纯音乐或带有歌词的歌曲可以让我们想起生活中的某个特定的时刻并唤起我们当时的相关感觉。这是因为大脑中处理情绪体验（包括对音乐的情绪反应）的杏仁核与负责编码和存储记忆的相邻海马体相互作用的缘故。知道了这一点，我们就可以利用音乐来帮助我们与孩子保持更多的联结和爱意（即使是在他们最不可爱的时刻）。你可以尝试以下这些基于音乐的活动：

他们在放我们的歌

确定一首能将你和孩子联结在一起的特殊的歌曲或音乐，就像人们经常会用音乐与浪漫的伴侣或朋友联结在一起那样。无论你找到的是十大热门歌曲、摇篮曲还是交响乐，这都无关紧要。如果你很难确定哪一首音乐或歌曲能将你和孩子联结起来，那么就从现在开始去听，直到你发现一些能让你感动或能让你产生温暖感觉的曲子。或者，你也可以在网上搜索"让你哭泣的育儿歌曲"。一旦你确定了一首歌或一段音乐，就要全神贯注地听，然后把它唱出来。如果你的孩子对此有抱怨，那你就在脑海里默默地听。想象音乐在大脑中产生的效果与实际听音乐时产生的效果是相似的。如果你真的很受启发，那就去制作一个完整的播放列表，唤起你对孩子的回忆和爱。当你听这些音乐的时候，看着孩子们，就像你在看他们生活的电影片段一样。注意音乐是怎样触动到了你的内心。注意这些感受是如何在那一刻对你与孩子相处的方式产生了影响。

选择一首音乐与你的情绪相匹配

制作能够让你感到舒缓、充满精力或受到鼓舞的音乐播放列表。虽然听上去可能违反直觉，但制作一个能反映你难过时感受的播放列表也是很有用的。这是因为聆听与你的感受相匹配的音乐可以帮助你释放这些感觉，从而摆脱它们。例如，如果你感到愤怒，而你想让自己平静下来，那么你首先要听一些与你的愤怒情绪相匹配的音乐，然后再听一系列逐渐让你感到不那么愤怒的歌曲或片段，最后听一些让你感到平静的音乐。这种用于音乐治疗的方法，是由精神病学家艾拉·阿尔特舒勒首先发现的。

仅仅因为你感到愤怒并不意味着你必须听一首关于愤怒的歌。我们都对音乐有不同的偏好，因为我们对所听到的东西有不同的联想。因此，能让一个人放松的事情可能会让另一个人感到烦恼。没有绝对正确或错误的选择，适合你的就是对你有用的。

与音乐互动

你可以试试跟着音乐唱歌、跟着音乐演奏、跟着音乐打鼓、跟着音乐指挥甚至跟着音乐跳舞。积极的音乐创作甚至会占用更多的大脑，这实际上会把那些有压力的思考挤出去。

把日常生活和音乐结合在一起

用音乐来改变你对任何日常活动的体验：付账单、洗衣服、做饭、洗碗、打扫浴室、分类邮件、回复邮件。作为额外的好处，你可能会发现自己在下意识地唱歌或跟着音乐做动作。

和音乐一样，运动也为我们提供了一条通向最难获得的育儿资源的通道。大量令人信服的研究表明，我们如何移动和采用什么样的身体姿势对我们体验自己的方式会有影响。虽然有研究正在调查我们的身体姿势是否会影响我们的荷尔蒙分泌，但研究始终都在表明，我们的身体姿势会影响我们行为，并会让我们感到自己很有力量……或者，很焦虑。

同样，我们的身体语言会影响他人对我们的感知和反应。我们仅凭身体语言就能在不到 100 毫秒的时间内形成对他人的印象。当语言信息和非语言信息相互冲突时，我们会记住身体告诉我们的信息。人们实际说出的单词仅占社交线索的 7%。考虑到这一点，请你想象一下在我们养育孩子时，那些基于我们身体的信息（如紧闭的嘴唇、皱着的眉毛或抬起的肩膀）会产生怎样的影响。我从未见过任何一位家长在处理养育孩子的问题之前会做一做热身运动的，但也许，我们真的应该这样去做。

意识到自己身体紧张的信号

在应对一个充满挑战的育儿时刻之前，请先检查一下你的身体。当你的按钮被孩子按下的时候，注意你的身体呈现出了什么状态。对我来说，我会眉头紧锁，抿起嘴唇，我还很有可能会屏住呼吸。通过练习，我很快就认识到了这些紧张的信号，并将它们当作一种提示，告诉自己需要在响应孩子之前先"停下来"。我知道我还没有准备好去响应孩子，是时候先准备好我自己的身体了。

在评估了自己的身体之后，你可以尝试以下基于运动的策略之一，将你的身体转变为放松、开放、充满活力或自信的状态：

紧张和放松

我们的身体可能一直处于紧张而毫无察觉的状态。为了放松紧绷的肌肉（即使你并不知道你的肌肉在紧绷），你可以从头到脚拉伸和释放不同的肌肉群。例如，双手紧紧地握拳，然后再打开；接着，努力把肩膀抬高到耳朵那里，然后再把肩膀垂下来。使用这种渐进式放松的技巧，看看你是否能有目的地放松你的前额、眼睛、嘴巴、脖子、肩膀、手臂、双手、背部、胸部、腹部、臀部、腿部和脚部。现在，再次盘点一下。你注意到了什么吗？这样做会让你的身体一整天都保持清醒。使用红色交通灯或其他视觉图像，作为检查紧张迹象的提示，然后有意识地关闭它们。一旦习惯了在平静的时间放松身体，你就可以更容易地在具有挑战性的育儿时刻到来时运用这项技能了。

摆出有力量的姿势

那些摆出"力量姿势"或与权力角色相关的扩张姿势的人会感到更加自信。如果你在育儿时感到自己在情感上被孩子关在了门外、自己处事犹豫不决或失去了权威，那么这项技巧可能会对你有所帮助。选一个安静的、孩子不在身边的时刻，双腿分开，双手放在臀部（像神奇女侠或超人所做的那样），或者双臂向空中伸展（像奥运金牌得主所做的那样），或者采取另一种"伸展"姿势，双臂远离身体，胸部张开。保持这个姿势两分钟，即使手臂累了，也要尽可能地保持不动。注意你做完之后的感觉。

如果在私下里你也无法去做这些有力的姿势，那么也许你是希望采取一种比较放松的姿势吧，因为双手放在臀部和双臂张开的姿势可能会让人联想到防御或攻击，而不是开放和欢迎。如果是这样的话，你可以试着做一个有力的向上伸展的动作，手臂伸向天空，或者深呼吸以扩张胸部。无论是蹲下与四岁孩子的眼睛同高，还是抬头去看青少年，自信、开放的姿势都是很有帮助的。你觉得呢？

想象一幅舒缓的画面

想想能唤起你放松感觉的东西：平静的湖水，照射在背上的温暖的阳光，一只猫趴在你的肚子上打呼噜。尝试一边想象那个画面一边做些动作，无论多么轻微的动作都可以。你可以轻微摇晃身体，或者将手放在你的心脏部位，或者用一只手抚摸另一只手的手背。这种舒缓的触摸会启动自我关怀大师克里斯汀·内夫称之为哺乳类动物的护理系统，它会触动我们内心的安全感和平静感。注意你的身体在一边想象一边运动时的感觉，同时保持均匀缓慢的呼吸。

做出与呼吸同步的动作

试着在缓慢吸气的同时抬起手臂，在长时间呼气的同时放下手臂。深呼吸，特别要延长呼气的时间。长时间缓慢的呼气能发出平静的信号并重置神经系统，从而降低心率和血压。当你慢慢放下双臂时，试着把手臂放到胸前，给自己一个拥抱。

把紧张"甩掉"

就按照字面上的意思去把身体内残留的压力"甩"出去。你可以用音乐来辅助自己。手上抓点什么东西也会有助于你做这种"甩"的动作。你可以找一些用于摇动的"找到我"之类的物品（比如：彩带或荧光棒）或者能够发出噪声的"找到声音"之类的物品（比如：用塑料的复活节彩蛋或装满大米的容器制作的自制沙锤），然后上上下下、左左右右、前前后后或画圆圈来移动并摇动它们。你可以自己做，也可以和孩子一起做。你不仅可以成功地让自己平静下来，还可以让孩子摆脱他们的忧虑。

四处走走

走路对创造性思考也是有帮助的。

第三步：补充你的内在资源

外面天很黑，早就过了该睡觉的时间了，可是平和她的两个小孙女都还没有睡。这是漫长的一天，从清晨开始她就没有休息片刻。现在，她的耐心正在接受着考验，因为孩子们在吃晚餐的时候不断地要求更换她们的食物："我可以吃蓝莓吗？"……（"晚饭后才能吃。"）……"那我要吃酸奶！"……（"酸奶是甜点，最后才能吃。"）……"那我要吃苹果酱！"……（"如果你想把苹果酱当甜点吃的话，是可以的。"）……"我可以不加酱汁就吃鸡肉吗？"……（"可以。"）……"我不想吃荷兰豆。"……（"你一直都喜欢荷兰豆的，就吃两个好了。"）……"我可以不吃两个荷兰豆，改吃一块胡萝卜吗？"（"好吧。"）……"现在可以吃甜点了吗？"……（"把你的晚餐吃完才能吃甜点。"）……"我想要一根奶酪棒。"……（"好的。"）……"我可以喝牛奶吗？"……（"好的。"）……"你能把牛奶弄热一点儿吗？"……（"啊——！"）

感觉到平的沮丧，她的大孙女温柔地问："你不再爱我们了吗？"

平停下忙碌的脚步，跑过去给两个女孩每人一个吻和一个拥抱。"我当然爱你们，我会永远爱你们的。"

这是一个警钟。孩子们可能会因为我们缺乏自我关怀而自责。

照顾者的自我关怀对照顾者本人和被照顾的孩子是同样重要的。

自我关怀的典型建议包括外出散步、给朋友打电话、看书或按摩。这些事情你会在自己生日的时候去做，但每天都做是不现实的。我们没有时间。如果我们每天去做的话我们就会感到非常内疚。所以，取而代之的是，我们把我们自己的需求放了一边。同时并发的任务和永无休止的不断重复的育儿要求消耗了我们的精力，消耗了我们的注意力、平静的情绪、解决问题的能力和创造力。当我们筋疲力尽时，我们还是继续前进，即使是以牺牲有效运作或感觉良好为代价我们也在所不惜。但是，自我关怀这件事并不总是必须像我们想象的那样。

"我应该多做些自我关怀的事，"我听到自己这样说。多锻炼，多睡觉，跳舞，做艺术品。为什么我不再做那些事了？我的借口是："我有孩子了。"这句话翻译过来就是："我没有时间了。"有一天，我决定做一些极端的事情。我播放了我自己喜欢的音乐。这不是那些我每天定点播放的、自己尚可忍受的现代流行儿歌。不，我选择了我自己全心全意喜欢的那种音乐类型。这是一个解脱的时刻，也是一个让我顿悟的时刻。我意识到自己需要更灵活地思考自我关怀的问题。我不再借口没时间而不去健身，转而每天在家里做 20 分钟"聊胜于无"的健身锻炼；我不再为不能在画架上画画而烦恼，转而开始重新以一种创造性的心态去看待我的世界，向孩子们指出我所看到的跳动的颜色、光线和阴影。我感到自己比之前更加充满了灵感，并且，恢复了年轻的活力。

创新育儿的心态也适用于自我关怀。如果你还没有尝试过本书中的其他活动，那么给自己 5 ~ 10 分钟的时间，通过以下活动来补充你的内在资源吧：

光流瑜伽

　　光流瑜伽是以一种古老的瑜伽运动为基础，被用作放松、助眠和缓解疼痛的一种工具。它不需要任何材料，只需要花一点时间来制作一些"心理艺术品"。你可以选择一个自己感到放松的姿势。如果你觉得可以的话，就闭上眼睛，或者，你也可以温柔地去凝视你面前的地板。接下来，留意你的身体在此时此刻的感觉（生理上有什么感觉、情绪上有什么感觉，或两者都去留意）。现在，给这种感觉赋予一种形态：它是什么形状的？有多大？是什么颜色什么质地的？它在动吗？或者，它在哪个方向？在你体内将这个形态图像化。接下来，想象一束光从你的头顶照射下来。给这束光赋予一种让你感到安慰或舒适的颜色。观察这束光从你的头顶向下照射，进入了你的身体，触到了刚才那个感觉的形态。观察这束光进入了那个形态并包裹住了它。观察这束光慢慢改变着那个形态。继续观察。接下来，想象那束让人感到安慰的光渐渐充满了你身体的各个部位：你的四肢、躯干、肩膀和头部。一旦你想象到自己的身体完全充满了这种舒缓的光线之后，就停在那里，休息片刻。现在，睁开眼睛。你的感觉如何？

手指彩绘

你可以在安静的地方或孩子的身边去做下面这项活动（见下图）。孩子们也可以做。拿出一张纸和任何彩色的绘画工具，如铅笔、蜡笔或马克笔。大致画出人体的轮廓（或者，你可以从网上下载后打印出来）。如果感觉太复杂，也可以把手按在纸上，沿着手的边缘画出一只手的轮廓。接下来，想想那些能让你恢复活力的人、宠物、事物和活动。选择什么、选择多少都由你自己决定。给每个选项分配一种颜色（在纸的一边标注上颜色和选项的对应关系，以便记住哪种颜色对应于哪个人、哪个动物、哪种事物或哪类活动）。现在，用你选择的颜色填充那幅图或沿着边缘去描画那个轮廓，表达出这些关系和体验是如何影响你的。你可以画出很多张，可以使用简单的线条和形状，也可以给某些部分涂上阴影。想一想：它们是如何填满你的？它们是你的一部分吗？你什么时候对它们的感受最强烈？它们是如何改变你的内心的？完成之后，对你的绘画做出反思。你画那些图时的感受如何？你现在看着那些图的感受如何？这幅画说出了你自己是怎样的人以及你需要的是什么吗？

图注：补充你的内在资源

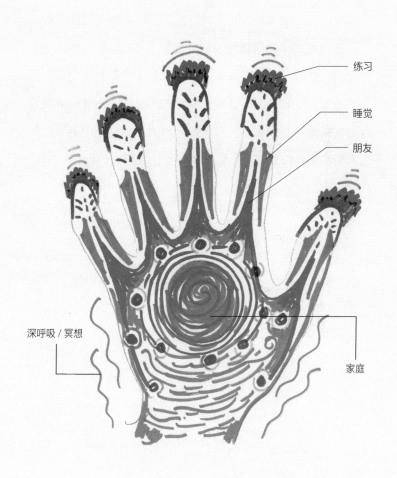

练习

睡觉

朋友

深呼吸 / 冥想

家庭

认识你身体里的艺术家　　491

在自我关怀的领域里，创造性艺术可以给我们提供很多种方法。然而，对许多人来说，制作艺术品的想法会引发压力或焦虑。尽管艺术能让我们感到充实，但它也能唤醒我们内心深处的"批评家"。出于这个原因，如何利用创造性的艺术活动来放松和充电是值得我们去仔细研究的。

放松和充电

成年人的涂色活动现在越来越普及了。我在一所大学里开设了用涂色活动来减压的工作坊。那个工作坊里常常人满为患，大家只能站着参加活动。我指导参与者用彩色铅笔在他们从一大堆涂色书中选择出来的书页上涂色五分钟。五分钟结束时，我会邀请他们分享自己的体验："放松"……"有趣"……"把我的注意力从其他事情上转移开了"。我停下来，环顾教室，大声说："如果这项活动让谁感到了压力，请你举手。"哗啦啦举起了一大片，我回应道："啊，好。让我们来解决这个问题。"

艺术活动通常会被认为是一种休闲活动，是为了享受、放松或分散注意力而进行的活动。从事创造性艺术活动的诸多好处已被证实，其中包括可以改善生活质量、改善情绪、增强动力、提升信心、增强应对困难的能力、提升幸福感和意义感、增强自尊心以及专注于积极生活经历的能力。此外，参与艺术活动还可以减轻压力、缓解焦虑和抑郁、减轻疲劳和疼痛感。创造性艺术活动也可以促进生命体征和免疫功能的改善；让大脑中与压力、奖励和情绪相关的部分发生积极的变化；使医疗患者提前出院，以及使用更少的药物来帮助睡眠。尽管艺术活动有着以上这些优点，但是对许多人来说，制作艺术品可能会让他们觉得对自己毫无帮助。很多人在成长的过程中都直接或间接地有过对自己的艺术作品感到羞耻的负面经历。他们得到了"自己不是艺术家那块料"的评价，因此就停止了艺术创作。即使是那些继续将艺术创作当作爱好或职业的人，也可能会发现自己很难压制住内心里自我批评的声音。因此，虽然艺术创作可以给人带来享受和放松，但它也可以让人感觉像是在做一件苦差事。这适用于所有形式的创造性表达。作为一名家长，找时间让自己放松和充电，而不必面对我们内心的批评，是一件很有挑战性的事情。那么，当自我批评蠢蠢欲动时，我们该怎样做才能最大限度地发挥艺术创作活动的优势呢？

让我们回到上面那个涂色活动工作坊的场景中去：

"这次的涂色活动让你感到了怎样的压力？"我问。有人举手回答，"我不知道该选择什么颜色"……"我希望它完美"……"我担心自己会犯错误"……"在限定时间里涂不完让我很烦恼"。我建议参与者们思考一下：这些想法会在他们生活中的哪些领域、以何种形式出现。毕竟，艺术创作从某种意义上来说会揭示我们的思维模式，这种思维模式不仅会在我们进行艺术创作的过程中出现，也会在我们生活的其他领域里影响我们。事实上，他们的回答证实了这一点："是的，我很难做出选择"……"我倾向于完美主义"……"我总是希望事情能按时完成，我不太擅长享受过程"。

"试试这个吧，"我说，"我们要再涂色五分钟。但这次让我们把注意力集中在涂色时令人愉悦的事情上去。它可以是你的手在来回移动，也可以是那些照亮你页面的颜色，它是什么并不重要。你们只需要去发现这段经历中的一个令人愉悦的部分，并且将注意力集中在那一点上。"五分钟结束时，我再次邀请大家反思这段经历。参与者们的共识是："比第一次涂时好多了！"

当谈到最大限度地发挥艺术活动能让人放松的潜力时，活动的过程几乎总是胜过活动的结果。换句话说，重要的是创意表达的过程，而不是最终作品的外观或形态。研究表明，无论参与者的经验或水平如何，45 分钟的自由创作同样可以降低他们的皮质醇水平（皮质醇是身体压力的标志）。在医院环境中开展 30 ~ 90 分钟的以过程为导向的艺术治疗，可以减轻患者的疼痛和焦虑并改善他们的情绪，此效果与年龄、性别或诊断无关。你是否是个"优秀"的艺术家，或者你认为自己是否是个"优秀"的艺术家，都是无关紧要的。

当你专注于对艺术创作过程的体验时，关于"要创造优秀的艺术品（或让它"看起来像某种东西"）"的担忧就会减少。结果不再那么重要了。这是一种新颖的体验，其本身就是一种自由。毕竟，在生活中，我们能有多少次不去关心产出、结果和产品的呢？此外，正如上面的例子所见证的那样，对创造性表达过程的关注使得我们有机会去反思在艺术创作过程中产生的想法和出现的困难，所以，我们就可以由此来洞察当前的生活挑战了。在群体中，这可以促进有意义的对话、共情和社交联结。

基于过程的艺术活动为参与者提供了一个独特的机会，让他们可以通过正念、玩耍和自我表达来减轻压力。让我们依次看一看吧。

为自我关怀而做的正念

正念，或不加评判地将意识集中在当前时刻的过程，因其对情感、身体和认知健康的益处而被广为推崇。人们通常会用冥想练习来培养自己的正念。然而，艺术已经越来越被认为是培养本身。在冥想中，思想可以通过专注于呼吸或咒语来锚定在当下。在上面的例子中，当我的研讨会参与者们在涂色的过程中专注于愉快的体验时，他们的思想就被转向了当下，而不再对他们的艺术活动进行评判性的思考，也不再去想未来他们的作品应该是什么样子的。这是一场伪装成涂色的正念活动。

对有些人来说，做艺术品、运动、玩音乐（如击鼓）或听音乐是比正式冥想更舒适的正念切入点。你可能会发现，做某些事情（以一种"什么都不做"的方式）比只是坐着、静默无声地去进行冥想练习更能让你的头脑安静下来，更能让它保持在当下。专注、放松和技巧的结合可以打开一条通向"心流"或"身在其中"的通道，这是一场完全吸收和充满能量的愉快体验。这其中的窍门是你要找到一个基于过程的艺术活动，好让你将注意力集中在当下的特定体验上（运动、颜色、声音、感觉或者其他元素都可以）。建议你从以下这些方法中选择一些去亲自尝试一下：

家长

没有目的性地画水彩画

将注意力集中在色彩扩散的样子或手和手臂的运动上。或者，在体验过程中找到对你来说与众不同的愉悦之处并全神贯注在那件事情上。

禅绕画

先画一个形状，然后用直线或曲线分割那个形状，在较大的形状内创建较小的形状。最后，用不同的图案填充每一个较小的形状：圆点、扇形、十字形、菱形或任何你喜欢的图案都可以。随心所欲地去做，关注过程而不是结果。不要做涂改。相反，把每一个不想要的标记当作新图案出现的灵感和启发。

重新发现艺术的魔力

用不同颜色的水性马克笔在纸巾上涂鸦。接下来，把水滴在那些颜色上以获得令人惊讶的效果。当你将手指浸入水中并让水滴从指尖落下时，专注于自己的感觉。仔细观察颜色的扩散和变化。

给工笔画或曼陀罗图案涂色

　　研究结果证实，为曼陀罗图案（包含几何图案的圆圈）着色可以为"减少焦虑或其他负面想法"提供最佳的专注量。你可以自己画一个图案，也可以从网上下载后打印，或者买一本带有曼陀罗或其他主题（比如海洋、动物或城市）的成人版涂色书。有些人觉得涂色曼陀罗图案会更令人放松，因为它们本身具有抽象的特点。其他人则认为涂色有主题的图案更令人满意。你可以都尝试一下，看看自己更喜欢哪一种。

冥想鼓

如果你没有鼓，就在家里找一些可以作为鼓的东西（例如，一个大的塑料容器，水壶或水桶，甚至一个厚枕头也是可以的）。找一个安静的地方坐下，开始拍打简单的节奏。最简单的玩法是不去想自己正在做什么，只是在你的身体里感觉它就好。你会发现自己正跟着节奏走。闭上眼睛或温柔地盯着面前的地板，拍打五分钟。专注于节奏、双手的感觉或者身体的动作。进一步注意你的节奏、身体感觉、呼吸或精神状态是如何随着时间而变化的。你在节奏中感到快乐了吗？你是否有一种永恒的感觉？你感觉自己更放松了吗？

心理游戏

专心聆听没有歌词的纯音乐

选择一首你觉得舒缓或轻松的音乐，可以是缓慢重复的节奏型音乐、管弦乐曲，也可以是营造有助于冥想和深度放松氛围的非节奏型乐曲（例如，那种你可能在瑜伽课上听到的环境音乐）。任何适合你的纯音乐都可以。保持一个舒服的姿势，专心聆听那些声音或节奏。你听到了什么乐器？在音乐暂定的过程中你注意到了什么？音乐的音量是如何起伏的？你的呼吸有了什么变化吗？

心理游戏

家长

哪里需要动哪里

不需要做任何计划，当你发现身体上哪里比较紧张，需要放松或拉伸时，就慢慢地去做。把自己的呼吸带到那些部位，尝试对身体进行微微的调整，看看是否可以释放掉那里的紧张。在你停止拉伸的时间里，继续保持呼吸，因为屏住呼吸会增加紧张。如果你愿意的话，可以让动作缓慢而连续地进行，中间不要停顿。将身体移动到不同的位置和不同的方向，确保一定要去探索相反的方向。尝试尽可能缓慢地移动。如果舒缓的音乐或者某些背景音乐对你有帮助的话，你也可以听着音乐去做。不要做任何让你感到不舒服或之前医生建议你不要去做的动作。做这项活动的方法不分对错，怎么做都行。当你做这个活动时，你从身体上或呼吸中留意到了什么呢？做完之后你的身体、思想和精神状态又如何呢？

当你画画、涂鸦、滴水、击鼓、聆听、运动或涂色时，你会走神。当你注意到自己一边从事艺术活动一边在评判、计划、担忧或产生其他的想法时，尝试将其标记为"评判""计划"或"担忧"。然后，将注意力转移到与你正在做的艺术活动有关的事情上（例如，"红色"或"闪闪发光"），或者，将注意力重新联结到你正在进行的动作上（例如，"转了一圈又一圈"或"轻轻地拍、噼里啪啦地打"）。这将使你的思绪重新回到当下。最终，你越是训练你的大脑去关注当下并在它没有关注当下的时候有所意识，你就越能体验到一种放松的状态，这种状态会延续一整天。

开心玩吧，什么都试试，让自己再做一次小孩

我正在带领一场为期一天的成人艺术体验活动。"沿着你一只手的边缘画线。花点时间考虑一下你想让哪些东西更多地进入你的生活。把收集到的杂志图片、文字或照片填入我们的手型图案。"整个小组的人都做完了之后，我邀请他们分享他们的创作。一位绅士举

起了他的作品，他的那只手里填了海浪和一个太阳。"给我们讲讲你的作品吧，"我说。根据海滩的图样，我猜想他会谈论自我关怀或者他想让自己的生活更加平静和放松之类的内容，但是他没有。"看看这个太阳！"他激动地说，"我小时候就是这样画太阳的！"他忘乎所以地继续说道，"我真不敢相信。这个活动完全让我回到了过去，这真的太有趣了！"

艺术活动帮助我们充电的其中一种方式是让我们放手并享受乐趣。进行艺术创作时，我们可以把东西弄乱、做各种实验和玩耍（玩耍是我们成年之后不常做的事情，尽管它们已经被证实了在情感和精神上对人都有好处）。这是一个在没有任何真正风险的情况下自由发挥的机会。这种玩耍对成年人来说尤其重要。因为这些让我们专注于体验过程而不是实现目标的有趣的活动可以帮助我们成年人加深与他人的联结，提高解决问题的能力并强化我们的创造性思考能力。因此，基于过程的艺术活动是非常高效的、不产生任何产品的生产力！

除非一种艺术形式已经成为你空闲时间的一部分，否则你可能会发现自己很难选择去做艺术活动而不是玩手机上新的应用程序。这里有一些建议可以帮助你开始：

心理游戏

报名参加舞蹈班、诗社、乐队、即兴表演课或艺术课

寻找一次性的研讨会、当地的俱乐部或聚会。想想那些在生活中某个时刻激起你兴趣的艺术形式（也许是摄影、木工、陶器、珠宝制作或插花）。许多人都受益于这些课程提供的有组织的活动、社区的支持和远离家务琐事的时间。

每日艺术挑战

挑战自己每天画一幅画，或者，连续 30 天每天拍一张照片。有很多网站提供了各种线上的"每日艺术挑战"，你可以参考一下。

心理游戏

回到过去

回想一下你小时候或十几岁时喜欢做的艺术创作或手工活动。尝试去做与之类似的事情，或者，用你在小学早期画画的方式画一幅画。回想一下你过去都画些什么以及当时是怎么画的。也许现在你可以花一点时间来一次情景再现了。

和你的孩子一起蹲下来把自己弄脏

　　我们中的很多人都会利用孩子们在忙他们自己事情时的宝贵时间来整理房间或查看电子邮件。或者，我们可能会坐下来，看着孩子，开心地旁观孩子们自己玩。很多家长从不加入孩子的玩耍。下一次，当你的孩子在做艺术活动时，当他们伴着最喜欢的歌曲跳舞时，当他们在锅碗瓢盆上击鼓时，你可以试试加入其中，看看自己会获得什么样的乐趣吧。

表达自己

背痛、头痛、焦虑、与伴侣争吵、对孩子发火……被压抑的情绪迟早要被表达出来，而且通常是被以不受欢迎的方式表达出来。看电视或在电脑前打发时间可能会让我们暂时放松和分散一下注意力，但却无法从根本上解决问题。相反，艺术活动能够提供让我们接触自己内心的感受或需求并将它们表达出来的机会。

研究表明，表达自我除了可以避免压力积累所带来的不受欢迎的副作用之外，对培养有意义的生活来说也是很重要的。如果你通过艺术创作来表达自己的话，那么你是否向他人分享你的作品其实并不重要。事实上，艺术活动根本不需要你向任何人去传达任何特定的信息。艺术创作可以是真实的自我表达，只需要反映出对你本人有意义的事物就可以了。艺术创作本身就可以让你恢复活力。如果这还不足以让你有理由花一些时间自己尝试以下这些活动的话，那么你可以先邀请你的孩子和你一起去做。然后，你就可以用"孩子也能从中受益"的这个借口来自己实践了。

阐明自己的感觉

使用线条、形状和颜色来表达你现在的感受（或者，偷一些孩子玩的橡皮泥，把那种感受捏出来），或者，拍张照片，然后借由照片的启发写一首诗。你不需要写成那种押韵的诗句。你可以简单地认为你要写的是一首没有旋律的歌曲，或者，是一篇为了视觉效果而被分成几行的散文。如果你想写得更精妙一些，也可以试试写成俳句诗[1]。如果你更喜欢有结构的诗，也可以通过从诗歌、歌词或文本（来自于杂志、新闻报纸或互联网）中选取 / 剪下一些能够代表你感受的短语或单词来创作一首诗。你可以用胶水或胶带把剪下来的文字以有意义的顺序或随机的模式进行组装并把它们粘在纸上。如果你愿意的话，也可以装饰一下页面。你可以每天使用这个方法来制作一份创意独特的情感日志。

---

1 俳句是日本传统的诗体，三行为一首，通常有 17 个音节。——译者注

心理游戏

家长

释放压力

　　想一件能让你感到有压力的事情。用铅笔和纸张通过绘画、涂鸦、揉搓或撕碎来表达你对这件事的感受。想想你对这个"有形压力"的表达是否反映了你对压力的实际反应。

我付出了什么，我收获了什么

　　沿着你一只手的边缘画一条手型轮廓线。用能代表你一天之内的全部付出的涂鸦或剪贴画来装饰它。接下来，在手型轮廓线的外部（与轮廓线内侧相反的区域）填上你得到的、你想要得到的或你允许自己得到的东西。

赞美生活

研究表明，习惯性地对生活积极的方面表示欣赏可以促进人的心理健康。你可以用不同的颜色和纹理来做插花，或者，从杂志上剪下图片和文字制作一幅拼贴画，来代表你想感恩的生活中的事物。

赞美自己

为那些让你感觉良好但你通常不会记录下来的事物拍照。挑战
自己在一周内每天都拍摄一件代表自己的成就或某些让你感到自豪
的事物：你的孩子们、你为了自我关怀而放着不洗的一堆盘子、你
已经划掉了所有项目的"待办事项"清单，或者，窗台上的一株茂
盛的植物。或者，下次你打电话或等着与什么人见面时，涂鸦你自
己的名字并装饰它，或者自拍，然后用照片编辑程序来装饰它。作
为孩子的父母，没有人会常常感谢我们的付出，即使有，也非常少。
花点时间来感谢那个为人父母的"你自己"是非常值得的。

请记住，那些澄清想法的、好玩的或自我表达的创造性时刻，即使再短再简单，也会对我们的育儿方式产生深远的影响，让我们可以努力培养出能够与他人良好联结的、快乐而成功的孩子。

经过好几次"被孩子呼唤去履行家长职责"的打断情况，你终于看完了这本书。你合上书，抬眼望去。你看到地板上一片狼藉。你将地板上的物品重新想象为记录你此刻人生的时间胶囊。也许你还会微笑起来。然后你听见从另一个房间里传出大喊大叫的声音。有一扇门被"砰"的一声关上了。你有点紧张，你走过去想弄清楚到底发生了什么事，是谁摔的门。也许你会开始哼一首乐观或平静的曲子，或者想起一段能唤起你对孩子的爱的旋律，或者你会张开双臂伸向天空。和以前不一样的是，你绕道去拿了一张纸和一支笔。

你并不真的知道该画些什么，因为用艺术来回应孩子对你来说是件新鲜事。你没有做过任何计划，所以，也许你会画上一个大大的问号，然后把它从孩子房门的下面塞进去。房间里没有一点儿动静。你轻轻地敲了一下门，然后说："我注意到里面很安静。我想知道你有没有看到我从门下边送进去的东西。"也许你的孩子会打开门，也许你的孩子会把那张你画了问号的纸撕成碎片再从门下边塞回给你。你强迫自己不去产生被拒绝的感觉，你理解孩子的这个做法也是在传达一种需求，即使你还不确定孩子的需求到底是什么。你从那些被撕碎的纸片中拿了一张，画上一颗心，然后又把它从门下面塞了回去……

欢迎来到创新型育儿的创意世界。谢谢你一直看到了这里。

结语

与任何其他身心练习不同：

艺术使我们能够表达内心的东西，即使在语言无法表达的情况下。

艺术以一种让人感觉有机和安全的方式将我们与他人联结起来。

艺术在减少负面情绪的同时，也能强化我们的正面情绪。

所有人都可以接触艺术。

我们只是唱歌、跳舞、表演、绘画和写作就能获得这些好处吗？能，但也不能。

本书介绍的是那些将艺术活动与心理健康实践相结合的策略，如：使用非评判性的语言去建立联结、自我表达、反思和内省。这种方法增强了艺术活动在社交方面、情感方面和认知方面能给人带来的益处，同时也防止了意想不到的后果，如焦虑、自我否定和过度脆弱。

为什么这很重要呢?

这种使用艺术活动的方法可以持续地解决广泛影响公众的问题，例如与创伤、临终、慢性疼痛、孤独和偏执有关的问题。

让我们以创伤为例。

据估计，15%~27% 的人在情感方面、身体方面或性方面经历过某种形式的虐待。美国有近三分之二的人童年经历过至少一次不良事件（虐待、忽视或家庭功能失调 / 家庭暴力），这会对人们的生理健康、心理健康和一生成就产生负面的影响。根据创伤专家贝塞尔·范德科尔克的说法:"创伤几乎总是不可避免地涉及不被看见、不被镜像以及不被顾虑。孩子们几乎总是会不遗余力地让自己感到被看见和被联结。"

艺术创作活动使我们能够被看见和被联结。

每一场涉及暴力的悲剧都强调了在社交方面、情感方面和认知技能方面建立创新项目的必要性，以实现对暴力的预防和治愈。艺术活动允许个人在社会背景下进行自我表达。艺术活动的非语言元素使拥有不同背景和能力的人都能够去实践。创造性表达的过程揭示了潜意识的信息，当这些信息被反思时，就可以促进人与人之间有意义的对话、共情、社交联结和情绪健康。

一项追踪 753 名幼儿园儿童的生活直至他们成年早期的研究发现，更强的社交情感能力（如考虑他人的需求、管理自己的情绪、与同伴一起解决问题、应对失望和专注的能力）预示着更高更好的教育成就、就业情况和心理健康状况，更少的药物滥用、参与犯罪和使用公共援助。这些都与性别、种族、父母关系、社会经济地位、幼儿期的攻击性、早期的学习能力以及其他因素无关。

这本书旨在使用植根于创意艺术疗法领域的工具来给读者赋能，帮助他们去处理那些面对儿童和青少年时所遇到的无数挑战。

此外，本书也为成年人提供了创造性的自我关怀的方法。因此，它的本意是送给所有人的一份礼物。

附录一　如何在生活中谈论艺术

以下指南已经在本书中举例说明过，我们在此将其与其他案例结合在一起，以方便读者参考。艺术是对生活的隐喻，因此，当你在艺术创作过程中练习有效的语言以鼓励自我表达、探索、反思、创造性思维甚至设定边界时，你就是在练习自己与儿童和成人在其他生活领域中的沟通技巧。不知你有没有想到？你的孩子也会从你那里学到这些技能。

做非判断性的观察

非判断性的观察可以打开亲子沟通渠道、加强亲子联结、鼓励孩子的创造力并预防孩子的抵触情绪。非判断性的观察是针对某些事物进行评论，这些事物是可以被直接观察到的。在进行非判断性观察时，我们不对所观察到的事物进行解释、假设或价值判断，无论这些解释、假设或价值判断是积极的还是消极的，我们都不去做。非判断性的观察通常

以"我看到"或"我注意到"这样的字句开始，然后，直接
说出具体的、可被直接观察到的行为。例如：

建议这样做	不建议这样做
用"我看到"或"我注意到"开头对那些可以观察到的事物做非判断性的或中性的陈述。"我注意到你没有摸黏土。"	对观察到的行为做出判断性的、涉及正面或负面解释的、带有假设或价值判断的陈述。"你不想做这个活动吗？"这样做会阻碍孩子的参与，给解决问题造成困难。
"我看见你正在画很多圆圈。"	"那些代表了什么？""是 _____ 吗？"这样的话表明艺术作品必须看起来像某种东西，自我表达本身是不够的。这对发挥创造力来说是一种阻碍。
"我注意到这个角有很多颜色。"	"我喜欢这个。真漂亮！"这样说会阻碍进一步的对话。如果你的那位小艺术家不同意你的观点，这样说会让他对自己的表现产生预期和焦虑，或者和你断开联结。如果这种说法被过度使用，那么它也可能会被孩子认为是毫无意义的陈述。
"我看到你把你的画撕了。"	"你毁了你美丽的艺术品！"这是一个对艺术作品（它很美）及它正在发生的事情（它正在被破坏）的评判。因此，它可能会扼杀孩子的创造力、自我表达和沟通，同时引发孩子对进一步交流的抵制。

表达好奇

有时，非评判性的观察足以引出一个回答。但在其他时候，你可能会想以"我想知道……"为开头来表达自己的好奇。这是一种不具威胁性的调查方式，因为它并不意味着你已经得出了任何结论。例如：

建议这样说
"我想知道你下一步要做什么？" 这样说可以鼓励孩子独立做出决策并全身心投入。
"我想知道一开始你的计划是什么？" 这样说可以强化解决问题和事前计划的能力。
"我想知道你是否愿意试试？" 这样说可以鼓励参与、投入和创造性的冒险。
"我想知道你能否告诉我更多关于这件事的信息？" 这样说可以鼓励反思和对话。
"我想知道发生了什么？" 这样说可以教会孩子：应该先弄清楚事实，然后再梳理情绪。其次，这样做也可以鼓励孩子去解决问题和发展相对应的技能。与"我想知道你为什么生气？"或者"我想知道什么事情不对劲？"之类的陈述不同，这种说法没有解读孩子的感受，也没有假设孩子出了什么错。
"我想知道是什么促使你决定这么去做的？" 这样问可以鼓励孩子的推理能力。

鼓励你希望孩子拥有的品质

非评判性的观察也可以用来鼓励孩子保持那些你希望他们拥有的品质。这种"表扬"强化了有用的技能，这些技能将会被孩子用于其他的活动。孩子应该从准确、具体的表扬中受益，表扬的对象是他们可以控制的行为（如努力），而不是特质（如智力）。例如：

建议这样做	不建议这样做
"我注意到你很专心。我看见你已经完成了大部分的音乐练习。" 这种观察强调了孩子的努力（保持专注）并将这种努力与任务的达成联系了起来。	"你完成了音乐练习。真棒！" 这种陈述只强调了努力的结果，没有强调实现这种结果所需要去做的行为。
"我注意到当你说你愿意分享你的颜料时，你妹妹露出了大大的微笑。" 这种观察让孩子知道自己的行动（分享自己的颜料给他人）会让他人有怎样的感觉，同时，这种表述也足够具体，可以让孩子感到自己真正被别人看见和听见。	"我为你能分享你的颜料而感到骄傲。" 这种陈述没有将孩子的行动（分享颜料）与这种行动会让他人有怎样的感觉联系起来。因此，它也许无法有效地强化后续的"分享"行为。同时，它强化了"需要通过分享来获得他人的认可，而不是分享行为本身带来的内在奖励"。

当然，我们可能偶尔会注意到自己在说"干得好""我为你感到骄傲"或"我喜欢你"之类的话。那么当这种情况发生时，只需要添加上一个具体的观察来强化之后的努力 / 行为就可以了。例如："干得好……你解决了这个问题，而且你自己完成了这一切！"

防止权力之争

我们可以在用词上做简单的变化来帮助孩子更容易接受我们的沟通。可以使用"让我们……""好吧……"以及"你的计划是什么？"这样的句式来消除我们语言中的权力差异并鼓励合作。例如：

建议这样做	不建议这样做
"让我们现在就打扫吧。" "让我们"包括了双方并且没有威胁性。	"我希望你现在就打扫！" "我需要你现在就打扫！" "我希望你"和"我需要你"暗示了双方的权力有差异，这可能会招致孩子的抵触。
背景：孩子已经说了某项活动很无聊。 "我听说你觉得这个活动很无聊。那么，你怎么才能让它对你更有意义一些呢？"	背景：孩子已经说了某项活动很无聊。 "我听说你觉得这个活动很无聊，但是，你必须这样做！"

建议这样做	不建议这样做
"那么"验证了对方的观点。这种回应能鼓励孩子参与互动、发挥创造性思维、动手解决问题和与我们进行联结。	"但是"否定了对方的观点并带有可能引发抵触的专制的色彩。此外，它不鼓励孩子自主决定是否要认真地参与活动。
"你原来的计划是什么？" "是什么"（和"怎么样"）能引出更多的信息，因为以这些词开头的问题通常不能用简单的"是"或"否"来回答。 "你的计划是什么？"能鼓励参与、批判性思考、解决问题和联结。	"你为什么要这么做？！" "为什么"意味着不赞成，可能会抑制创造性的表达，继而会引起焦虑、自我批评、怨恨或反抗。此外，儿童（或成人）往往不知道他们为什么要做某事。这个问题可能难以回答或导致虚假的回答。

记住：行为也是在沟通

绝大多数（93%）的交流都是非语言性的：语音语调和身体语言，包括面部表情、手势、姿势和眼神交流。当我们试图理解和弄清楚孩子的不良行为想要表达什么潜在需求（而不是仅仅对孩子加以限制和让孩子承担后果）时，我们就可以加强亲子联结、教导孩子进行自我调节并在未来更有效地改变孩子的行为。

以下关于如何确定潜在需求的指导是基于一个令人费解的场景，即：一个孩子被发现在桌子上面画画。成年人典型的反应可能是这样的咆哮："你为什么这么做？你知道你不应该在桌子上写字！现在我必须把它清理干净，而你也会失去一种特权。"

不要去做上面描述的事情，取而代之的是尝试以下的步骤：

确定和解决潜在需求的步骤	示例
1. 陈述你所看到的（用"我看见"或"我注意到"这样的词语做句子的开头）。	"我看到你正在桌子上画画。" 以中立或好奇的态度说出这种非判断性的观察，可以最大限度地减少孩子的防御并保持顺畅的沟通。
2. 询问潜在的需求（用"我想知道"这样的词语做句子的开头）。	"我想知道是什么让你决定在桌子上画画的？" "我想知道"让孩子对自己的行为产生好奇心。它促使孩子进行自我反思。
3. 提出可能的潜在需求。	好奇："你想知道它会是什么样子吗？" 关注："你需要我的关注吗？" 不安："发生什么事了吗？" 年幼的孩子可能需要大人帮助他们确定潜在的需求。虽然年龄较大的儿童和青少年可能更容易确定他们需要什么，但他们仍然可以从成人的辅助中受益。

确定和解决潜在需求的步骤	示例
4. 找到尊重限制的备选方案（以"什么"或"怎样才能"做句子的开头）。	好奇："我们怎么才能不在家具上画画呢？" 关注："你怎么才能不通过画家具而引起我的关注呢？" 不安："有什么办法可以表达你的感受，或者在不画家具的情况下让你感觉更好一些呢？" 如果孩子自己没有想法，就给他们提供一些备选的方案： 好奇："收集不同的材料进行实验怎么样？" 关注："让我停下手中的事情，这样我们就可以一起玩了，你觉得怎么样？" 不安："我们在门上贴一张大纸来表达你的感受怎么样？" 帮助你的孩子采取行动，以满足他的需求。
5. 教导孩子承担责任和自然的后果（用"让我们"做句子的开头）。	"让我们先用这块海绵把马克笔画的痕迹擦干净，然后我们就可以在其他材料上进行绘画实验了。" "让我们先清理一下，然后你就可以做其他事情了。" 如果提出的建议遇到阻力或者孩子拒绝帮助： "我看你还没准备好去清除这些痕迹。那等你准备好了之后告诉我。桌子干净了，你就可以玩了。" 为了不引发和孩子在权力上的争斗，请记得要保持积极的公式：当 X，然后 Y（"当桌子干净时，你就可以玩了。"）

对于儿童或青少年的重复犯错，我们要去解决他们潜在的需求并给他们提供更多有组织的活动、更多的限制或让他们承担更多的后果。你可以考虑一下让那些可能带来麻烦的物品（马克笔或剪刀等）只能在家长监督的情况下使用（例如，"让我们把马克笔放在另一个地方。当你想使用它们时，我可以帮你拿。"）。要和孩子一起共同制订计划，防止错误的重复发生。

为了自我关怀而给孩子设置限制

"为孩子设置限制"对于保证孩子的安全和我们家长的自我关怀来说都是很重要的。"设置限制"教导给孩子的技能包括为他人着想、意识到时间有限以及处理挫折和失望的能力。你应该让孩子知道什么时候哪些事情不被允许去做，以及为什么要有这个限制。例如：

场景一：你的孩子正在把颜料拿出来，但你们俩很快就需要离开了。

设定限制的步骤	举例说明
1 肯定当前的活动	"我看见你有一个很棒的点子。"
2 承担必要的责任	"不幸的是，我现在不能让你画画。"
3 声明拒绝的理由	"画画需要很多清洁的工作，而我们 10 分钟之后就要出门了。"
4 探索替代的方案	• 鼓励孩子自己解决问题："我们该怎么解决这个问题呢？" • 提供另一个时间或地点："我们一回家你就可以画了。让我们把这些颜料摆在这里，这样，等我们回来的时候你就可以马上画了。" • 提供一个不同的活动："我们离开之前你可以画一会儿。" • 调整活动："在我们需要清理之前，你只能画 5 分钟，所以让我们现在只用一种颜色和一支笔来画吧。"

场景二:孩子在车里大声唱歌。

设定限制的步骤	举例说明
1 肯定当前的活动	"听起来你学会了一首新歌。"
2 承担必要的责任	"不幸的是,我不能让你在车里大声唱歌。"
3 声明拒绝的理由	"我很累,而且我必须集中精神开车。"
4 探索替代的方案	• 鼓励孩子自己解决问题:"我们该怎么解决这个问题呢?" • 提供另一个时间或地点:"我们一回家你马上就可以唱,想唱多大声就唱多大声。" • 提供一个不同的活动:"你在云彩里找找图案好不好?" • 调整活动:"也许你可以小点声或者在心里唱。"

虽然我们可以掌握很多这一类的句子,但是,最重要的是我们在说这些话的时候要注意自己的身体语言和语音语调。我们的用词、语调和身体语言之间的差异可能会让孩子感到不安或更加激怒他们。当我们疲惫不堪或手忙脚乱时,所有这些都可能难以很好地控制。因此,自我关怀是至关重要的。(可参考"第七章:认识你身体里的艺术家"中提供的自我关怀策略。)

附录二 开展家庭艺术创作活动所需的材料

本书中的活动只需要很少的材料或不需要特殊的材料。大多数绘画活动都可以用一张纸、一支钢笔或一支铅笔来完成。不过，你也可以选择使用更多种类的材料。此列表可以帮助你开始：

基础材料

绘画用具：铅笔、钢笔、马克笔、彩色铅笔、蜡笔、纸。

附加材料

鼓（或塑料桶，或五加仑的水桶，或带盖的塑料容器）。
织物、扭扭棒、纱线、毛毛球。
捡到的东西，石头、盒子、卫生纸筒、杂志、胶水。
圆点贴、剪刀。

面罩和玻璃纸胶带。

各种颜色和尺寸的纸张。

围巾和服装，以丰富基于运动的活动。

沙锤（或塑料复活节彩蛋或装满大米的小容器）、手机
或相机。

水性涂料、造型粘土或其他雕刻材料。

减少杂乱的材料

用于快速清洁和方便存储的盒子、箱子或盆。

放在小纸片下面的大张纸，放在项目下面的纸盘或硬
纸板。

覆盖物体表面的大张纸、报纸或纸袋。

附录三　把艺术作品存放在哪里

保存孩子的艺术作品是一种很有价值的做法，它可以用来表达你的孩子对你来说有多特别。但是，你不可能保存全部的作品。那该怎么办呢？

把你的情感表露出来

让你的孩子知道，你希望你可以保存他所做的每一件作品，但遗憾的是，你做不到。要带着让孩子摆脱苦恼的情感去说这句话。同时，你的孩子也可以成为那个解决问题的人。你可以问："我们想保存这个作品，但我们又没有空间，那我们能做些什么来记住它呢？"

由你的孩子来选择

通过让孩子选择只保存对他来说特别有意义的作品来帮助孩子培养决策的技能。你可以自己制作或购买一个文件夹或塑料箱，把孩子选出的作品存放在里面。每个月你们都可以往里面添加上新的作品。在作品的背面写上日期。随着时间的推移，孩子对作品的选择会变得越来越客观。

给作品拍照

你可以考虑通过数码照片的形式来纪念孩子的艺术作品，比如邀请孩子来为他们自己的作品做记录。如果特别有兴趣的话，你还可以把拍摄好的照片进行重新设计并打印成一本关于孩子艺术创作的书。

艺术作品的再创作

用那些将要被扔入可回收垃圾箱的艺术作品来制作新的作品。把孩子之前画的画剪下来，粘在空白的卡片上、装饰品上或物品的包装纸上；用孩子画的大张的画来包装礼物；把孩子的画剪成纸条然后做成一条纸链子；从画中剪下几何图形或其他形状并将它们粘在画布上，创造出一件全新的艺术品；用织物记号笔或熨烫转印纸将孩子过去画的画转印到T恤衫或枕套上；或者用一次性的艺术作品来装饰纸板箱房子的内部。

制造破坏的乐趣

在离开海滩的时候把沙雕城堡推倒会比开始建造它们时更令人兴奋。你可以邀请孩子们一起来做头脑风暴，想一想他们可以如何去拆除大型的雕塑作品："是时候把它拆掉了。你想怎么去做呢？你想要像忍者那样把它踢飞吗？或者，试试用球滚过去把它压倒？"

预先告知孩子

事先让你的孩子知道：他可以随心所欲地创作，想做多大就可以做多大。不过根据作品的大小，你有可能无法保存它。你可以提醒孩子，在拆解作品之前你们可以为它拍照，或者把它保存一天（或一周），然后再拆解。你可以给孩子提供不止一个可接受的选项，这样孩子就会有一种是他们自己在掌控局面的感觉："你想把它留到今晚还是留到明天放学后再拆呢？"

附录四 关于创造性艺术疗法的资源

本书中包含的信息来自于创造性艺术疗法的专业领域。

创造性艺术疗法是于 20 世纪中期作为学术学科和专业实践出现的。

艺术治疗、音乐治疗和心理剧始于 20 世纪 40 年代。

舞蹈运动治疗始于 20 世纪 60 年代。

戏剧治疗始于 20 世纪 70 年代。

诗歌治疗始于 20 世纪 80 年代。

所有这些领域都由（美国）国家级的组织机构来代言，这些国家级的组织机构又由创造性艺术治疗协会全国联盟来代言。

创造性艺术疗法扩大了医疗保健的可能性，因为它们可以在各种环境和各类团体中实施。

创造性艺术治疗师是什么人？

创造性艺术治疗师是受过艺术训练的、心理健康方面的专业人士。他们使用创造性的流程来评估需求并制定针对残疾人和病人、健康者和康复者的个性化治疗计划。他们的工作通常强调对创造性表达过程的反思，以此将个性化演绎的意义呈现出来。这些是创造性艺术治疗师和其他可能利用艺术进行治疗的人之间的主要区别。

如何成为一名创造性艺术治疗师？

想要成为一名创造性艺术治疗师通常需要参加硕士水平的认证培训(尽管也有一些学士和博士的途径)。此认证培训的课程包括心理健康、艺术及专业实践理论与能力。培训内容还包括在督导下进行临床实习及遵守严格的道德规范和标准。创造性艺术治疗师也可以通过被督导的经历、考试和继续教育的方法进行注册、获得委员会认证或相关执照。

创造性艺术治疗师的独特之处是什么？

创造性艺术治疗师擅长解决各种难以识别或难以治疗的问题。下面是一个示例的列表：

虐待和家庭暴力。

急性和慢性疼痛。

阿尔茨海默症和痴呆症。

焦虑、抑郁和情绪障碍。

自闭症。

社区建设。

发育和学习障碍。

饮食失调和身体形象。

与老年人有关的问题和状况。

家庭和关系问题。

悲伤和失落。

听力、视觉和语言障碍。

婴儿与父母的关系。

疾病如癌症、艾滋病、帕金森症、新生儿重症监护。

精神疾病。

个人发展、身心健康和预防。

高危青少年行为问题的预防。

压力管理。

药物滥用和成瘾。

绝症。

创伤和创伤后应激障碍。

创伤性脑损伤和中风。

**如何才能找到一位创造性艺术治疗师，或者，了解更多
关于从事这个职业和接受相关培训的可能性？**

你可以在互联网上去查询或联系以下任何一个（美国）
国家级的组织：

美国艺术治疗协会

美国舞蹈治疗协会

美国音乐治疗协会

美国团体心理治疗学会和心理剧学会

国际表现艺术治疗协会

全国（美）诗歌治疗协会

全国（美）创造性艺术治疗协会联盟

北美戏剧治疗协会

加州大学洛杉矶分校艺术治疗中心